111 GRÜNDE, DEN RUHRPOTT ZU LIEBEN

KAI TWILFER

111 GRÜNDE, DEN RUHRPOTT ZU LIEBEN

EINE LIEBESERKLÄRUNG AN DIE GROSSARTIGSTE REGION DER WELT

SCHWARZKOPF & SCHWARZKOPF

INHALT

21. Weil: Wat Krupp in Essen, sind wir in Trinken
22. Weil hier eine 117 Meter hohe Blechdose steht
23. Weil hier Einkaufszentren in der Neuen Mitte stehen
24. Weil hier nicht Schlösser auf Felsen, sondern Villen
     auf Hügeln stehen
25. Weil beim Schlittschuhlaufen gekokst werden kann
26. Weil es in diesem Museum dampft
27. Weil sich das Ruhrgebiet ausstellt,
     damit Sie sich dort anstellen

28. Weil es hier mehr Altstädte als alte Städte gibt
29. Weil Arbeitersiedlungen Geschichte erzählen
30. Weil Bochum nicht von Grönemeyer gebaut wurde
31. Weil Dortmund nicht schwarz-weiß, sondern schwarz-gelb ist
32. Weil hier die Bergwelt so vielseitig ist
33. Weil Haltern am See liegt und auch noch so heißt
34. Weil hier die schönsten Eiffeltürme stehen
35. Weil unsere Biergärten anders sind
36. Weil es hier das größte Wohnzimmer der Welt gibt
37. Weil die Kühe hier in Kohle treten
38. Weil es hier das hohe C und das hohe U gibt
39. Weil hier eine Weltreise nur einen Tag dauert
40. Weil hier Schiffe im Aufzug fahren
41. Weil es im Museum Folkwang so schön bunt ist
42. Weil man hier in der Straßenbahn Kultur erlebt
43. Weil die Rollschuhe hier einfach nicht rosten wollen
44. Weil diese Zeche einen Schönheitspreis gewinnt

45. Weil wir so wortgewandt sind
46. Weil die Cranger Kirmes immer so voll ist
47. Weil Duisburg trotz Schimanski noch gut aussieht
48. Weil in der Gruga schon die Beatles gespielt haben

49. Weil »die Haard« nichts mit Bruce Willis zu tun hat
50. Weil der Ruhrpott Filmkulisse ist
51. Weil – SCHREBERGÄRTEN!
52. Weil hier die Rennpferde des kleinen Mannes flogen
53. Weil ein Fass Bier keine Wanne Eickel ersetzt
54. Weil der Gelsenkirchener Barock woanders nichts zu suchen hat
55. Weil das Wasser hier so schön nass ist
56. Weil die Margarethenhöhe kein Dorf in Bayern ist
57. Weil Kohlezüge hier auf zwei Rädern fahren
58. Weil nirgends mehr Theater gemacht wird als hier
59. Weil Zelten hier zum Festival wird
60. Weil man sich in Waschkauen nicht mehr waschen muss
61. Weil hier der Phönix aus dem Wasser kommt
62. Weil es hier draußen viel zu sehen gibt
63. Weil man sich auf der A 40 sehr nahe kommt
64. Weil wir einen feuchtfröhlichen Hafen haben
65. Weil es hier Musik mit viel Theater gibt
66. Weil hier die Biker ein Zuhause haben
67. Weil die Westfalenhalle weltmeisterlich ist
68. Weil die Gruga eines der schönsten Sommerfeste hat
69. Weil wir hier Revierparks haben
70. Weil hier der Stairway to Heaven ist
71. Weil hier der größte Chemiebaukasten der Welt steht
72. Weil wir auch gerne mal eine Extraschicht fahren
73. Weil wir ein eigenes Wörterbuch haben
74. Weil wir hier auf Hamburg machen
75. Weil diese Meile Flair hat
76. Weil dieses Schloss nasse Füße hat

77. Weil die Hollywoodstars in Recklinghausen Kaffee trinken
78. Weil Hans im Glück aus Herne 2 kam
79. Weil die Zeche Carl Kultur pur ist
80. Weil man der Jahrhunderthalle ihr Alter nicht ansieht
81. Weil wir das Göttliche in dir grüßen

82. Weil berühmte Komiker »von hier wech« sind
83. Weil die deutschen Oscars in Marl verliehen werden
84. Weil der Florian gerne mal Flöhe bekommt
85. Weil die Ruhr hier mittendurch muss
86. Weil man hier unter Tage heiraten kann
87. Weil James Bond in Wattenscheid geboren wurde
88. Weil die Folkwang-Hochschule Talente schmiedet
89. Weil in dieser Burg die Lichter nie ausgehen
90. Weil Essen-Werden manchmal extrem open air ist
91. Weil es an diesem Schloss rundgeht
92. Weil der Kanal auch im Winter schön ist
93. Weil der Ruhri gerne zeigt, woher er kommt
94. Weil hier das Schauspiel ein eigenes Haus hat
95. Weil Bud Spencer hier Kohle geschlagen hat
96. Weil Oberhausen sogar ein Schloss hat
97. Weil man hier mal so richtig abheben kann
98. Weil ihr 11 Freunde sein müsst
99. Weil die in Hamm einen schönen Park hamm
100. Weil hier eine Wohnung museumsreif gemacht wurde
101. Weil hier alles SUPER ist
102. Weil man hier mal richtig durchatmen kann
103. Weil wir hier am See mit dem Zug fahren
104. Weil Tegtmeiers Erben hier aktiv sind
105. Weil es hier knirsch knacks ein
     Radio- knacks knirsch -museum gibt
106. Weil hier einige lustig rumturnen
107. Weil wir manchmal Heimspiel haben

108. Weil die Flucht in die Niederlande so zügig gelingt
109. Weil der Karneval vor der Tür steht
110. Weil die Bergwelt direkt nebenan ist
111. Weil es hier weniger Trekker als im Münsterland gibt
     Bonusgrund: Weil wir gerne Danke sagen

Hömma!

Wenn man ein Buch über den Ruhrpott schreiben möchte, dann ist man sehr schnell an dem Punkt angekommen, an dem man überlegt, an wen sich das Buch eigentlich richten soll. Es gibt ja mittlerweile unzählige Bücher über diese einmalige Region, aber die meisten sind dicke Reiseführer, vollgepackt mit allerhand nüchternen Fakten und vielen bunten Bildchen.

Dieses Buch ist anders! Natürlich werden Sie auch hier über zahlreiche Sehenswürdigkeiten, die das Ruhrgebiet prägen, stolpern, aber dieses Buch versteht sich nicht als klassischer Reiseführer, sondern als Liebeserklärung an eine bemerkenswerte Region – an meine Heimat.

Als gebürtiger Ruhri lebe ich nun schon seit mittlerweile 37 Jahren Tür an Tür mit den kuriosesten Typen, habe die lustigsten Dinge in den Straßen des Ruhrpotts erlebt und von Industriekultur und Strukturwandel weiß ich ein Lied zu singen. Die Veränderung des Ruhrpotts vom Industriestandort hin zu einer Region mit viel Grün und prallem Leben ist ebenso Bestandteil dieses Buches wie kleine und zumeist skurrile Geschichten und Anekdoten, die ein Leben hier so mit sich bringt.

Das Buch ist damit auch eine Verbeugung vor allen Bewohnern des Ruhrgebiets. Es ist ein Buch für die Menschen, die den Pott seit Jahren mit Leben füllen, ihn als liebenswerte Region kennen und schätzen und hier ein Stück Heimat gefunden haben. Ich würde mich freuen, wenn auch der größte Ruhrpottkenner hier noch interessante und spaßige Geschichten und Fakten entdecken würde, die er bisher noch nicht kannte.

Ebenso richtet sich das Buch an die Leser, die den Ruhrpott gerne kennenlernen möchten. Menschen, die vielleicht gewisse Klischees im Kopf haben und sich durch die Lektüre neugierig machen und inspirieren lassen wollen, den Ruhrpott 2.0 mal auf sehr lustige Art und Weise zu entdecken. Auch den Zugezogenen, die vielleicht aus dem Beruf oder der Liebe geschuldeten Gründen täglich hier die Augen aufschlagen, soll diese Liebeserklärung an die Region verdeutlichen, dass es – mindestens – 111 Gründe gibt, den Ruhrpott in sein Herz zu schließen.

Ich möchte Sie nun auf eine Reise in eine mit Geschichten und Ereignissen gespickte Region mitnehmen. Sie werden dabei mit mir zusammen auch immer mal wieder einen Abstecher in meine Kindheit machen müssen, denn das Ruhrgebiet, das einem stetigen Wandel unterworfen ist, werde ich in vielen humorvollen Anekdoten auch mal aus der Sicht eines Heranwachsenden zeigen.

Schnallen Sie sich an, die Rundfahrt Ruhrpott hat soeben begonnen. Ich wünsche Ihnen viel Spaß mit 111 Gründen, den Ruhrpott zu lieben!

Kai Twilfer

KAPITEL 1

DIE ZEHN GRUNDGESETZE

Weil der Ruhrpott so schön zentral liegt

Viele deutsche Städte werben ja gerne mit dem Slogan »Mittendrin«. Mittendrin im Schwarzwald. Mittendrin in Bayern. Mittendrin in der Mitte – oder wo auch immer. Genauso oft liest man auch, dass anscheinend alle Städte mit zweitem Namen »Venedig« heißen und dieses Merkmal nun zu ihrer eigenen Marke erkoren haben. Das Venedig des Ostens. Das Venedig des Westens. Das Venedig des Nordens und so weiter.

Die Einwohner des Ruhrgebiets können solche oft fadenscheinigen Floskeln nicht jucken, da man hier in der Region sehr gut weiß, wo man eigentlich liegt und wer man eigentlich ist. Dass wir uns nicht das Venedig Westdeutschlands nennen wollen, liegt dann wohl daran, dass man sich hier, außer im Riesenrad der Cranger Kirmes, nicht mit Gondeln fortbewegen kann und der romantische Touch der italienischen Lagunenstadt hier auch auf eine andere Art und Weise nicht zur Geltung kommt. Die Marke »Mittendrin« können wir aber sehr wohl für uns in Anspruch nehmen, denn das Ruhrgebiet ist nicht nur geografisch verdammt weit in der Mitte Europas angesiedelt, sondern bildet auch einen verkehrsgünstig gelegenen Punkt zwischen den Niederlanden und Ostdeutschland sowie zwischen Norddeutschland und Süddeutschland. Fünf Millionen Einwohner können da schließlich nicht irren und zeigen, dass man sich in dieser großen Ansammlung von Menschen aus aller Herren Länder irgendwie »mittendrin« fühlen muss.

Das Ruhrgebiet ist eines der größten Ballungsgebiete Europas. Zudem bietet es durch seine Lage die Möglichkeit, halbwegs zügig sowohl die Bergregionen Bayerns als auch die Küstenregionen Norddeutschlands aufzusuchen. Fragen Sie mal einen Hamburger, der zwölf Stunden mit dem Auto zum Skifahren in die Berge braucht. Er wird im Stau am Kamener Autobahnkreuz neidvoll aus dem Fenster schauen und die geografische Lage des Ruhrgebiets zu schätzen wissen.

Aber auch die Lage der einzelnen Städte innerhalb des Ruhrgebiets ist in Deutschland und Europa einmalig, da man nirgends so schnell von einer Großstadt in die nächste kommen kann. Und das oft, ohne es zu merken. Eine gepflegte Kurztour mit dem Fahrrad kann einen da unter Umständen innerhalb weniger Stunden durch vier oder fünf große Städte führen. Durch fast perfekt vernetzte Autobahnen, die nicht selten mitten durch Häuserblocks, Kleingartenanlagen oder Werksgelände führen, ist der »Ruhri« also auch inmitten des Ruhrgebiets immer zentral auf der Höhe des Geschehens.

Die Anwohner der oft sehr verkehrsgünstig gelegenen Wohnungen mit Blick auf die Überholspur sehen das zwar etwas anders, können aber, ohne mit der Wimper zu zucken, in ihrem nächsten Venedig-Urlaub mit stolzgeschwellter Brust sagen, dass sie nun wirklich »mittendrin« wohnen. Mittendrin im Ruhrgebiet, dem romantischen Florenz Westdeutschlands.

Weil man hier keinen Dialekt spricht, sondern Slang

Wenn man sich die alljährlich publizierten Dialekt-Rankings der Boulevardblätter anschaut, so findet der Ruhrgebietsdialekt dort eigentlich gar nicht richtig statt. An vorderster Front der unbeliebtesten Dialekte in Deutschland duellieren sich schon seit Jahren das Sächsische und das Schwäbische um die Spitzenposition. Das Pfälzische mischt gerne mal mit und beim Bairischen ist sich der Bundesbürger noch nicht ganz sicher, ob er das oft unverständliche Gebrumme eines waschechten Lederhosenträgers nun sympathisch verschroben oder einfach nur lästig finden soll. Der Berliner Dialekt und auch das Plattdeutsche können da schon eher punkten.

Doch warum taucht in diesen Listen nie das Ruhrdeutsch auf, also der klassische Ruhrgebietsdialekt, den doch zahlreiche Bühnenkünstler wie Jürgen von Manger in der Vergangenheit oder Herbert Knebel in der Gegenwart so eindrucksvoll vertreten? Nun, die Begründung ist ganz einfach. Es gibt eigentlich gar keinen richtigen Ruhrpottdialekt, da unser »töftet Gequatsche« eher einen Slang, also eine sprachliche Abwandlung, darstellt. Das Wort »Slang« erinnert vielleicht mehr an brennende Mülltonnen in den Straßen der Bronx, um die sich rappende Crashkids versammelt haben, aber im Prinzip ist die Aussprache des Ruhris tatsächlich nichts anderes als Slang.

Damit das Ruhrgebiet aber nicht fälschlicherweise mit New York verwechselt werden kann, haben wir uns hier vor langer Zeit auf den Begriff »Mundart« verständigt, der uns dann doch etwas von der Kleinstadt New York abhebt und dem Sprachstil eine kunstvollere Note gibt. Schließlich ist im Wort »Mundart« ja auch das Wort »art«, also »Kunst«, versteckt.

Zugegeben, die Sprache im Ruhrgebiet kommt mit sehr wenigen Bestandteilen aus. Der Ruhri hat in schlechten Zeiten gelernt, mit wenig auskommen zu müssen, und möchte gerne auf schnelle Art und Weise vermitteln, was ihm am Herzen liegt. Dialogklassiker wie »Wie isset?« – »Gut! Und selbst?« – »Muss!« wurden hier maßgeblich geprägt. Und auch den Luxus, einfach mal auf den Genitiv zu verzichten, erlauben wir uns schon seit vielen Jahrzehnten. Aus Großmutters großer Liebe wird dann schnell mal »die Omma ihrn Alten«. Der sparsame Gebrauch von Fällen, Buchstaben und Satzinhalten ist hier also Programm, denn die meisten Ruhris wären durchaus in der Lage, brillantes Hochdeutsch zu sprechen. Wollen sie aber nicht. Hier ähneln wir doch sehr den geografisch nicht weit entfernten Rheinländern, bei denen sich ebenso wie beim Ruhri viele Unterhaltungen anhören wie das Ergebnis von einer Flasche Doppelkorn am Morgen: »Gehse anne Bude?« – »Ne, bei de Arbeit. Wills mitkommen?« – »Ne, ich bleib inne Betten.«

Bemerkenswert ist auch die Umschreibung von Alltagsgegenständen und Personen. Hier gibt sich der waschechte Ruhri gleichfalls nicht mit Allerweltsbegriffen aus dem deutschen Wörterbuch zufrieden, sondern erfindet fröhlich eigene Bezeichnungen, die auch gefälligst jeder Einheimische und vor allem jeder Zugereiste in seinen Wortschatz aufzunehmen hat. Die Synonyme »Furzknoten« für kleines Kind, »Malocher« für Arbeiter oder »Hackenporsche« für einen kleinen Einkaufstrolley, den man hinter sich herzieht, haben längst die Grenzen des Ruhrgebiets überschritten und sind vielerorts deutschlandweit in den Sprachgebrauch eingegangen.

Lustig wird es meist, wenn mal wieder eine niederbayerische Filmproduktionsfirma einen norddeutschen Drehbuchautor verpflichtet und auf die Idee kommt, mit ostdeutschen Darstellern eine typische Ruhrgebietsserie im passenden Milieu zu drehen. Da kräuseln sich dann häufig aufgrund falscher Aussprache und mangelnder Ortskenntnis bei vielen Ruhris vor Fremdscham die Fußnägel auf links. Sowat geht nämlich meistens inne Buxe!

Weil unsere Hefeteilchen nicht gebacken, sondern gebraut werden

In der ganzen Welt wird deutsches Bier geschätzt. Das Reinheitsgebot von anno dazumal hat den Gerstensaft berühmt gemacht. Aber auch in der Heimat wird gerne mal ein Hefeteilchen, eine Hopfenkaltschale oder einfach ein Pilsken genossen. Das Ruhrgebiet ist zwar nicht die Heimat aller Säufer dieses Landes, aber hier wird durchaus mit einer bemerkenswerten Brauereitradition geworben, selbst wenn die Hochphasen des Bierbrauens im Ruhrgebiet schon lange vorbei sind. Dass sich das Ruhrgebiet mit der Herstellung von Bier heutzutage noch so stark brüstet, liegt an der Verbundenheit des Getränks mit den Eigenheiten der Region. Unvergesslich sind wohl die Enden einer Schicht in einem der großen Bergwerke, als Hunderte Bergmänner gleichzeitig eine Eckkneipe überfielen, um dort in Dreierreihen am Tresen ein kühles Blondes zu genießen. Wenn die Lohntüte voll war, wurde sie an der Theke so lange wieder geleert, bis Mutti einen abholte, damit man nicht das ganze Monatsgehalt auf den Kopf hauen konnte. Bier und Bergbau standen also im Ruhrgebiet immer Seite an Seite, auch wenn das Trinken von Alkohol auf den Werksgeländen und bei der Arbeit natürlich streng verboten war.

Eine weitere Verbindung und somit ein triftiger Grund, sich regelmäßig mal einen hinter die Binde zu kippen, war und ist im Ruhrgebiet das Phänomen Fußball. Dutzende mehr oder weniger erfolgreiche Vereine ließen nicht nur die Sportbegeisterung der Menschen in der Region wachsen, sondern sorgten auch für einen guten Absatz des flüssigen Grundnahrungsmittels bei vielen Fußballfans im Stadion, am Fernsehgerät oder wo auch immer.

Herausragend und irgendwie auch die Hauptstadt der Ruhrpottbrauereien war über viele Jahrzehnte Dortmund. Eine Stadt, die ihr Bier sogar bis nach Japan exportierte und sinnbildlich für die Brauereilandschaft Ruhrgebiet stand. Die Union-Brauerei in der Nähe der Dortmunder Innenstadt war so eine Art Flaggschiff, das zwar heute zu großen Teilen abgerissen ist, durch das große »U« auf dem Dach eines noch erhaltenen Gebäudes aber weiterhin Strahlkraft besitzt. »U« steht also nicht mehr im engen Sinne für die Union-Brauerei, sondern wohl eher für »Undwirsaufentrotzdemnochgernebier«. Heute wird das Dortmunder U-Gebäude als Kultur- und Kreativzentrum genutzt. Lassen Sie sich dort im Museum aber bitte trotzdem nicht mit einer Flasche Bier in der Hand erwischen.

Kleinere Brauereien im Ruhrgebiet sind in den vergangenen Jahrzehnten zwar auch dem allgemeinen Brauereisterben zum Opfer gefallen, aber einige wenige (Familien-)Betriebe haben sich gemausert und stehen nach wie vor für überzeugende Brauereikunst *made in Ruhrpott*. Die Städte Duisburg, Essen und Bochum pflegen dieses Image noch ganz zärtlich und wenn man in diesen Städten durch die Kneipen tingelt, so wird einem mit großer Wahrscheinlichkeit überwiegend der lokal gebraute Gerstensaft kredenzt. Viele Schluckis wissen das zu schätzen, denn im Prinzip schmeckt ein Bier ja auch besser, wenn es direkt von der Brauerei ins Glas kommt und nicht erst mühsam einmal um die halbe Welt geschifft werden muss.

Sie können die noch bestehenden Brauereien übrigens auch besichtigen und sich einen Eindruck davon machen, wie das Zeug hergestellt wird. Und wem das noch nicht genug an alkoholischem Wissen ist, dem sei ein Besuch des Dortmunder Brauerei-Museums ans Herz gelegt. Hier erfährt man viele Details über die Brautradition, insbesondere aus Dortmund, von den Anfängen bis heute. Vor allem die sogenannten Goldenen Jahre von 1950 bis 1970 sind hier Thema und machen ordentlich Durst auf ein schönes Pilsken im Anschluss in der Dortmunder Innenstadt.

Aber übertreiben Sie es nicht mit dem Leitsatz: »Zwischen Leber und Milz passt immer noch 'n Pils!«

Weil man sich hier für Lüdenscheid-Nord oder Herne-West entscheiden muss

Eines der berühmtesten Fußballderbys in Deutschland ist sicher das Derby Hamburger SV gegen St. Pauli. Auch 1860 München gegen die Bayern sorgt immer für viel Stimmung in der Stadt. Schade eigentlich, dass es so eine tolle Sache nicht im Ruhrgebiet gibt.

Wie schön wäre es doch, wenn man sich im Ruhrgebiet an der Qualität eines guten Fußballspiels erGÖTZEn könnte und zwei sportlich zutiefst konkurrierende Mannschaften dabei aufeinandertreffen würden. Man könnte die sportliche Rivalität zweimal pro Saison auf dem Rasen austragen. Als Fan müsste man sich quasi von Geburt an für einen der beiden Vereine entscheiden. Super wäre es auch, wenn dann diese beiden Fußballvereine verschiedene Farbkombinationen als Trikotmontur tragen würden, also zum Beispiel Blau und Weiß oder Schwarz und Gelb. Die beiden Vereine sollten nicht zu weit voneinander beheimatet sein, aber dennoch so weit, dass der Fußballfan sein Territorium, also sein Revier, für sich beanspruchen kann und alle entweder auf heiligem Boden (Heimspiel) oder auf Kriegsgebiet (Auswärtsspiel) ihrer Freude am Fußball nachgehen könnten.

Ja, es ist wirklich schade, dass das Ruhrgebiet mit so etwas Verrücktem nicht werben und keine Auswärtigen auf die kleinen, aber feinen Sportkampfbahnen zum Beispiel in Gelsenkirchen oder Dortmund locken kann. Es gibt jedoch alte Überlieferungen aus der Nähe von Lüdenscheid-Nord und aus Herne-West, die besagen, dass es so etwas vor langer Zeit im Ruhrgebiet mal gegeben haben soll. Die sogenannten Vereine Schalke 04, also westlich von Herne gelegen, und Borussia Dortmund, etwas nördlicher von Lüdenscheid beheimatet, lebten diese meist gesunde Rivalität sportlich aus. Sie sollen mit ihrem Ballspiel sogar so erfolgreich gewesen sein, dass sie regelmäßig auf bundesdeutscher Ebene Pokale und Meister-schaften gewannen. Der eine eben mehr, der andere weniger.

Entscheidend für das Ruhrgebiet soll aber die Tatsache gewesen sein, dass man sich als Gebürtiger ebendieser Region für einen der beiden Vereine entscheiden musste. Es gab also vom Kreißsaal an nur die Möglichkeit, sich zwischen Lüdenscheid-Nord und Herne-West, alias Dortmund und Schalke, zu entscheiden. Randgruppen und Minderheiten, die sich diesem Diktat entzogen, sollen zur Strafe zu einer Mitgliedschaft beim VfL Bochum, bei Rot-Weiss Essen oder beim MSV Duisburg gezwungen worden sein. Es war eine schwierige Zeit, die die Protagonisten viel Stimme gekostet haben soll, wenn sie beim Aufeinandertreffen der beiden Top-Clubs ihre Schlachtgesänge anstimmten und die Heimstadien so sehr mit Leben erfüllten, dass man Gänsehaut bekam.

Der Verein aus Herne-West wurde im Jahre 04 gegründet (nicht 05!!) und der verfeindete Stamm der nördlichen Lüden-scheider anno 1909. Es war also viel Zeit ins Land gegangen, in der sich die beiden Vereine von kleinen Bergarbeiterclubs zu großen Wirtschaftsunternehmen mauserten, die weit über das Ruhrgebiet hinaus eine große Strahlkraft besessen haben sollen.

Ja, wirklich schade, dass es so eine tolle Fußball-Erfolgsgeschichte heutzutage nicht mehr gibt …

Und dann schüttelte meine Frau mich wach und sagte mir mit ernster Miene, dass ich wieder sehr aktiv geträumt hätte. Ich solle sie doch bitte nachts nicht immer treten, wenn ich vom nächsten Revierderby träume und in Gedanken wieder einen Elfmeter gegen die Schwarz-Gelben verwandele. Ich stand auf und war mir nicht sicher, ob ich in meinem Delirium den Ball nun im Kasten versenkt hatte oder nicht, aber eines war mir klar: Es war zum Glück nur ein böser Traum, denn die beiden Vereine gibt es ja tatsächlich. Die Fußballkultur im Ruhrgebiet ist wirklich zum Träumen schön.

Übrigens: Ich habe mich von Geburt an für Herne-West ent-schieden. Ich träume also regelmäßig in Blau und Weiß.

Weil Industrie hier Kultur ist

Wenn Industrie zu Kultur mutiert, dann bedeutet das nicht zwangsläufig, dass im Ruhrpott alle Schornsteine mit Prilblumen beklebt werden. Auch heißt das nicht, dass in jedem Stahlwerk nun Picassos gesammelte Werke besichtigt werden können, aber irgendwie hat es dann doch was damit zu tun.

Die Industriekultur ist heute im Ruhrgebiet einer der wichtigsten Anziehungspunkte für den Tourismus und bedeutet auch für das ortskundige Publikum eine enorme Aufwertung seiner Heimat. Als in den Sechzigerjahren das große Zechensterben im Ruhrgebiet begann und man läuten hörte, dass es mit der Industrialisierung hier wohl nicht unendlich weitergehen würde, sah man in den nun brachliegenden Industrieanlagen zunächst Ruinen, die man eigentlich nur noch abreißen konnte. Niemand hatte die Ideen oder die finanziellen Mittel, diese doch sehr speziellen Großanlagen zu erhalten und sie einer neuen Bestimmung zuzuführen.

Doch irgendwie waren dem Ruhri seine großen Schlote, seine Fördertürme, die das Stadtbild prägten, und seine weitläufigen Betriebsgelände so sehr ans Herz gewachsen, dass er zumindest einen Großteil von ihnen erhalten wollte. Und wie das mit dem dreckigen alten Teddy ist, den man eigentlich nur noch wegwerfen kann, aber nicht will, wurden auch die Industrieanlagen des Ruhrgebiets irgendwann in die Waschmaschine gesteckt und aufgehübscht. Man erkannte, dass das, was dort über Jahre hinweg praktiziert worden war, nicht nur bloße stupide Arbeit gewesen war, wie sie in Tausenden anderen Unternehmen dieser Republik verrichtet wird, sondern dass sie das Ruhrgebiet maßgeblich geprägt hat. Die Industrie des Ruhrgebiets erhielt also mit vollem Stolz den Ritterschlag, zukünftig als Zeugnis der Zeitgeschichte erhalten zu bleiben.

Man begann, auf den stillgelegten Zechen Museen zu errichten, die Zeugnis von der dort geleisteten Arbeit ablegten. Waschkauen baute man zu Theaterbühnen oder Sporthallen um. Man schuf Kunst auf ehemaligen Abraumhalden, lackierte Fördertürme neu und machte alles bunter und schöner – und sogar ganz ohne Prilblumen. Die Industriekultur war geboren und ist heutzutage gleichzeitig Mahnmal für eine Epoche, die das Ruhrgebiet zu dem gemacht hat, was es ist, und Touristenmagnet für alle diejenigen, die sich diese Erinnerung an die Montanindustrie ins Gedächtnis rufen wollen.

Die »Route der Industriekultur«, die eigentlich mehr ein Netz ist, wurde im Ruhrpott in den Neunzigerjahren geschaffen und weist eine Vielfalt bedeutender Bauwerke auf, die einen Besuch wert sind. 54 Hauptattraktionen umfasst sie heute. Darunter befinden sich 13 historische Arbeitersiedlungen, 16 markante Aussichtspunkte auf das Ruhrgebiet und 25 Ankerpunkte der Industriekultur, die über das ganze Ruhrgebiet verteilt sind und zu allen erdenklichen Themen der Industrie der Vergangenheit Informationen liefern.

Bedeutende und bekannte Ankerpunkte wie die Zeche Zollverein zählen ebenso dazu wie eher unscheinbare, aber nicht minder interessante Ausflugsziele, wie beispielsweise der Hohenhof in Hagen. Ein besonderes alljährliches Highlight ist die sogenannte Extraschicht, die Nacht der Industriekultur. An diesem Abend können sich Interessierte mit einem einzigen Bus- und Bahnticket durch das gesamte Ruhrgebiet zu den Attraktionen der Industriekultur kutschieren lassen. An den jeweiligen Punkten wird dann jede Menge Kulturprogramm für Jung und Alt geboten.

Vergessen Sie nicht, ein paar Prilblumen mitzunehmen, und kleben Sie etwas Flower-Power an den erstbesten Schornstein.

Weil wir seit Jahren mit Klischees fertigwerden

Es ist leider kein Klischee, dass der Ruhrpott seit vielen Jahren mit Klischees zu kämpfen hat. Das tapfere Dorf namens Ruhrgebiet zieht aber mutig gegen die Übermacht aus Restdeutschland ins Feld und müht sich, diese Klischees zu widerlegen.

In einer Zeit, als im Ruhrgebiet noch sämtliche Einwohner, also auch Kinder, Rentner und Frauen, mit schwarzem Gesicht und Grubenhelm auf dem Kopf durch die Straßen zogen, hatten wir diese Sorgen nicht. Damals bewegte man sich nur mit Atemschutzmasken durch das Ruhrgebiet und alle Menschen hier arbeiteten ausnahmslos im Bergwerk. Man konnte keinen vernünftigen deutschen Satz gerade aussprechen und war das Armenhaus der Republik. Ja, diese Klischees gibt es noch heute. Das mit dem Armenhaus der Republik möchte ich zwar an dieser Stelle nicht krampfhaft zu widerlegen versuchen, aber es wird Zeit, zumindest mit den anderen Vorurteilen mal aufzuräumen.

Liebe Norddeutsche, die ihr immer so gerne mit eurer guten Seeluft prahlt. Die Luft im Ruhrgebiet ist nicht orange. Auch sind die Taschentücher nicht mehr schwarz, wenn man sich mal die Nase putzt. Nein, das war mal. Das ist von damals, das war bääh. Ist aber zum Glück vorbei. Die Kluterthöhle in Ennepetal ist gar als Luftkurort anerkannt und bietet Kettenrauchern die Möglichkeit, mal wieder richtig durchzuatmen.

Der Klassiker in Sachen Klischeedenken sind aber meist die Besuchergruppen, die stilecht in Trachtenhose aus einem Reisebus aussteigen und als Erstes loben: »So grün habe ich es mir hier gar nicht vorgestellt.«

Liebe Süddeutsche! Ja, es gibt im Ruhrgebiet Bäume. Bei einer großen Ansammlung sprechen wir mitunter sogar von einem Wald oder gar einem Waldgebiet, in dem dann gleich Tausende solcher Bäume stehen. Und wissen Sie was? Die sind von ganz alleine gekommen. Die wachsen hier wie Sau. Hagen ist gar die waldreichste Großstadt Deutschlands. Und das alles inmitten des Ruhrgebiets.

Und dass es hier dreckig und schwarz ist, trifft höchstens noch auf meinen Abstellkeller zu, aber mitnichten auf das ganze Ruhrgebiet. Die Schornsteine, aus denen früher die gesamte Republik zugepustet wurde, stehen längst nicht mehr. Und die zwei bis drei Osterfeuer beziehungsweise die Handvoll alter Autos, die hier noch durch die Straßen brettern, sorgen nicht flächendeckend für ein schmutziges Umfeld. Auch im Ruhrgebiet haben sich Hersteller von Besen, Abrissbaggern und Wischmopps einen Namen gemacht und Verkaufserfolge erzielt. Ja, wir sind verdammt sauber geworden und blühen derzeit recht grün und gepflegt auf. Natürlich gibt es im großen Haus Ruhrpott immer noch Ecken, in denen der Staub etwas höher liegt, aber der Fleiß und der Ehrgeiz der Ruhris sorgen dafür, dass es hier jeden Tag ein wenig schöner wird. Eine Nordseeküste oder ein Alpenvorland werden wir zwar nie besitzen, aber dafür treten wir auch nicht an allen Ecken und Enden in Wattwürmer und Kuhscheiße.

In Bezug auf die Sprache ist das mit dem Klischeedenken so eine Sache. Zugegeben, die Sprache im Ruhrgebiet ist mitunter wie der Inhalt eines Würfelbechers, in dem die Worte etwas durcheinandergemischt werden, wobei dann aus den zur Verfügung stehenden Lauten ein etwas verkehrter Satz gebildet wird. Aber auch hier bemühen wir uns in Zukunft, die Zusammenhänge grammatikalisch und orthografisch besser zu koordinieren. Versprochen! Im Zeitalter der SMS, in der ja sprachlich irgendwie alles auf ein Minimum reduziert wird, fällt dieses alte Ruhrgebietsmanko aber gar nicht mehr so stark ins Gewicht. Während man bei einer SMS die banale Abkürzung »Hdl LG Oma« wählt und damit »Hab dich lieb. Liebe Grüße, Großmutter« ausdrückt, sagt man im Ruhrgebiet ganz klischeefrei: »Komma lecker bei die Omma.«

Na, was gefällt Ihnen denn nun besser?

7. GRUND

Weil nicht der Pott kocht, sondern das, was drin ist

Wenn Ihnen etwas besonders gut gefällt oder Sie mit einer Sache Gewinnerzielungsabsichten haben, dann werden Sie vermutlich für dieses Etwas werben. Sie versuchen natürlich, es dabei in einem guten Licht dastehen zu lassen, um möglichst viele Unwissende auf dieses Etwas aufmerksam zu machen. Das kann Werbung für Ihr Unternehmen, Ihren alten Rasenmäher oder Ihre Ehefrau sein. Ein guter Werbespruch wirkt bei gutem Marketing oft Wunder, was die Außenwirkung angeht.

Auch das Ruhrgebiet lässt sich da nicht lumpen und kreiert fröhlich seit vielen Jahren Werbesprüche, die sich so seltsam anhören, dass jeder, der sie liest, zwangsläufig auf das Ruhrgebiet aufmerksam werden muss. Die beauftragten Werbeagenturen, die für einen neuen Werbeslogan monatelang die Köpfe qualmen lassen, müssen so denken, denn anders lassen sich ja Highlights wie zum Beispiel »Bochum macht jung« nicht erklären. Bochum macht jung? Ich dachte immer, das Einzige, was jung macht, sei eine Antifaltencreme oder eine wöchentliche Botoxbehandlung. Vor allem aber klingt es so, als würde Bochum alte Säcke anziehen wollen, die erst auf Bochumer Stadtgebiet wieder zu flotten Teenies mutieren.

Die Stadt Oberhausen macht es sich da etwas einfacher, um Besucher in die Stadt zu locken. Sie wirbt einfach mit dem großen kursiven O und setzt einen Punkt dahinter. Die Geschichte der O. ist in Oberhausen für viele trotzdem eine Geschichte mit vielen Fragezeichen, auch wenn nur ein Punkt drin vorkommt. Der überregional bekannte Besuchermagnet CentrO kam also zwangläufig nicht um dieses große »O« herum. Daher werden in Oberhausen wohl auch nur Gebäude zu einer Sehenswürdigkeit auserkoren, die ein »O« im Namen tragen. Zum Beispiel der

GasOmeter oder das SchlOss Oberhausen. »O, wie schön«, kann man da nur sagen.

Um den Städten aber nicht die Vorherrschaft im Tourismus-marketing zu überlassen, möchte das Ruhrgebiet natürlich auch als Gesamtregion in Sachen Werbung eine gute Außendarstellung bieten und so werden in hübscher Regelmäßigkeit Versuche unternommen, dem Ruhrpott ein schickes Gewand auf den Leib zu texten.

In den Neunzigerjahren sorgte der Spruch »Der Pott kocht« für Aufmerksamkeit, den aber viele Stadtobere als zu schmuddelig empfanden. Wahrscheinlich in erster Linie im Hinblick auf die eigenen Kochkünste am heimischen Herd, denn der Spruch hatte etwas Besonderes. Zum einen sollte er eine gewisse Dynamik aus-drücken, also eine Art Aufbruchstimmung heraus aus der Zeit der Montanindustrie, und zum anderen sollte er den schon damals populären Begriff »Pott« im Sinne von »Ruhrpott« im wahrsten Sinne des Wortes befeuern. Der Schuss ging aber nach hinten los, denn niemand konnte sich so richtig mit dem Slogan anfreunden. Oberlehrer gingen auf die Barrikaden, da sie argumentierten, dass ja nicht der Pott koche, sondern wenn überhaupt dann nur der Inhalt. Außerdem assoziierte man mit dem Werbespruch eher das HB-Männchen, das vor Wut kocht, als die aufstrebende Metropol-region Ruhr. Der Spruch verschwand nach einiger Zeit der Auf-regung also wieder von der Bildfläche.

Da der Superlativ von »merkwürdig« aber »am merkwürdigsten« ist, dachte sich vor einigen Jahren eine Werbeagentur, dass man auf diesen etwas misslungenen Versuch, das Ruhrgebiet in eine Werbebotschaft zu verpacken, noch einen draufsetzen könnte, und entwickelte allen Ernstes den Werbeslogan »Ruhr^n, Teamwork Capital«. Hallo? Ruhr hoch n? Teamwork Capital? Ich versuche das mal etwas zu erklären, da es sonst kaum ein Nichteingeweihter, der kein Mathematikstudium in Harvard absolviert hat, verstehen würde. »Ruhr hoch n« hat mit dem mathematischen kleinen »n«

zu tun, das etwas nach oben gestellt ein unendliches Potenzial anzeigt. Die Ruhr ist also demzufolge unendlich, auch wenn sie irgendwann mal im Rhein landet. Gemeint gewesen waren sicher die Möglichkeiten, die das Ruhrgebiet bietet, aber wer soll da direkt drauf kommen? Ruhr^2 oder Ruhr^3 hätte sich ja auch irgendwie nach Blödsinn[10] angehört, deshalb also das altkluge »n«. Die Ergänzung »Teamwork Capital« bezog sich nicht auf die Mühe der Banker, im Verbund möglichst viel Kapital zu scheffeln, sondern sollte in etwa so viel ausdrücken wie … na ja, keiner weiß es so genau.

Man kann vom Ruhrgebiet also halten, was man will, aber es macht durch verkorkste Werbebotschaften immerhin so regelmäßig auf sich aufmerksam, dass auch dies ein Grund ist, es zu lieben, und Sie darüber lesen. Was will Werbung mehr?

Und da der Versuch, dem Ruhrgebiet eine passende, griffige und einprägsame Werbebotschaft zu vermitteln, ja mal wieder gescheitert ist, können die einzelnen Städte einmal mehr aus dem Vollen schöpfen und sich ihren ganz persönlichen Slogan auf die Fahnen malen.

»Essen ist fertig!« oder »Datteln, hier wohnen keine Pflaumen!« sind Vorschläge, die mir da spontan einfallen.

Letztlich sind es also eher die Menschen, die durch ihre charmante und beherzte Art die beste Werbung für den Ruhrpott darstellen und weniger die überdimensionalen und schweineteuren Werbebotschaften, mit denen sämtliche Bushaltestellen im Ruhrgebiet zutapeziert werden.

Weil man hier direkt direkt ist

Der Ruhri ist ja allgemein für allerhand schönen Blödsinn deutschlandweit bekannt. Für seine Marotten, für sein großes Herz, für seine Kultur und für seine Geschichte. Was den echten Ruhri, also die meisten Menschen in der Region, aber ausmacht, ist seine direkte Art und sein lockeres Mundwerk. Nun gut, darunter kann man erst einmal alles verstehen, denn wenn mir ein Verkehrspolizist sagt, dass 180 innerorts zu schnell sei und er nun gerne meinen Führerschein hätte, dann ist das ja auch eine direkte Art. Beim Ruhri ist es eigentlich ähnlich, aber doch irgendwie ganz anders.

Die große Klappe ist den Menschen im Ruhrgebiet nämlich anscheinend angeboren beziehungsweise mit der Muttermilch verabreicht worden. Man war und ist im Ruhrgebiet immer sehr bemüht, Handlungsabläufe oder Ziele in möglichst kurzen und knappen Sätzen auf den Punkt zu bringen. Dies geht natürlich oft zu Lasten einer gewissen Höflichkeit. Während der Polier auf der Baustelle in Restdeutschland seinem Hiwi mit auf den Weg gibt, er möge doch bitte mal so nett sein und ihm den Hammer reichen, damit er nun zügig die Wand herniederreißen könne, spricht der Ruhrpottler dieses etwas direkter und somit knapper aus: »Gimma Mottek – ich klopp getz die Wand zu Gülle!«

Diese direkte Art scheint also der Industrie im Ruhrgebiet geschuldet zu sein, die immer bedingte, dass man zügig und schnell arbeitete. Lange und komplizierte Sätze hätten nur dazu geführt, dass wahrscheinlich bis heute noch kein einziger Brocken Kohle aus der Erde geholt worden wäre. Durch die direkte Art sind wir da etwas weiter und haben die Zechen (größtenteils) schon hinter uns gelassen. Aber es sind nicht nur die Sprache und die Form der Kommunikation, die den Ruhrpottler zu einem direkten Menschen machen. Auch die Art, wie im Ruhrgebiet mit Mitmenschen, gerne auch Ortsfremden, umgegangen wird, ist mitunter von einer sehr gewürzten Direktheit: »Ey, kumma. Dat is 'n Prominenter.« – »Ja und, der trinkt sein Bier auch nich anders als wie wir.«

Der Hang des Ruhris, bei keinem Thema hinter dem Berg zu halten und alles, was ihm gerade durch den Kopf wandert, ungefiltert hinauszuposaunen, bringt also Klarheit und Offenheit. Nichtsdestotrotz bergen solche Verhaltensweisen natürlich auch das Risiko, mal anzuecken und negativ in Erscheinung zu treten, da es ja auch Situationen gibt, in denen man nicht immer direkt und ungefiltert antworten sollte. Hier hat sich der Ruhri einen natürlichen Schutzfilter zugelegt, der ihm bei Rapports beim Chef, Diskussionen mit der eigenen Ehefrau oder Streitereien mit den pubertierenden Kindern zeigt, dass es auch Situationen gibt, wo man besser mal die Klappe hält. Da bieten sich dann Rückzugsmöglichkeiten, zum Beispiel in den Schrebergarten, wo man nicht so direkt antworten muss, sondern unter dem Sonnenschirm auch einfach mal indirekt die Sonne genießen kann.

Ich mach mal *direkt* weiter.

Das Entscheidende an der direkten Art der Menschen im Ruhrgebiet ist aber, dass alles von Herzen kommt und dem Ganzen ein gewisser Charme innewohnt. Da der Ruhri seit Urzeiten auch mit Klischees über sich und seine Heimat fertigwerden muss und musste, sind auch hier Schutzmechanismen entstanden, die ihm zeigen, ob es sich beim Gegenüber um einen positiv oder negativ eingestellten Menschen handelt. Durch seine direkte Art demonstriert der Ruhri dann also erst einmal Präsenz und Selbstbewusstsein und lässt beim Gegenüber keine Spielräume für Vorurteile und Überheblichkeit. Hat der Ortsfremde dann die direkte Art der Ruhris akzeptiert, wird er diesen besonderen Charakterzug der Einheimischen in den meisten Fällen auch zu schätzen wissen.

Insbesondere die Gastarbeiter aus aller Herren Länder, die bereits in den Sechzigerjahren ins Ruhrgebiet strömten und hier Arbeit fanden, waren dankbar für diese direkte und unkomplizierte Art und Sprache. Zwar wussten sie auch nicht vom ersten Arbeitstag an, was eine Ratsche mit 6er-Nuss ist, aber die passende, hektisch ausgeführte Handbewegung des Meisters machte klar, dass hier irgendetwas vonnöten war, um irgendetwas festzuziehen.

Der angesprochene Lehrling schüttelte dann nur den Kopf und machte auf sehr direkte Art und Weise deutlich, dass jetzt nix mit 6er-Nuss, sondern Mittagspause angesagt ist. Die direkte Art wurde also auch von Neu-Ruhrpottlern direkt verinnerlicht.

Und nun direkt zum nächsten Grund, den Ruhrpott zu lieben …

Weil hier der Chef auch »Kumpel« sein kann

»Mach meinen Kumpel nicht an!«, hieß mal eine Antidiskriminierungskampagne, in der für ein soziales und harmonisches Miteinander geworben und dem Rassismus Hausverbot erteilt wurde. Der Begriff »Kumpel«, der ja »Freund« oder »Kamerad« bedeutet und ursprünglich wohl vom Wort »Kumpan« oder »Kompagnon« hergeleitet wurde, hat im Ruhrgebiet aber eine viel tiefgreifendere Bedeutung, da er eng an den Bergbau geknüpft war und ist.

»Kumpel«, also die im Ruhrgebiet gängige Bezeichnung für den Bergmann als Berufsstand, bezeichnet hier sowohl den »Malocher« von der Zeche als auch den guten Freund. Das ist insofern praktisch, als der hier arbeitende Bergmann auf diese Art und Weise auch den größten Volldeppen unter Tage mit breiter Brust als einen guten Kumpel bezeichnen kann, wenn er denn nur entsprechend fleißig arbeitet, aber darüber hinaus eventuell nicht viel taugt. Und obwohl der Bergbau von einer Hierarchie geprägt ist, wie man sie sonst nur aus der Bundeswehr kennt, darf also der frischgekürte Hauer, der als Lehrling unter Tage schuftet, seinen Vorgesetzten, den Obersteiger, am Abend in der Kneipe Kumpel nennen. Versuchen Sie das mal am ersten Arbeitstag als Auszubildender in einer Sparkassenfiliale.

Der Begriff »Kumpel« hat also im Montanbergbau eine Tradition und hat sich bundesweit etabliert. Sah man mal wieder eine Großdemonstration von Bergleuten, die gegen Zechenschließungen durch die Städte zogen, dann war die einzige dazu passende Überschrift in den Tageszeitungen: »Kumpels gehen für den Zechenerhalt auf die Straße«.

Haben Sie denn auch einen echten Kumpel in Ihrem Freundeskreis? Nein? Dann wird es aber Zeit, denn mittlerweile wird der Begriff »Kumpel«, auf den doch alle echten Ruhrgebietler so stolz sind, ein wenig inflationär eingesetzt. Man hört das Wort nun an jeder Ecke, da mittlerweile jede flüchtige Thekenbekanntschaft nach fünf Minuten bereits als Kumpel betitelt wird, ohne dass die Beteiligten auch nur einmal gemeinsam einen Förderkorb bestiegen hätten.

Sehr populär war im Ruhrgebiet eine Comicfigur, die ab den frühen Fünfzigerjahren auf den Namen Kumpel Anton hörte und täglich in der *Westdeutschen Allgemeinen Zeitung* dem interessierten Leser Alltagsgeschichten von nebenan präsentierte. Nach weit über 1400 Geschichten ging aber auch Kumpel Anton dann irgendwann mal in Rente und konnte leider trotz seines Tatendrangs nicht verhindern, dass Anfang der Siebzigerjahre etwas viel Freizügigeres auf den deutschen Filmmarkt kam.

Laß jucken, Kumpel, ein cineastisches Meisterwerk, bei dem man sich noch heutzutage fragt, wer denn auf die Idee kam, den Kumpel, den regionalen Helden des Ruhrpotts, auf diese Art und Weise zu verunglimpfen. Wem der Film aus dem Jahre 1972 und die daran anschließende Filmreihe nichts sagt, dem sei kurz erläutert, dass es sich dabei um ein Heimatfilmchen der besonderen Art handelt, in dem eben besagter Kumpel unter Tage arbeitet und parallel dazu in schönster Ruhrpottkulisse so allerhand Abenteuer der freizügigen Art erlebt. Bei wem das Wort »Trash« keine Zahnschmerzen auslöst, der sollte sich dieses Machwerk nicht entgehen lassen, denn schließlich kann der Ruhrpottler auch über sich selbst lachen und den Ausdruck »harte Arbeit« so mal aus einer ganz anderen Perspektive beurteilen.

Man sieht also, der Begriff »Kumpel« drückt im Ruhrgebiet nicht nur etwas Positives aus, sondern er verbindet auch Menschen miteinander – wie in diesem kleinen Filmchen. Getreu dem Motto: »Mach meinen Kumpel ruhig mal an!«

Und wenn Ihnen Ihre imaginären Facebook-Freunde demnächst zum Halse heraushängen, dann kommen Sie doch mal ins Ruhrgebiet und lernen echte Kumpels aus Fleisch und Blut kennen.

Weil die Ruhrstadt die größte Stadt Deutschlands ist

Ruhrstadt? Wat is dat denn? Gibbet nich! Ich gebe zu, Sie haben recht. Das Ruhrgebiet war und ist immer das Ruhrgebiet, das Revier und natürlich der Ruhrpott. Aber eine große Stadt war es nie und wird es wohl aufgrund politischer Egomanie auch nie werden. Aber das Bedürfnis, insbesondere der Bewohner der Region, sich wie in einer großen Stadt zu fühlen, war im Ruhrgebiet immer sehr ausgeprägt. Das mag an den fast gar nicht wahrnehmbaren Stadtgrenzen innerhalb der Ruhrregion liegen, findet seine Begründung aber auch vor allem darin, dass der Ruhrgebietler sich gerne als Großstädter sehen möchte, selbst wenn er in Datteln, Bottrop oder Oer-Erkenschwick beheimatet ist. Daher entstand hier der Begriff »Ruhrstadt«, der dem neidischen Hamburger oder Berliner dann schlichtweg vermitteln soll, dass wir unter dem Deckmantel des Begriffes »Ruhrstadt« tatsächlich die größte und mitunter am dichtesten besiedelte Region Europas sind und es doch faszinierend wäre, wenn man im Ruhrgebiet ganz offiziell von der größten Stadt Deutschlands sprechen könnte.

Ein bisschen Größenwahn sei den Ruhris also gegönnt, denn schließlich sind sie ja auch ziemlich breit und lang. Was die Fläche betrifft selbstverständlich. Das Ruhrgebiet erstreckt sich nämlich über eine Fläche von 67 mal 116 Kilometern, auf der sich sämtliche kleinen Orte, Randgebiete und beschaulichen Stadtteile nun Ruhrstadt nennen dürften. Der Wunsch, aus einer großen Metropole Ruhr, wie wir im Ruhrgebiet auch hin und wieder betitelt werden, eine große Ruhrstadt zu zimmern, in der dann nach Möglichkeit auch nur eine Stadtverwaltung das Sagen hat, geht also in erster Linie von den Bürgern und weniger von den Herren im schwarzen Anzug aus.

Somit ist die Ruhrstadt zunächst mal eine schöne Idee, von den Bürgern bejubelt und von der Politik nicht ernsthaft gewollt, da wohl schlichtweg nicht realisierbar. Es ist anzunehmen, dass eher das Bundesland Bayern den Österreichern zugesprochen wird, als dass das Ruhrgebiet einmal die größte Stadt Deutschlands wird. Die Ruhrstadt!

Aber mal ganz ehrlich: Was das alles für Konsequenzen nach sich ziehen würde. Autos würde man dann europaweit zum Beispiel an den Kennzeichen RUH-RI 666 erkennen. Die hübschen Kennzeichenkombinationen GE-IL 1000 oder WAN-NE 1 wären Geschichte. Am Samstagnachmittag gäbe es nicht mehr das Bundesligaderby Schalke gegen Dortmund, sondern Dievomeinenende gegen Dievomanderenende und Grönemeyer würde uns wahrscheinlich das Album *45000 Ruhrstadt* auf den Leib nuscheln. Unter diesen Gesichtspunkten kann man festhalten, dass nicht alles Gold ist, was glänzt, und ein gewisses Kirchturmdenken die Ruhris in den einzelnen Städten ja auch irgendwie zu sympathischen Individuen macht, die zwar das große, stolze Ruhrpottgen in sich tragen, aber im Alltag auch gerne damit kokettieren, dass sie eben beispielsweise aus dem hübschen und beschaulichen Witten an der Ruhr stammen und nicht aus dem großen Moloch Ruhrstadt. Und 5,1 Millionen Menschen unter einen Hut zu bekommen wäre ja auch nicht so ganz einfach.

Lassen wir dem Ruhri also seine Heimatverbundenheit mit dem Ruhrgebiet und seinen vier Kreisen sowie elf kreisfreien Städten. Schließlich gibt es nichts Schöneres, als im nächsten Urlaub dem spanischen Bodega-Besitzer angesäuselt zu erläutern, wo denn nun genau dieses Bergkamen im Ruhrgebiet liegt.

»Yes, hicks, it is in the Nähe von Düsseldorf, hicks, but my Spanisch is not so *töfte*.«

Weltstadt Ruhrgebiet eben!

KAPITEL 2

WENN SIE MORGEN SCHON WIEDER WEGWOLLEN

Weil wir der Welt unsere Kultur vererben

Wenn man einem Besucher der Ruhrregion vor einigen Jahrzehnten mit stolzgeschwellter Brust erläutert hätte, dass eine schmutzige Zeche im Essener Stadtteil Katernberg ein Kulturdenkmal werden könnte, dann hätte diese Person nicht nur das Weite gesucht, sondern sich auch fremdgeschämt, auf welch komische Ideen der Ruhrgebietler so kommt. Hätte man dieser Person dann auch noch erklärt, dass auf dieser Zeche einmal Designer, Künstler und Gewerbetreibende ihr Unwesen treiben werden, so wäre wahrscheinlich die gesamte Schwerindustrie des Ruhrgebiets infrage gestellt worden.

Nun haben wir dieses Hirngespinst in die Tat umgesetzt und können weltweit damit werben, dass es im Ruhrgebiet ein Zechenareal gibt, das den Status eines Weltkulturerbes trägt. Weltkulturerbe Zeche Zollverein.

Als die Zeche Zollverein im Jahre 1986 ihre Tore schloss, ging eine weit über einhundertjährige Zechengeschichte vorläufig zu Ende, denn bereits kurze Zeit später sicherte sich die Stadt Essen das ganze Areal und stellte es unter Denkmalschutz. So wurde aus dem Hort der Arbeit zunächst ein Denkmal. So, und nun stand das riesige Ding da also herum und bot der heimischen Flora und Fauna ein Phantasialand der besonderen Art. Ich erinnere mich noch gut an den Charme, den das Gelände damals ausstrahlte, als es zugewuchert von Birkenwäldchen darauf wartete, aus dem Dornröschenschlaf wachgeküsst zu werden. Man konnte als Kind hier wunderbar Verstecken spielen und dies mit der ersten großen Liebe später fortsetzen.

Eine einberufene Baugesellschaft übernahm irgendwann den Job des Wachküssers und so begannen die Sanierungsarbeiten auf dem recht weitverzweigten Gelände, zu dem auch die Kokerei Zollverein zählt, die ihren Betrieb noch ein paar Jahre länger als die Zeche aufrechterhielt. Nachdem nun die Baugesellschaft den Startschuss für eine Sanierung des Geländes gegeben hatte, gefiel den Stadtoberen aber der Begriff »Stiftung« besser, da man ja schließlich aus der alten Zeche ein Kunstwerk machen wollte, und so ging die Verantwortung an die Stiftung Zollverein über, die sich fortan um die Verschönerung der Zeche Zollverein kümmern sollte. Das graue Mäuslein Ruhrpottzeche legte nach langer Mauser seinen Arbeitskittel nun immer weiter ab und wandelte sich zu einem Gelände, welches in den Folgejahren immer mehr Touristen und Interessierte anlockte, die sich für die Geschichte des Kohlebergbaus im Ruhrgebiet begeistern konnten, aber auch sehen wollten, was diese Zeche eigentlich so besonders macht und unter Dutzenden anderer Industriebauten hervorstechen lässt. Schließlich wird der Titel »Weltkulturerbe« nicht an jede Klümpchenbude im Ruhrpott vergeben.

Für den Ruhrgebietler stellte die Zeche Zollverein in vielerlei Hinsicht zunächst sicher nur eine von vielen Hundert Zechen dar, die im Laufe der Jahrhunderte das Ruhrgebiet zierten. Aber sie hat einige Merkmale, die sie im Rennen um eine Vorrangstellung weit in den Vordergrund rückten. Zollverein war nämlich nicht nur die größte Zeche im Ruhrgebiet, sondern in der Wahrnehmung vieler auch die schönste Zeche der Welt. Nun gut, eine Zeche als die schönste der Welt zu betiteln ist in etwa so, als würde man einen Hochofen als die heißeste Location des Ruhrgebiets bezeichnen. Aber die Zeche Zollverein bot, im architektonischen Stil der neuen Sachlichkeit gebaut, dem Betrachter ein Höchstmaß an Symmetrie und Geometrie, was für einen schlichten Industriebau sicher nicht gewöhnlich war. Auch zeugt der große Doppelbockförderturm von einer gewissen Imposanz, der schön beleuchtet ein klein wenig wie der Eiffelturm des Ruhrgebiets aus weiter Ferne andeutet, dass hier ab sofort die Arbeit Vergangenheit ist und nun Platz für Neues geschaffen wird.

Im Zuge der Sanierung und des Umbaus der Zeche entstand im Laufe der Jahre immer mehr Kulturelles auf dem Gelände. Designzentren, Künstlerschulen und Kreativschaffende nahmen den Platz des Bergmanns ein und verwandelten das gesamte Gelände in einen vielbesuchten Ort im Norden der Stadt Essen. Im Jahr 2001 erfolgte dann der finale Ritterschlag zum Weltkulturerbe, der aus dem ganzen Gelände sprungartig einen Touristenmagneten formte.

Spricht man außerhalb der Stadtgrenzen über Sehenswürdigkeiten im Ruhrgebiet, dann kommt man meist direkt auf die Zeche Zollverein zu sprechen. Durch den Umzug des Ruhr Museums im Jahre 2009 in die ehemalige Kohlenwäsche der Zeche wurde das Gelände noch mal zusätzlich aufgewertet. Viele Besucher, die ich im Laufe der Jahre dort getroffen und gesprochen habe, hätten sich neben der kulturellen Komponente jedoch auch ein wenig mehr Bergbautraditionelles zur Anschauung gewünscht. Kurzzeitig war auch mal die Rede von einem Besucherbergwerk, in das die Touristen auf Zollverein dann hätten einfahren können. Das hätte zum Gesicht einer ehemaligen Zeche mitunter besser gepasst als eine Designschule. Aber dieses Projekt war weder finanziell noch organisatorisch zu stemmen und so vermisst der eine oder andere Besucher ein wenig die Couleur der alten Betriebsamkeit einer Zeche voller Malocher. Eine aufgeräumte und gefegte Zeche kann also unter Umständen auch etwas von ihrem Charme der Arbeit einbüßen, wenn man das falsche Putzmittel verwendet.

Empfehlenswert ist es allerdings, bei einem Besuch des Zechengeländes genug Zeit mitzubringen. Wenn man die benachbarte Kokerei mitbesichtigen möchte, dann taugt das gesamte Zechengelände durchaus für einen kompletten Ausflugstag mit der ganzen Familie. Zahlreiche Fahrradwege führen zur Zeche hin und – aufgepasst, Scherz des Autors – auch wieder davon weg. Man muss also nicht zwangsläufig unter Tage gewesen zu sein, um die Faszination der Industriekultur im Ruhrgebiet zu spüren zu bekommen. Glück auf!

Weil zur Currywurst
gerne noch wat bei kommt

Über 30 Jahre ist es nun schon her, dass Herbert Grönemeyer der besagten Currywurst, im Ruhrpott abgekürzt C-Wurst genannt, ein musikalisches Denkmal setzte und dafür sorgte, dass der Urheberstreit zwischen Berlin und der Ruhrmetropole erst richtig Fahrt aufnahm.

Dem Ruhri ist aber eigentlich vollkommen egal, wer die Currywurst erfunden hat. Ihm ist viel wichtiger, dass er sie überall bekommt. Und da behauptet sich das Ruhrgebiet dann doch im Städtekampf um die meisten Buden, die einem das schmackhafte Pressfleisch im Schweinedarm anbieten. Und da der zünftige Ruhrgebietler eben auch selten *zu Tisch* geht, isst man die Dinger hier bei uns gerne auch mal *aufe Hand* und zwischendurch.

Aber wie in vielen Qualitätsbranchen unserer Republik haben sich auch im Ruhrgebiet Etablissements herausgebildet, die sich gerne damit brüsten, doch die einzig wahre Currywurst anzubieten beziehungsweise sie sogar erfunden zu haben. Slogans wie »Das Original«, »Die einzig Wahre« oder »Die Kultwurst« sollten aber mit Vorsicht genossen werden, da man an solchen Buden meist nicht das sympathische Rattern des Wursthäckslers hört und auch selten die ältere Dame mit dem soßenbeschmierten Kittel vorfindet, die doch den eigentlichen Charme einer echten Currywurst samt Bude im Ruhrgebiet ausmacht. Es ist also jedem zu empfehlen, gerade diese weißgekachelten Räumlichkeiten aufzusuchen, um sich dort ganz stilecht eine leckere Currywurst mit *wat bei* zu bestellen. Und wenn die nette Dame dann fragt, ob auf die Pommes noch wat drauf kommt, dann können Sie sich mit den anderen Kunden wunderbar auf die Rot/weiß-Diskussion einlassen und klarmachen, dass zu einer originalen und einzig echten Ruhrpott-Currykultwurst immer Pommes rot/weiß dazugehören.

Ist die Pommesbude gerade an Wochenenden recht gut besucht, seien Sie während der Bestellung bitte hochkonzentriert. Häufig wird man von den bezaubernden Imbissfachverkäuferinnen nämlich danach gefragt, ob man nun das Jägerschnitzel sei oder doch das Geschnetzelte mit Zigeunerreis. Sagen Sie der Verkäuferin dann, dass das Geschnetzelte die Dame neben Ihnen sei und Sie die Currywurst mit doppelter Pommes extra scharf. Zahlreiche Imbissbuden im Ruhrgebiet haben sich durch solch charmante Unterhaltungsprogramme eine bedeutende Vormachtstellung in der Region und in ganz Deutschland erarbeitet. Und da die meisten Gesundheitsämter der Region wohl auch keine bessere Speisenauswahl in der hauseigenen Kantine anbieten, wird hier in Sachen Pingeligkeit gerne mal ein Auge zugedrückt und gleich vor Ort die gastronomische Vielfalt todesmutig abgeschmeckt.

Um das Currywurstgefühl mal live zu erleben, empfehle ich Ida's Imbiss in Gelsenkirchen (Apostroph war nicht meine Idee!). Nirgends erhält man für so wenig Geld so viel Geschmack und so viel nicht enden wollenden Smalltalk über Gott und die (Ruhrpott-) Welt. Dem Ruhrpottler ist Fingerfood also auf jeden Fall Wurst und wir rücken ihm hier immer wieder gerne auf die Bratwurstpelle.

Weil man hier hohe Öfen besteigen kann

Ich war vor Kurzem mal wieder im Landschaftspark Duisburg-Nord. Diesen Industrielandschaftspark zu beschreiben ist gar nicht mal so einfach. Man könnte ihn vielleicht als größten Abenteuerspielplatz des Ruhrgebiets bezeichnen, da hier Kinder im Alter von drei bis 93 Jahren klettern, gucken, laufen und tauchen können.

Während vor vielen Jahren in diesem ehemaligen Stahlwerk noch hart gearbeitet wurde, ist heutzutage die größte körperliche Herausforderung das Treppensteigen auf das Podest zur Spitze des ehemaligen Hochofens, um sich, dort oben angekommen, halb über die Brüstung zu lehnen, den Leonardo DiCaprio aus *Titanic* zu machen und zu rufen: »Ich bin der König von Duisburg-Marxloh!« Der Vergleich ist gar nicht mal unpassend, denn das kurzfristig der Vegetation überlassene Gelände ist auch heute nach zahlreichen Stunden des Unkrautzupfens und Aufräumens immer noch eine wilde Umgebung. Man wartet quasi an jeder Ecke des verwinkelten Geländes darauf, dass einem ein Jawa begegnet, der einem einen Droiden verkaufen möchte, oder einen die Ewoks überreden, doch mal mit in ihr Baumhaus zu kommen. Genau diese verwunschene alte Industrieatmosphäre macht aber den Charme des Parks aus und lädt dazu ein, sich in den ehemaligen Erzbunkern beim Freeclimbing die Knochen zu brechen oder beim Tauchen im wassergefüllten ehemaligen Gasometer nach 12er-Ringschlüsseln zu suchen. Industrie und Landschaft eben. Vereint in perfekter Harmonie und ein Denkmal der besonderen Art.

Von der Spitze des ausrangierten Hochofens hat man zudem bei gutem Wetter einen schönen Ausblick auf die Alpen und das Mittelmeer. Halt, stopp! Das gehört ja in einen anderen Reiseführer. Ich meinte einen schönen Ausblick auf die noch aktiven Hochöfen in

Duisburg. Auch wenn das Ruhrgebiet schon lange nicht mehr so qualmt wie früher. Hier ist Industrieromantik noch spürbar und während die Sonne über Duisburg untergeht, meint man aus weiter Ferne noch immer das Fluchen von Horst Schimanski zu hören, bevor man sich erneut auf die gefühlten 1000 Stufen gen Boden begibt.

Nicht zu empfehlen ist der ganze Spaß allerdings im Winter, denn hier kann es passieren, dass der Hochofen aufgrund der arktischen Verhältnisse gesperrt bleibt. Den Arm voll bepackt mit Silvesterraketen und Böllern, fragt man sich dann am verschlossenen Eingang hinauf auf den Hochofen, warum man den weiten Weg in der Kälte zusammen mit ein paar besoffenen Schulfreunden überhaupt auf sich genommen hat. So viel persönliche Silvester-Anekdote muss daher an dieser Stelle gestattet sein.

Sollten Sie generell des Kletterns nicht so mächtig oder einfach zu faul dafür sein, so bietet der Landschaftspark aber auch andere Möglichkeiten, um sich dort schadenfrei einen sonnigen Sonntag um die Ohren zu hauen. Der Park ist zudem Zwischenziel zahlreicher Radwanderwege, die einladen, mit dem Fahrrad in andere zauberhafte Metropolen des Ruhrgebiets aufzubrechen. An diesem Ankerpunkt der legendären Route der Industriekultur finden zudem auch hin und wieder Abendveranstaltungen statt, bei denen sich das Klettern dann nur noch auf das Aussteigen aus dem eigenen Auto beschränkt.

Das verwunschene Stahlwerk. Landschaftspark Duisburg-Nord.
Fehlen nur noch Rotkäppchen und der böse Wolf.

Weil et anne Bude mehr gibt, als wie de brauchst

Im Ruhrgebiet bezeichnet man die Feuerwehr und die Notärzte als Lebensretter. Wie wahrscheinlich in den meisten anderen Teilen der Welt auch. Die heimlichen Lebensretter im Revier sind aber weder Feuerwehrmänner noch Sanitäter. Die wahren Lebensretter im Ruhrgebiet sind die Buden an der Ecke.

Nicht dass Sie das jetzt fälschlich als Trinkhalle oder Kiosk im Hinterkopf haben und meinen, dass Sie dieses Phänomen auch aus vielen anderen Städten Deutschlands bereits kennen. Nein, es geht um die BUDE. Kioske mag man vielleicht in St. Peter-Ording am Strand finden. Hier können Touristen dann Andenken für die Kinder und einen Kräuterschnaps gegen das verdorbene Fischbrötchen im Magen erwerben. Auch der Begriff »Trinkhalle«, der sogar im Ruhrgebiet an vielen Buden prangt, ist missverständlich, denn von den Dimensionen einer Halle sind diese Trinkstätten dann doch sehr weit entfernt, auch wenn es so manche begehbare Bude auf stattliche Ausmaße bringt, in denen man ganze Hochzeitsgesellschaften zum Frühstück einladen könnte. Die traditionelle Bude im Revier ist aber die Bude an der Ecke, die mit einer kleinen Glasscheibe zum Schalterverkauf einlädt und an der man einfach alles erwerben kann, was der Ruhrpottler dringend oder schlichtweg gar nicht benötigt. Der Lebensretter des Alltags also.

Zu schätzen weiß man eine Bude insbesondere am Sonntagmorgen, wenn mal wieder das Toilettenpapier ausgegangen ist, oder am Sonntagmittag, wenn zum Hasenbraten ein Glas Rotkohl fehlt. Da geht man eben kurz anne Bude anne Ecke und besorgt es sich. Auch Tankstellen, die ja mitunter die ganze Nacht hindurch und am Wochenende geöffnet haben, können mit ihren obskuren Werbebotschaften wie »deli2go« oder »Caféthek« nicht gegen die

Bude anstinken. Wer im Ruhrgebiet was auf sich hält, der geht in Notsituationen mal eben an die Bude von nebenan.

Die Bude hält für jede Altersgruppe das passende Sortiment bereit, sodass man bereits als kleiner Köttel im Ruhrpott keine andere Möglichkeit sah, als sein Taschengeld dort zu verbraten.

Die Top 10 im Kindesalter waren folgende:

10. Diese Schaumstoffflugzeuge, die man erst zusammenbasteln musste
9. Brausebrocken, die später zu diesem komisch blubbernden Pulver im Mund wurden
8. Fußballbilder
7. Eine Tüte Weingummi für 'ne Mark (aber mit Schlümpfen bitte)
6. Esspapier, weil man es auch gerne mal eklig mochte
5. Wassereis, weil man es auch gerne mal noch ekliger mochte
4. Diese Plastikfläschchen, die man mit den Milchzähnen aufschrauben musste
3. Das aktuelle *Yps*-Heft mit den Urzeitkrebsen
2. Überraschungseier

Und auf Platz 1, mit weitem Abstand, jede Form von Eis am Stiel mit den faszinierendsten Namen wie Ed von Schleck, Brauner Bär oder Flutschfinger, die uns Ruhrpottkindern so manchen Sommernachmittag versüßten. All das bot schon damals eine gut sortierte Bude im Ruhrpott an.

Für die Erwachsenen enthielt das Angebot dann vom Glas Apfelmus über die Tiefkühlpizza bis zum Exportbier in Dosen alles. Die Bude war also immer ein Anlaufpunkt für alle, die schusselig waren und irgendwas im Supermarkt vergessen hatten, oder für die Menschen, die sich zu Hause einsam fühlten und hier an der Bude Gleichgesinnte treffen konnten, die auch gerade kein Toilettenpapier mehr im Regal hatten und zu diesem Anlass gleich mal ein kleines Frühschoppenbier im Stehen mitzischten.

Buden waren und sind im Ruhrgebiet häufig an strategisch günstigen Punkten angesiedelt. Sicher hat auch hier die wirtschaftliche Situation dafür gesorgt, dass an vielen Ecken Buden geschlossen wurden, aber jeder Stadtteil und mitunter jeder große Straßenzug im Ruhrgebiet, der was auf sich hält, hat heutzutage immer noch seine eigene Bude. Auf gut 18.000 Buden schätzen Statistiken die noch vorhandene Population dieser nicht aussterbenden Gattung Büdchen.

Viele Arbeitsuchende, die früher unter Umständen in der Industrie beschäftigt waren, machten sich mit einer Bude selbstständig, da man auf diese Weise ein kleines Auskommen hatte und irgendwie auch immer nah an den Bewohnern der Umgebung dran war. Und weil die Bude ein so fester und ruhrgebietstypischer Bestandteil in der Region geworden ist, gibt es hier sogar Museen, die echte Ruhrgebietsbuden ausgestellt haben.

Ich könnte Ihnen jetzt noch unzählige Anekdoten vonne Bude erzählen, aber ich sehe gerade, dass mir die … So ein Mist, keine mehr da. Entschuldigen Sie mich bitte. Ich muss mal eben anne Bude, Zaretten holen. Bis gleich!

Die kleinen Großmärkte im Ruhrpott.

Weil hier eine Pyramide auf dem Berg steht

Wenn Ihre Partnerin oder Ihr Partner nicht schwindelfrei ist und schon einen mittelschweren Schwindelanfall bekommt, wenn sie/er mal auf einem dicken Teppich steht, dann sollten Sie sich nicht die Stahlrohrkonstruktion namens Tetraeder in Bottrop entgehen lassen. Das Konstrukt wurde nämlich nicht nur auf einer sehr imposanten, weil hohen ehemaligen Kohlehalde der Zeche Prosper Haniel errichtet, sondern hat mit knapp 50 Metern Höhe auch so eine recht beeindruckende Statur. Praktisch war von Beginn an, dass das ganze Bauwerk die Form einer Pyramide hatte, sodass man sich nicht mit der Namensdiskussion über Ball, Zylinder oder Raute herumärgern musste, sondern das Ding ganz einfach Tetraeder nennen konnte. Pyramide wäre ja auch todlangweilig gewesen, denn schließlich hat es der stolze Ruhrpottler nicht nötig, von den Herrschaften aus Ägypten den Namen für deren alte Steingebäude zu kopieren.

Somit gibt es also seit den Neunzigerjahren im Ruhrgebiet eine Pyramide aus Stahl hoch oben auf einer wunderschön begrünten ehemaligen Abraumhalde. Die eigentliche Herausforderung für nicht schwindelfreie Kletterer ist aber die Stahltreppe hinauf in das Innere des Bauwerkes, die einen freien Blick durch die Stufen hindurch nach unten gewährt. Bereits hier kann dann der technisch versierte Alleswisser vollmundig den guten Krupp-Stahl bewerben, der nicht kaputtgehen kann, sodass man unbeschadet die erste Plattform innerhalb dieser Pyramide erreicht. Spätestens zu diesem Zeitpunkt werden Sie von Ihrer nicht schwindelfreien Begleitung den Satz hören: »Bis hier und nicht weiter!«, während sich die Person mit Angstschweiß auf der Stirn am Geländer festhakt. Richtig spaßig wird es aber erst an der schräg eingehängten zweiten Plattform, die kreisrund begehbar ist und von der aus man einen fantastischen Blick auf das Haldenplateau und die umliegende Landschaft hat. Hier ist übrigens auch der einzige Platz in ganz Bottrop erreicht, an dem der Bottroper sein Wahrzeichen nicht erblicken kann. Das Tetraeder ist für Bottrop nämlich ein bedeutendes Bauwerk geworden, das aus der gesamten Umgebung bewundert werden kann. In den Abendstunden wird es auch sehr auffällig beleuchtet.

Das Haldenereignis Emscherblick, wie die gesamte Idee und das Bauwerk letztlich auch genannt werden, ist ein Projekt der Internationalen Bauausstellung (IBA) Emscher Park, die im Ruhrgebiet für so einige spektakuläre Bauwerke sorgte und mit der Errichtung des Tetraeders im Jahre 1995 sicher einen von vielen Höhepunkten erreichte.

Aus dem Jahre 2009 datiert eine lustige Geschichte um das Schotterfeld unterhalb der Stahlpyramide. Hier machte sich nämlich ein Anwohner und häufiger Besucher der Halde ans Werk, den Schotter unterhalb des Tetraeders zu lustigen Alien-Bildchen zu formen, die man auf dem Boden gar nicht optisch wahrnehmen konnte, von der Aussichtsplattform des Kunstwerkes in luftiger Höhe aus aber für Erstaunen und Hochachtung unter den Besuchern sorgten. Nur der kreative Schöpfer des Tetraeders, der in diesem Schaffen die Zerstörung seines künstlerischen Gesamtwerkes sah, wollte die lustigen Steinformationen verschwinden lassen, da ihm mehr daran lag, dass der Besucher des Tetraeders in die Weite der Ruhrpottlandschaft blickt, als die kunstvoll arrangierten Alien-Skulpturen zu bewundern.

Stellen Sie sich selbst die Frage, welche von beiden Parteien vom anderen Stern kommt, und genießen Sie von der Ruhrpottpyramide ab sofort wieder einen unverbauten Blick auf die Aliens in den Straßen des Ruhrgebiets.

Weil hier schwarze Männer ausgestellt werden

Das Ruhrgebiet bildet mit seinen über 200 Museen eine der größten und dichtesten Museumslandschaften in ganz Deutschland. Der interessierte Besucher der Region findet hier ebenso wie der heimat-verbundene Ruhri zahlreiche Ausstellungsstätten, in denen man nun wirklich alles bewundern kann. Die Palette reicht vom kleinen Heimatmuseum bis zum großen Kunstpalast, in dem sich die alten Pinseler Van Gogh, Picasso oder Rembrandt gegenseitig die Farbe in die Hand geben. Für die Region charakteristisch sind aber die Museen, die sich thematisch der Historie und der Gegenwart des Ruhrgebiets widmen. Mit einem Museum für Anglerknoten oder Kuhglocken wird man im Ruhrgebiet keinen Grundschüler hinter dem Ofen hervor-locken, aber mit kohleschwarzen Männern und der Geschichte über deren Arbeitsalltag kann man das im Ruhrgebiet sehr wohl.

Ich erinnere mich noch lebhaft, als ich als kleiner Dötz mit meinen Eltern zum ersten Mal das Bergbau-Museum in Bochum besuchte, da dieses Museum so wie viele andere nicht nur zum Beschmieren der Glasscheiben einlud, hinter denen irgendwelche langweiligen Exponate ausgestellt waren. Nein, im Bergbaumuseum war Aben-teuer angesagt, denn das Museum, welches immerhin eines der meistbesuchten in Deutschland ist, bietet so einiges zum Mitmachen. Zumindest wenn man Ruhrpottdötz mit Abenteuerdrang ist.

Da es im Ruhrgebiet ein richtiges Besucherbergwerk ja leider nicht gibt, bietet das Bergbau-Museum in Bochum die Möglichkeit, in ein Anschauungsbergwerk einzufahren, welches dem interes-sierten Besucher viele Jahrzehnte Bergbau vor Ort erläutert. Dass es in Wirklichkeit nur einige Meter tief unter der Erde liegt und man dort nicht mit einem Förderkorb, sondern mit einem stink-normalen Aufzug hingelangt, war uns Kindern damals aber nicht

Dieses Gebäude kennt jede Schulklasse im Ruhrpott von innen.
Das Bergbau-Museum.

unmittelbar bewusst. Für uns Neunmalkluge ging es selbstverständlich nun Tausende Meter tief ins Erdinnere, um dort in absoluter Dunkelheit Kohle aus dem Berg zu stemmen. Die perfekte Illusion, da die Aufzüge meiner Meinung nach auch bewusst so langsam waren, dass man auf der gefühlt dreitägigen Fahrt meinte, nun wirklich dem Erdkern näher zu kommen.

Im Erdgeschoss ist es dann nicht nur wieder heller, sondern mit knapp 12.000 Quadratmetern auch recht weitläufig, da das Bergbau-Museum, welches das bedeutendste seiner Art in der ganzen Welt ist, nicht nur viel über die Geschichte des Bergbaus im Ruhrgebiet und weltweit preisgibt, sondern auch riesige Förder- und Bohrmaschinen ausstellt, die uns Kindern natürlich auch sehr zugesagt haben, da man sie teilweise beklettern durfte.

Ein weiteres Highlight, vor allem für kletterbegeisterte Kinder und deren Erziehungsberechtigte, ist der große Förderturm, der nicht nur Teil des Museums ist, sondern dem ganzen Bauwerk auch seinen architektonischen Reiz gibt. Der einst von der Zeche Germania in Dortmund abgebaute und hier wiedererrichtete Doppelbockförderturm steht nämlich zentral über der Haupteingangspforte. Bei gutem Wetter kann er erklommen und ein schöner Blick über Bochum bis in die benachbarten Städte genossen werden. Außerdem konnte einem kleinkindlichen Zwerg wie mir damals sehr gut die Dimension einer Seilscheibe nähergebracht werden. Seilscheiben sind die Räder des Förderturms, über die die Seile laufen, welche die Förderkörbe zum Erdkern befördern. Also, fast bis dahin. Viele Schulklassen und natürlich Besuchergruppen aus Deutschland und der ganzen Welt lassen sich also jahrein, jahraus vom Bergbau-Museum beeindrucken und geben sich der Illusion hin, nun mal tatsächlich in einem echten Bergwerk unter Tage gewesen zu sein. Die Pfiffigen unter den Besuchern stellen sich aber zumindest abschließend die Frage, warum denn ausgerechnet unter diesem Museumsbau früher einmal ein Stollen angelegt und Kohle abgebaut wurde. Magic Ruhrpott – it's only illusion!

Weil die schwarzen Abfahrten hier überdacht sind

Wenn Sie mal wieder an einem brütend heißen Augustmorgen schweißgebadet aufwachen und sich nichts sehnlicher wünschen als Wintertemperaturen, dann kann Ihnen auch im Ruhrgebiet geholfen werden. Der Winter ist zwar mitunter noch weit entfernt und die Skipisten der Alpen, oder zumindest des Sauerlandes, bis dato eher grün als weiß. Und doch bietet sich inmitten des beschaulichen Bottrops die Gelegenheit, sich auch im Hochsommer in ein Winterwunderland mit Schnee und Eis zu begeben.

Die Rede ist von der dortigen Indoor-Skihalle, die es ganzjährig erlaubt, sich gepflegt die Knochen zu brechen, indem man sich entweder auf der Skipiste langlegt oder beim Après-Ski sturzbetrunken vom Barhocker fällt. Anfänger und Profis im Bereich Ski und Snowboard haben hier bei jedweden klimatischen Außenbedingungen die Möglichkeit, die Pisten unsicher zu machen und ihrem Hobby nachzufahren.

Das Alpincenter Bottrop wurde im Jahr 2001 eröffnet und ist bis zum heutigen Tage ein absolutes Highlight unter den Sehenswürdigkeiten im Ruhrgebiet. Das Besondere ist auch die Lage auf der ehemaligen Abraumhalde an der Prosperstraße in Bottrop. Oben auf dem Plateau der Halde, am Eingang zur Skihalle angekommen, beeindruckt zunächst einmal die Aussicht, sowohl auf das Tetraeder auf der Nachbarhalde, als auch auf die noch aktive Kokerei Prosper am Fuße der Skipiste. Die Piste ist übrigens mit knapp 640 Metern Länge die längste Indoor-Piste der Welt, was nicht selten auch unsere Freunde aus den Niederlanden anlockt, die das Wort »Bergwelt« ja mehr aus dem Wörterbuch als aus der Realität kennen und sich im nahen Ruhrgebiet gerne einen schönen heißen Sommertag auf der Skipiste gönnen.

Wenngleich die Aussicht auf eine Dachkonstruktion in der Skihalle den Ausblick auf die Gipfel der Berge nicht toppen kann, so legt man hier doch Wert auf viele kleine Details, die einem die perfekte Bergwelt vorgaukeln sollen. Eine gemütliche Berghüttenatmosphäre mit Glühwein und Grog gehört ebenso wie der bayerische Skilehrer zum Gesamtpaket mit dazu. Einmal am Fuße der Piste angekommen, sorgen Fließbänder dann dafür, dass man auch schnellstmöglich wieder das Gipfelkreuz erreicht, um erneut die schwarze Abfahrt unsicher zu machen. Die Fließbänder sind übrigens Errungenschaften der Bergbauindustrie und finden hier mal eine ganz außergewöhnliche Verwendung. Auch der Begriff »schwarze Abfahrt« bezieht sich nicht auf den Schwierigkeitsgrad der Strecke, sondern vielmehr auf die Tatsache, dass dieser Berg, auf dem man Ski fährt, ja ursprünglich aus schwarzem Gestein bestand. Im weitesten Sinne fährt man also Ski auf Kohle und liftet mit Kohletransportbändern wieder den Berg hinauf. So viel zum Thema Strukturwandel im Ruhrgebiet.

Um das Gelände beziehungsweise die Halde und den Besuch selbiger noch attraktiver zu gestalten, wurde im Jahr 2009 direkt neben der Skihalle eine Sommerrodelbahn installiert, auf der man auf knapp 1000 Meter Länge jeden schocken kann, der es sonst lieber langsam und ruhig angehen lässt. Auch ein Hochseilgarten direkt am Eingang der Skihalle begeistert seit einigen Jahren die Besucher der Halde und macht das Gelände zu einer richtigen Adventure-Sehenswürdigkeit für die ganze Familie.

Ein hoher Feiertag, auch in meinem Kalender, ist aber der 1. Mai. Passend zum Tag der Arbeiterbewegung zelebriert die Skihalle an diesem Tag nämlich den Müßiggang. Dann wird feierlich die Biergartensaison eröffnet und der sonnenhungrige Besucher kann sich bei einem zünftigen Bier die Frage stellen, ob die weit entfernten Skigebiete in Bayern wirklich vonnöten sind, oder ob ein regelmäßiger Ausflug ins nahe Bottrop nicht ebenso unterhaltsam sein kann. Denn hier ist ganzjährig Ski und Rodel gut!

KAPITEL 3

WENN SIE MUT FÜR EIN WOCHENENDE HABEN

Weil Zechen hier auch ohne Bierdeckel funktioniert

Wenn man im Ruhrgebiet die Zeche prellt, dann bedeutet das nicht, wie man vielleicht vermuten könnte, dass man gegen den Fuß eines Förderturms tritt, sondern es bedeutet das, was es auch sonst wo in Deutschland bedeutet. Nämlich, dass man einen über den Durst getrunken hat, um dann fluchtartig und ohne zu zahlen das Weite zu suchen. Auch eine durchzechte Nacht meint nicht die Nachtschicht eines Bergmanns unter Tage, sondern eher die Partyorgie eines Germanistikstudenten.

In der Region steht das Wort »Zeche« vor allem für die Industriehistorie, die das Ruhrgebiet vor vielen Hundert Jahren groß und weltweit bekannt gemacht hat. In der Hochphase des Ruhrbergbaus gab es im Ruhrgebiet knapp 300 Zechen an allen Ecken und Enden der Region, vom hohen Norden bis weit in den Süden. Heute lassen sich die Zechen, die noch in Betrieb sind, an einer Hand abzählen, aber die »Eiffeltürme des Ruhrgebiets«, wie die Fördertürme noch heute genannt werden, stehen vielfach noch. Natürlich hat nicht jede Zeche den Abrissbagger auf Distanz halten können. Im Laufe der Jahre wurden viele Zechengelände plattgemacht und in Grünanlagen und Sportflächen umgewandelt oder schlicht für eine neue Bebauung freigegeben. Viele Zechen und insbesondere die großen prächtigen Fördertürme wurden aber erhalten. Dies hat in erster Linie mit dem historischen Erbe zu tun, das das Ruhrgebiet der nächsten Generation hinterlassen möchte, um zu demonstrieren, was die Säulen des Ruhrgebiets einmal waren und welche Form der Arbeit vor vielen Jahren Schwerpunkt des Alltags der Bewohner war. Viele ehemalige Zechen wurden in diesem Zuge zu Museen und Begegnungsstätten umgebaut. Bei einigen Zechen wiederum überlebte nur der Förderturm als Landmarke und Denkmal dafür, dass es an dieser Stelle mal etwas geschäftiger zuging als heute, wenn Vati auf dem Gelände mit dem Hund Gassi geht.

Die Gründe dafür, einzelne Zechen zu erhalten und für die heimische Bevölkerung, aber vor allem für Besucher der Region instand zu setzen, sind vielfältig. Einige Zechen, wie die Zeche Zollverein in Essen, wurden schlichtweg wegen ihrer immensen Größe und ihrer einzigartigen Architektur erhalten. Andere, wie die Zeche Zollern in Dortmund, wegen ihres nostalgischen Flairs mit wunderschönen Gestaltungselementen; sie bietet auch die Möglichkeit, Dauerausstellungen zu veranstalten.

Jede Stadt, die im Ruhrgebiet etwas auf sich hält, hat noch einen Förderturm. Sie fördert damit weiter. Sie fördert damit zum Beispiel, dass Besucher sich bereits auf der Autobahn bei der Ankunft im Ruhrgebiet darüber klar werden können, welche Bedeutung diese Stahlkolosse einmal für die Region hatten. Zechen, und das was noch heute von ihnen übrig ist, sind also zu einem Wahrzeichen des Ruhrgebiets geworden, das einen Besuch lohnt.

Auch wenn viele Zechenareale bautechnisch schon extrem dezimiert sind, schaffen die noch vorhandenen Gebäude die Möglichkeit, zu ergründen, wie der Kohlebergbau im Ruhrgebiet damals ablief und was ihn für ganz Deutschland so immens wichtig gemacht hat. Knapp 90 noch erhaltene Fördertürme laden Sie also ein, im Ruhrgebiet auf Entdeckungstour zu gehen. An vielen dieser Ruhrpotteiffeltürme finden auch regelmäßig, vor allem im Sommer, Veranstaltungen statt und es werden Führungen angeboten.

Für die etwas jüngeren Bergmänner unter uns empfiehlt sich ein Besuch der Zeche Knirps, die auf dem Gelände der ehemaligen Zeche Hannover in Bochum beheimatet ist. Hier können die kleinen Kumpel in originaler Bergmannskluft mal so richtig im Dreck wühlen und nach Kohle graben. Und während Ihr Kind im Stollen gräbt, können Sie sich ja parallel dazu an einer schönen Tasse Kaffee erfreuen und das Kind bei seiner harten Maloche beobachten. Aber nicht vergessen, die Zeche zu bezahlen, sonst gibt's auch dort Ärger.

Weil man hier im Bermudadreieck versacken kann

Der Legende nach trägt das Bochumer Bermudadreieck, Bermuda3-Eck geschrieben, also das überregional bekannte Kneipenviertel, seinen Namen aus zwei entscheidenden Gründen. Zum einen soll es in den Siebziger- und Achtzigerjahren mehr oder weniger aus dem Nichts entstanden sein und innerhalb kürzester Zeit große Bedeutung erlangt haben. Der weitaus schlüssigere und lustigere Ansatz ist aber die Vermutung, dass das Bermuda3Eck genauso heißt wie das sagenumwobene Gebiet im Atlantik, weil auch hier schon Menschen auf wundersame Art und Weise verschwunden sind. Meist in den feuchtfröhlichen Abendstunden zog das Bermuda3Eck sie in seinen Strudel aus Party und Alkohol, aus dem sich die Opfer dann erst am nächsten Morgen wieder befreien konnten. Im Prinzip ist die Erklärung aber ganz simpel, denn das bekannte Kneipenviertel erstreckt sich mittlerweile hauptsächlich über drei Straßenzüge, die in Form eines Dreiecks zusammenfinden und so ein idealer Ausgangspunkt sind, um den Begriff »Kneipenhopping« in die Tat umzusetzen.

Über 80 Gastronomiebetriebe zählt das Viertel heute. Bis Anfang der Achtzigerjahre genoss das Gelände rund um den damaligen Engelbertbrunnen keine besondere Aufmerksamkeit, da man bis zu diesem Zeitpunkt noch keine zusammenhängende Kneipenstruktur erkennen konnte und lediglich die dort ansässigen Kinos regelmäßig Nachtschwärmer anlockten. Die günstige Lage in Bochum zwischen Hauptbahnhof, Innenstadt und Schauspielhaus sorgte aber dann dafür, dass sich im Laufe der Zeit immer mehr Gastronomiebetriebe dort ansiedelten und die Bochumer Theke immer länger wurde.

Die längste Theke der Welt steht ja bekanntlich in Düsseldorf, aber die dreieckigste stand ab sofort in Bochum. Das Bochumer

Bermuda3Eck war geboren und etablierte sich in der Studentenstadt Bochum zu einem angesagten Treffpunkt für junge und jung gebliebene Menschen.

Sein sehr spezielles Flair zeigt das Viertel aber vor allem in den Sommermonaten, wenn die Freiluftsaison eröffnet ist und man mit Tausenden Partyjüngern die Nacht zum Tag machen kann. Die Diskothek Riff bietet den Tanzwütigen nach dem Aufwärmen im Biergarten zudem die Möglichkeit, die Nacht gar nicht enden zu lassen. Die Tatsache, dass sich das Bermuda3Eck zu einer wahren Bochumer Attraktion entwickelt hat, liegt vor allem in seiner Kontinuität begründet. Auch wenn sich die Art der Gastronomiebetriebe im Laufe der Jahre und Jahrzehnte gewandelt hat und das Viertel sich immer wieder neu erfindet, so gibt es hier immer noch sehr viele kleine und vor allem recht persönliche Bars und Szenelokale fernab jeder Systemgastronomie mit Flachbildschirmen an den Wänden.

Ein weit über die Stadtgrenzen hinaus bekanntes Highlight ist das jährlich im Bermuda3Eck stattfindende Open-Air-Festival Bochum Total. Es ist mit über 300.000 Besuchern das größte Musikfestival Europas und definiert den Begriff »Enge« noch mal ganz neu, denn eng und voll ist es im Bermuda3Eck bei schönem Wetter eigentlich immer. Hat man aber Glück gehabt und sich einen schönen Open-Air-Sitzplatz in einem Café oder einer Kneipe gesichert, so wird man oft Zeuge der einzigartigen Autoshow. Während in Essen alljährlich die Motor Show stattfindet, trumpft das Bermuda3Eck mit der Brüderstraße auf. Hier kann man allabendlich die feinsten aufgetunten und verschlimmbesserten Autos sehen, die die Opelstadt Bochum so zu bieten hat. Mit den passenden Fahrern hinter dem Steuer ist dies eine Art Open-Air-Festival der besonderen Art, was sich kein Besucher des Bermuda3Ecks entgehen lassen sollte.

So, ich zieh mal weiter, denn um das Bermuda3Eck wirklich kennenzulernen, sollte man sich nicht allzu lange an ein und demselben Ort aufhalten. Die gastronomische Vielfalt ist dafür einfach viel zu groß. Prost!

Weil Bottrop der heimliche Star im Pott ist

»Kommse nach Bottrop, krisse auf'n Kopp drop!« Diesen flapsigen und durchaus verächtlich gemeinten Spruch gilt es in diesem Grund zu widerlegen. Wo kämen wir denn hin, wenn jeder die schöne kleine, aber feine Stadt Bottrop mit diesem Satz im Hinterkopf besucht und feststellt, dass er unter Umständen in den Nachtstunden im Bahnhofsviertel schon mal der Wahrheit entsprach, die Stadt Bottrop aber eigentlich der absolute Held im Ruhrgebiet ist?

Die Tatsache nämlich, dass Bottrop der heimliche Star im Ruhrpott ist, macht die Stadt mit seinen über 116.000 Einwohnern so interessant. Möchte man sagen, dass etwas unglaublich weit weg ist und man auch gar nicht so genau weiß, wo es liegt, spricht man häufig abwertend von der Stadt Timbuktu. »Hau bloß ab, am besten bis nach Timbuktu.«

Bottrop teilt ein ähnliches Schicksal, da die Stadt von Ortsfremden auch gerne mal als die Klischeestadt schlechthin im Ruhrgebiet gesehen wird. Castrop-Rauxel geht es da übrigens nicht anders.

Der große Loriot ließ einmal verlauten: »Ich liebe Kaviar. Kaviar würde ich auch in Bottrop essen.« Hier zeigt sich eindeutig, dass Bottrop über viele Jahre ein Imageproblem hatte und immer als Synonym für den tristen Ruhrpott, für ein Fleckchen Erde herhalten musste, auf das in Gottes Namen doch kein Mensch freiwillig seinen Fuß setzen möchte.

Doch das Imperium schlug zurück. Die Sturmtruppen des Todessterns Rathaus Bottrop sorgten nämlich in den letzten 20 Jahren intensiv dafür, dass diese Fehleinschätzung ausgeräumt wurde. Der Angriff auf die Rebellion der Geringschätzer begann schon in den Neunzigerjahren, als aus dem etwas in die Jahre gekommenen Traumlandpark, in dem sich kleine Kinder vor großen

Dinosauriern erschrecken konnten, der Movie Park Germany wurde. Zur feierlichen Eröffnung begaben sich mal eben Promis wie Michael Douglas oder Sophia Loren in die geschmähte Stadt. Ob es an diesem Tag Kaviar gab, ist nicht überliefert.

Bottrop rüstete weiter auf, um die feindlichen Allianzen aus ganz Deutschland zu bekämpfen und sie in Sachen Image und Stadtmarketing eines Besseren zu belehren. Ebenfalls in den Neunzigerjahren entstanden dann auch weitere Besucher-Highlights, wie zum Beispiel das Alpincenter Bottrop und die Halde Haniel, auf der majestätisch das Tetraeder steht und weithin sichtbar klarmacht: HIER IS BOTTROP.

Bottrop besticht zudem durch wunderschöne landschaftliche Abschnitte. In Bottrop-Kirchhellen kann man minuten-, nein stundenlang durch den Wald gehen oder mit dem Fahrrad fahren. Tristes sieht wahrlich anders aus. Auch eine der letzten Zechen des Ruhrgebiets, auf der noch täglich ehrlicher Arbeit nachgegangen wird, steht, na, raten Sie mal. Genau, in Bottrop. Bottrop hält also die Fahne des Ruhrgebiets hoch und zeigt, dass man im Gegensatz zu anderen, teilweise viel größeren Städten touristische Highlights mit grüner Natur und dem industriehistorischen Aspekt verbinden kann. Und wenn Sie gelegentlich Schuhe tragen, die aus einem Geschäft stammen, das mit D anfängt – hier aus Bottrop werden sie geliefert. Nichts gegen den großen Loriot, einen Mann des Wortes, aber in Sachen Kaviarfuttern kann der Bottroper über seine Worte nur müde lächeln und den Herrschaften, die Bottrop noch immer als kleinen tristen Flecken des Ruhrgebiets betrachten, sagen: Kommt nach Bottrop, denn hier schmecken sowohl Kaviar als auch Erbsensuppe genauso gut wie sonst wo auf der Welt.

Zum Beispiel in Timbuktu.

Weil: Wat Krupp in Essen, sind wir in Trinken

Es war einmal ein kleines Dorf im Ruhrgebiet. Das Dorf hörte auf den Namen Essen und war umgeben von vielen anderen, teils größeren, aber mehr oder weniger kleinen Dörfern. Das Dorf war wunderschön gelegen am Flüsschen Ruhr und irgendwie wollte niemand so richtig König sein in diesem kleinen Dorf.

Anfang des 19. Jahrhunderts hörte ein Einwohner Essens diese stummen Rufe nach einem Oberhaupt und dachte sich: Alter, hier kannse wat reißen. Kauf dich doch einfach mal bei so'n paar Zechen und Hüttenwerken ein. Gesagt, getan, doch der Einwohner, der auf den Namen Herr Krupp hörte, starb leider und wurde mit dieser Idee in Essen auch nicht sehr berühmt.

Sein Sohn Alfred fand die Vorstellung, irgendwann mal König von Essen zu sein, aber ebenso cool, und so trieb er mit vollem Elan das Thema Stahlproduktion voran und hatte Mitte des 19. Jahrhunderts damit auch wesentlich mehr Erfolg als sein Vater. Mmh, dachte sich der angehende König Essens, da es so viele andere Dörfchen weltweit gibt, die sich gerne mal gegenseitig was auf die Mütze hauen, kann ich denen doch auch gleich ein paar gute Kanonen bauen und für viel Geld liefern. Und so wurde Krupp zu einem der führenden Kanonenlieferanten des 19. Jahrhunderts.

In seinem Heimatdörfchen Essen kam er zudem noch auf die sensationelle Idee, Radreifen aus Stahl herzustellen, die aus einem Guss, also ohne Naht, gefertigt wurden. Die Dinger sahen so schick aus, dass er gleich drei davon auf seine Fahnen malen ließ – so war das kruppsche Markenzeichen geboren.

Da jeder König aber auch eine anständige Burg benötigt, um stilecht König spielen zu können, suchte sich Krupp ein bescheidenes Fleckchen Erde direkt oberhalb des Baldeneysees in Essen aus und errichtete dort seine ganz persönliche Burg, die Villa Hügel. Hier residierte der König mit seiner Familie nun über sein Fußvolk in Essen und Umgebung.

Die Kruppianer waren ihm treu ergeben und arbeiteten fleißig in den Werkshallen des Königs, um möglichst viel Sinnvolles und Sinnloses wie Waffen für die anderen Dörfer weltweit herzustellen. Der König sorgte sich rührend um sein Volk und erschuf Siedlungen, in denen die Kruppianer preisgünstig wohnen konnten, und er öffnete Supermärkte, wo sie preisgünstig einkaufen konnten. Muckte einer auf, verlor er neben seiner Arbeit eben auch die Wohnung und die Möglichkeit, günstige Lebensmittel des Königs zu erwerben.

Irgendwann kam dann in Deutschland die Zeit, als ein weiterer Mann König sein wollte. Auch er fand es faszinierend, anderen Dörfern weltweit was auf die Mütze zu hauen, und so bildete sich recht schnell ein Bündnis zwischen dem Möchtegern-König Adolf und dem Nachfolger des selbsternannten Königs Essens. Ob die beiden sich mochten, sei dahingestellt, aber sie arbeiteten so produktiv und gewinnbringend zusammen, dass der neue König Krupp immer reicher wurde und der andere … na ja, das ist eine andere Geschichte.

Das Dorf Essen hatte unter seinem König nun aber immer mehr zu leiden, da der König zwar Arbeitsplätze in Massen schuf, aber die gesamte Rüstungsproduktion Essens dafür sorgte, dass sich die anderen Dörfer weltweit langsam gestört fühlten und Essen einen Besuch mit Jagdfliegern abstatteten. Der König Krupp geriet in Probleme und sein Dorf wurde mehrfach durch Feinde zerstört.

Das Ende der Geschichte um den Herrn Krupp, der König sein wollte, ist also ein tragisches. Da nicht alle Mitarbeiter Krupps freiwillig gearbeitet hatten und er zu eng mit dem bösen Mann aus Berlin zusammengearbeitet hatte, wurde der König für einige Jahre ins Verlies gesteckt.

Das Dorf Essen hat sich von der Zerstörung wieder erholt und das Königreich 2.0 in Sachen Krupp gibt es hier auch noch. Es heißt heute ThyssenKrupp AG und bietet den Einwohnern Essens nach wie vor Arbeit. Auch die Burg des ehemaligen Königs Krupp thront noch immer auf dem Hügel am Baldeneysee und wird heute für schönere Dinge als Rüstungsgespräche genutzt.

Und da man sich noch oft, wenn auch mit gemischten Gefühlen, an den einstigen König des Dorfes Essen erinnert, wird auch der gute alte Trinkspruch in allen Kneipen des Dorfes für immer bestehen bleiben:

Wat Krupp in Essen, sind wir in Trinken!

Weil hier eine 117 Meter hohe Blechdose steht

Entschuldigen Sie bitte, wenn ich etwas verschwitzt aussehe und außer Atem bin. Ich musste den 117 Meter hohen Gasometer heute unbedingt mal über das abenteuerliche Treppengerüst an der Seite besteigen und nicht wie üblich mit dem gläsernen Aufzug hochfahren, der im Inneren dieses Monsterbauwerkes auf das Dach führt.

Der Gasometer in Oberhausen hat sich nämlich nach der Schließung des Stahlwerks von einem reinen Gastank zur größten Ausstellungshalle Europas gemausert und kann nun von Besuchern aus aller Welt besucht und eben erklettert werden. Den Titel trägt er allerdings nicht wegen der Grundfläche, sondern wegen des unglaublichen Volumens, da der Tank natürlich hohl ist. Er bildet eine mehr als imposante Kulisse, wenn man als kleiner Zwerg auf dem Boden stehend in das große Rund hinaufblickt. Die Idee, die überdimensionale Blechdose in eine Ausstellungshalle zu verwandeln, kam Anfang der Neunzigerjahre, als im Zuge der Internationalen Bauausstellung IBA ein paar Talerchen in die Hand genommen wurden, um das Bauwerk als industriehistorisches Denkmal zu erhalten.

Seitdem werden im Gasometer Oberhausen, der sich zu einem Wahrzeichen der Stadt Oberhausen und des ganzen Ruhrgebiets entwickelt hat, aufwendige Kunstinstallationen von namhaften Künstlern wie zum Beispiel Christo gezeigt. Auch zahlreiche Dauerausstellungen ziehen seit vielen Jahren Hunderttausende Besucher in die größte Blechdose Europas. Durch ihre Größe und ihre ungewöhnliche Formgebung können sich hier Künstler und Kreativschaffende auch richtig austoben, sodass man im Inneren des Gasometers schon eine Mondskulptur mit einem Durchmesser von 25 Metern oder die Nachbildung eines riesigen Baums aus dem Urwald in Originalgröße bestaunen konnte. Auch der Klang in diesem 347.000 Kubikmeter großen Gebäude inspiriert viele Künstler zu geräuschvollen Kunstexperimenten.

Nun aber noch einmal zurück zu meinem verschwitzten Hemd, denn ich bin das Stahlgerüst ja nicht umsonst mühevoll nach oben geklettert. Oben auf dem Dach oder besser gesagt auf dem Deckel der Blechdose angekommen, erhält man die Belohnung für die Kraxeltortur in Form eines atemberaubenden Ausblicks auf die Umgebung und vor allem auf das Mega-Einkaufszentrum CentrO nebenan mit seiner großen Mehrzweckarena. Die Missfits, das bekannte Comedyduo aus dem Ruhrgebiet, besang den Ausblick vom Gasometer recht treffend mit der Textpassage: »Kommse auf'm Gasometer im Sturmesbrausen und alles, wat de siehs, is Oberhausen.«

Mann, ich bin aber auch aus der Puste. Um es nicht zu übertreiben, kann man für den Abstieg vom Dach auch den bereits erwähnten Glasaufzug im Inneren des Tanks nutzen, der schwindelfreien Neugierigen einen ganz anderen Eindruck verschafft, da man von dort aus auf dem Weg nach unten die überdimensionierten Ausstellungsobjekte immer größer werden sieht. Da soll noch mal einer von Kleinkunst reden. Im Gasometer ist halt alles – bis auf meine sportliche Kondition – etwas größer und gigantischer. Es bietet dem Besucher die Möglichkeit, Kunst und Kreatives mal aus einer ganzen anderen Perspektive zu sehen und vor allem in einem ganz besonderen Bauwerk. Im benachbarten Einkaufszentrum CentrO mit seiner kulinarischen Meile kann man den Tag dann bei einem Bierchen im Biergarten ausklingen lassen.

Und ich gebe jetzt im wahrsten Sinne des Wortes Gas und laufe verschwitzt zum nächsten Highlight im Ruhrgebiet, um Ihnen auch dort was vorzuschwärmen.

Weil hier Einkaufszentren in der Neuen Mitte stehen

Wenn es in diesem Grund um die Neue Mitte geht, dann ist damit nicht der Bauchumfang Ihrer Gattin nach einer Fettabsaugung gemeint, sondern es geht schlichtweg um ein Gelände in Oberhausen.

Es ist jedoch nicht irgendein Gelände, sondern ein ganz besonderes, denn hier in der Neuen Mitte wurde 1996 das Einkaufs- und Erlebniszentrum CentrO eröffnet. Es ist heute das größte seiner Art in Deutschland und lockt jährlich Zigtausende Besucher in die Neue Mitte Oberhausen. Entstanden ist das Wunderland für Konsum- und Vergnügungssüchtige auf dem Gelände des ehemaligen Stahlwerks Gutehoffnungshütte, zu dem auch der gigantische Gasometer gehörte, in dem heute zahlreiche Ausstellungen stattfinden.

Der Name Gutehoffnungshütte sollte aber zunächst nicht Programm werden, da man eher schlechte Hoffnungen hatte, dass diese neue Hütte der alteingesessenen Innenstadt Oberhausens die Kaufkraft abgräbt und Ladenschließungen die Folge sind. Nun, so ganz unrecht hatten die Kritiker nicht, aber trotzdem hat sich das CentrO zu einem wahren Magneten für Besucher aus dem ganzen Ruhrgebiet und weit darüber hinaus entwickelt. Würde man zur Zeit des dort stattfindenden Weihnachtsmarktes die Autos und Busse mit gelben Kennzeichen zählen, könnte man in der gleichen Zeit auch bis nach Holland laufen. Der Vorteil des CentrO war von Anfang an seine Weitläufigkeit, die ermöglichte, dass man neben dem Einkaufszentrum mit weit über 220 Geschäften dort auch andere Touristenattraktionen ansiedeln konnte.

So entstand in direkter Nachbarschaft zum Konsumtempel ein großes Musicaltheater, eine Mehrzweckarena, ein Multiplexkino und eine Gastronomiemeile, die im Sommer einen gigantischen Open-Air-Bereich zum Verweilen bietet. Auch ein Seewasseraquarium, ein großes Spaßbad und eine Ausstellungshalle wurden im Laufe der Jahre in unmittelbarer Umgebung zum CentrO errichtet.

Wie ein Mahnmal aus längst vergessener Zeit führt mitten durch das große Gelände die alte Bahntrasse, auf der noch heute die Güterzüge an die ursprüngliche Nutzung des Geländes erinnern. Der angrenzende Freizeitpark ist dann wieder was für die ganze Familie und lädt nach dem Tütentragen zum Verweilen ein.

Im Einkaufszentrum gibt es neben Boutiquen, Bekleidungsläden und Geschäften, in denen sie Anziehsachen kaufen können, auch zahlreiche Fachgeschäfte für Dinge des täglichen Lebens und Artikel, die kein Mensch benötigt. Die Gastronomieoase – manche sagen auch Fressmeile – ist eine der größten ihrer Art in Europa. Unter dem neudeutschen Namen Food Court bietet sie Platz für über 1100 hungrige Menschen. Ich persönlich bevorzuge zur Mittagszeit aber die Restaurants auf der Gastromeile, die günstige Mittagstischangebote bereithalten und eine Speisenauswahl jenseits von Pommes und Burger anbieten.

Sehr schön ist dort auch der bereits erwähnte Weihnachts- oder Adventsmarkt, bei dem Dutzende sehr aufwendig gebaute Holzbuden dazu einladen, die gerade erworbene Krawatte mit Glühwein und Bratwurst zu versauen.

Die Anbindung an die Neue Mitte beziehungsweise das Einkaufs- und Erlebniszentrum ist übrigens mehr als herausragend, da das Gelände unmittelbar an der Autobahn A 42 liegt und eigens eine architektonisch sehr aufwendige Bushaltestelle direkt vor das CentrO gebaut wurde. Man kann also zusammenfassend sagen, dass die Neue Mitte in Oberhausen nicht mehr ganz so neu ist, aber unglaublich angesagt und vielfältig.

Das CentrO ist zudem ein weiterer Beweis dafür, dass im Ruhrgebiet auf alten Industriebrachen sehr viel Modernes und Lebendiges entstehen kann und der Ruhrpott so immer mehr an Attraktivität gewinnt.

Weil hier nicht Schlösser auf Felsen, sondern Villen auf Hügeln stehen

Zugegeben, die Schlösser am Ufer des Rheins, die mächtig und imposant auf den Spitzen schroffer Felsen thronen, haben schon etwas Gigantisches und zeigen, dass die Burgfräulein mit ihren adeligen Versorgern von anno dazumal schon wussten, was Stil und Eleganz bedeuten.

Aber auch das Ruhrgebiet hat so etwas zu bieten. Da hier aber nur der Gelsenkirchener Barock des hiesigen Landadels herrschte, war es dann ein Großindustrieller, der es sich nicht nehmen ließ, ein kleines bescheidenes Häuschen auf einen recht unbedeutenden Platz im Ruhrgebiet mörteln zu lassen. Nein, Spaß beiseite. Es geht natürlich um die Industriellenfamilie Krupp und deren herrschaftliches Anwesen, die Villa Hügel in Essen.

Das Bauwerk von 1873 zählt zu den bedeutendsten Gebäuden im Ruhrgebiet. Das liegt natürlich nicht nur an seiner faszinierenden Architektur oder der imposanten Größe, sondern vielmehr an der eindrucksvollen Geschichte, die mit diesem Gebäude und dessen Bewohnern verbunden ist. Schon die Anreise zur Villa Hügel ist etwas Besonderes. Der alte Alfred Krupp, also mehr oder weniger der Gründervater der Villa, ließ sich nämlich an den Fuß des Villenhügels einen eigenen kleinen Bahnhof bauen, an dem willkommene und unwillkommene (Staats-)Gäste der Familie Krupp empfangen wurden. Der gemeine Tourist, wie du und ich, kann zwar auch von diesem nahe gelegenen S-Bahnhof aus die Villa erreichen, sollte sich aber nach Ankunft die mühsame Klettertour hinauf zur Villa nicht entgehen lassen. Der auskunftsfreudige Ruhrpottler wird Ihnen jederzeit Auskunft über den genauen Zielort dieser touristischen Attraktion geben: »Dem Krupp seine Hütte is da oben aufn Bärch!«

Das Gebäude war über viele Jahrzehnte der Hauptwohnsitz der Familie Krupp. Mitte des 20. Jahrhunderts, wahrscheinlich am Tag, als die Heizkostenabrechnung für die 269 Räume ins Haus flatterte, entschied sich der letzte dort wohnende Kruppianer Alfried Krupp von Bohlen und Halbach aber dazu, das Gebäude nicht mehr zu bewohnen, und verzog in ein kleineres Nebenhaus. Und das, obwohl es in der Villa zur damaligen Zeit die erste moderne Warmluftheizung der Welt gab. Eine Erfindung der Firma Krupp.

Auch die Personalkosten waren zu diesem Zeitpunkt nicht ohne, da in Spitzenzeiten über 600 Personen auf der Gehaltsliste der Familie Krupp standen, die sich im und um das Haus herum um alle möglichen Aufgaben kümmerten. Laut Überlieferung soll es dabei eine Porzellanbruchquote gegeben haben, die bei 15 Prozent lag – bei Überschreitung wurde den Bediensteten Gehalt abgezogen. Ob es zu diesem Zeitpunkt wilde Polterabende in der Villa Hügel gab, ist nicht bekannt.

Das Gebäude, welches damals bereits eine Menge Geschichte hinter sich hatte, wurde nach der Nutzung als Wohngebäude immer mehr für kulturelle Veranstaltungen genutzt. Bereits 1953 fand hier eine erste bedeutende Kunstausstellung statt. Auch heute gibt es regelmäßig Ausstellungen in dem über 8100 Quadratmeter großen Bau. Tausende Besucher können sich also von der Familientradition der Familie Krupp mit ihrem beruflichen und privaten Schaffen ebenso ein Bild machen wie von bedeutender Kunst.

Der über 28 Hektar große angrenzende Park bietet zudem eine schöne Gelegenheit, das üppige Grün des Hügels oberhalb des Baldeneysees in Essen zu bewundern, und präsentiert eine überragende Aussicht über das ganze Ruhrtal.

Mittlerweile wird der Gebäudekomplex, zu dem neben dem Haupthaus auch noch kleinere Gebäude für die ehemaligen Angestellten zählen, von der Kulturstiftung Ruhr verwaltet, die dort neben den erwähnten Ausstellungen auch Konzerte und Führungen veranstaltet.

Weil beim Schlittschuhlaufen gekokst werden kann

Haben Sie sich beim Schlittschuhlaufen auch schon einmal so richtig auf die Nase gelegt? Wenn nicht, dann empfehle ich einen Besuch auf der wohl kuriosesten Eisbahn Deutschlands. Diese befindet sich auf dem Gelände der ehemaligen Kokerei Zollverein in Essen. Das Eis dürfte, ähnlich dem anderer Eisbahnen weltweit, aus gefrorenem Wasser bestehen, und mit einem Paar Schlittschuhen kommen Sie auch hier am besten vorwärts. Das Besondere an dieser Eisbahn ist schlichtweg der Ort, an dem die Bahn angelegt wurde, denn sie erstreckt sich über 150 Meter Länge genau dort, wo früher glühend heiße Kohle mit über 1000 Grad Hitze zu Koks gebacken wurde. Ein Ort also, wo Eis früher genauso wahrscheinlich anzutreffen war wie ein Heizpilz in einem Iglu der Inuit.

Durch die beeindruckende Kulisse der vielen Brennkammern, die seitlich zur Eisbahn emporragen, erhält man ein Wintergefühl der ganz besonderen Art. Das Becken, in dem die 150 Meter lange Eisbahn in jeder Wintersaison angelegt wird, ist in der Realität noch wesentlich länger und führt entlang unzähliger Koksöfen über das komplette Kokereigelände. Aus organisatorischen und wohl auch aus finanziellen Gründen war es jedoch leider nicht möglich, die Eisbahn über die komplette Strecke anzulegen. Nichtsdestotrotz sind die 1800 Quadratmeter gefrorenes Wasser eine echte Attraktion, auf der sich bei schönem Winterwetter nicht nur die Eltern mit den Kindern, sondern ab und an auch die Omma und der Oppa gerne mal langlegen können.

Ein Spaß für die ganze Familie, der natürlich stilecht mit Currywurst und Pommes abgerundet werden kann. Auch der obligatorische Glühweinstand hat mir hier schon so manchen saukalten Winterabend versüßt. Zur Abendzeit wandelt sich das ganze Kokereigelände mit seinen imposanten Türmen, Rohrkonstruktionen und Fließbandbrücken nämlich zu einer künstlerisch anmutenden Lichterschau. Zahlreiche bunte Strahler verwandeln das Industriegelände dann in einen bunten Freizeitpark, der vergessen lässt, dass hier einmal über 1000 Menschen einer mitunter sehr schweißtreibenden Arbeit nachgegangen sind.

Der interessierte Wintersportler kann die Eisbahn auch von oben bestaunen, denn das in die Brennkammern eingelassene Riesenrad direkt neben der Eisbahn ist die zweite Attraktion. Das Riesenrad fährt tatsächlich mitten durch die aufgeschnittenen riesigen Brennkammern der Koksöfen hindurch und zeigt auf diese Weise, wie sich der arme glühende Koks damals in der Enge der Brennkammern gefühlt haben muss. Am höchsten Punkt angekommen, kann man dann aus der Gondel des Riesenrades heraus einen Blick über die gesamte Industriebrache bis hinüber zur angrenzenden Zeche Zollverein werfen.

Das Highlight für alle Jungen und Junggebliebenen ist aber wohl die Eisdisco am Abend, wo man als größter Ruhrpottangeber nun die Möglichkeit hat, im spiegelnden Licht der Discokugel seine Runden auf dem Eis zu drehen, um der anwesenden Damenschar anschließend zeigen zu können, wie elegant man sich hier am industriehistorischen Platz der Arbeit als Freizeitspaß den Steiß prellen kann.

Und wenn Sie dem Orthopäden Ihres Vertrauens am nächsten Tag beichten müssen, dass dies beim Schlittschuhlaufen auf dem Werksgelände passiert sei, dann können Sie das mit einem breiten Grinsen tun, denn ein Schlittschuhtag auf der Kokerei Zollverein lohnt sich immer und bereitet jedem Ruhri und jedem Besucher der Region Spaß, bis der Arzt kommen muss.

Weil es in diesem Museum dampft

Das Leben in vollen Zügen genießen ist dank der Erfindung von ICE und S-Bahn heutzutage kein Problem mehr. Es handelt sich dann meistens um Züge, die mit Strom betrieben werden und eine sehr komfortable Grundausstattung für den Reisenden bieten. Dass es im Ruhrgebiet aber auch mal wesentlich nostalgischer zuging und man hier früher nicht nur den Personenverkehr, sondern vor allem den Güterverkehr mit Dampflokomotiven bewerkstelligte, zeigt das Eisenbahnmuseum in Bochum-Dahlhausen, das 1977 gegründet wurde. Aufgrund der großen Anzahl an schweren Lokomotiven und Zugteilen erfreut es sich größter Beliebtheit.

Als kleiner Spross gab es früher nichts Schöneres, als an einem schönen Sonntag ins Eisenbahnmuseum kutschiert zu werden, um dort eindrucksvoll gezeigt zu bekommen, dass die Kohle, die man eben noch mühsam aus den Tiefen des Berges gepult hatte, hier nun verfeuert wurde, um ordentlich Dampf zu machen.

Das Museum ist mit seinen 46.000 Quadratmetern ja nicht nur das größte Museum seiner Art in Deutschland, sondern mit seinem unter Denkmalschutz gestellten Lokschuppen für sage und schreibe 14 große Loks eine recht außergewöhnliche Erscheinung. Die davor angebrachte Drehscheibe mit einem Durchmesser von gut 20 Metern lässt zudem ein ziemlich nostalgisches Gefühl aufkommen. Wenn die dampfenden und pfeifenden Brecher hier zum richtigen Gleis gedreht werden, bekommt man als kleiner Steppke ziemlichen Respekt eingeflößt.

Zugfahren ist zwar auch heute noch ein großes Abenteuer, aber das liegt mehr am kreativ ausgelegten Verständnis von Pünktlichkeit der Deutschen Bahn als an wahrem Pioniergeist. Hier im Eisenbahnmuseum spürt man diesen Pioniergeist aber noch, da das Ruhrgebiet ja auch jahrzehntelang extrem auf den Eisenbahn- und insbesondere den Güterverkehr angewiesen war. Vor allem die langen und schwer beladenen Kohlezüge prägten die Region. Heutzutage sieht man allerdings auch noch mit Stahlbrammen beladene Güterzüge und auch die mit Kokskohle zugeschütteten Transportwaggons sind hier noch nicht ausgestorben.

Das Eisenbahnmuseum lässt diese Tradition wieder aufleben, indem schwere Lokomotiven diverser Baureihen aus mehreren Jahrzehnten hier ausgestellt und vor allem auch vorgeführt werden. Neben den großen Exponaten der Loks und Waggons bietet das Museum aber auch kleinere Dinge aus dem Eisenbahnalltag zum Bestaunen an.

Regelmäßige Museumszugfahrten laden Interessierte ein, das Ruhrgebiet auf mitunter auch nicht für den öffentlichen Verkehr freigegebenen Zugstrecken nostalgisch zu befahren. Ein großes Dampfspektakel lockt zudem regelmäßig unter ebendiesem Namen Familien und zugbegeisterte Eisenbahnfreunde aus ganz Deutschland nach Bochum-Dahlhausen.

Ein Highlight für mich als Kind war aber immer die Fahrt auf einer Draisine, was gleich mehrere Gründe hatte. Zum einen war dieses Schienengefährt schon mehr auf Augenhöhe eines Kleinkindes, sodass man nicht vor Schreck erstarren musste, wenn einem gezeigt wurde, wie heiß doch so ein Brennofen in einer Dampflok werden muss, damit sie überhaupt losfährt. Zum anderen konnte man dabei als Kind auch selbst aktiv werden und wie ein Verrückter an den Hebeln ziehen, um das komische Fahrzeug in Bewegung zu setzen. Old Style, aber wenigstens ohne mühsames Kohleschüppen. Ein Traum für jeden Lokführeramateur meines Alters.

Das Gelände des Eisenbahnmuseums wird auch gerne als Kulisse für Filmdreharbeiten benutzt, da es hier einen kleinen Bahnhof gibt, an dem vor einigen Jahren auch unsere Fußballweltmeister von 1954 originalgetreu mit der Dampflok in die Heimat zurückkehrten. Dutzende Statisten aus dem Film *Das Wunder von Bern* machten hier den Schauspielern und dem Weltmeisterzug von 1954 im wahrsten Sinne des Wortes einen großen Bahnhof.

Kommen Sie doch mal vorbei, denn hier können Sie viel Zug bekommen, ohne anschließend verschnupft zu sein.

Weil sich das Ruhrgebiet ausstellt, damit Sie sich dort anstellen

Unseren Oppa sagte immer, dass wir im Ruhrpott mittlerweile alle museumsreif sind. Und damit meinte er nicht, dass wir nun alle Bergbaurentner plastinieren und in *Körperwelten* ausstellen sollen. Nein, er erkannte aber schon recht früh, dass das Ruhrgebiet ein eigenes Museum benötigt, in dem unsere Geschichte, unser Brauchtum, unser Alltag, aber auch unsere geografische Historie verewigt werden können.

Und genauso wie Oppa es sich gewünscht hat, ist es nun gekommen, und daher pilgern Jahr für Jahr Tausende Besucher in das Ruhr Museum in der alten Kohlenwäsche der Zeche Zollverein. Zeche Zollverein haben Sie in Bezug auf das Ruhrgebiet vielleicht schon mal gehört. Das ist unser erstes Weltwunder. Ne, Weltkulturerbe heißt das ja.

Auch das dortige Ruhr Museum ist eigentlich schon museumsreif, denn die Geschichte beginnt viel früher. Das Museum hörte viele Jahre lang auf den Vornamen Ruhrland und den Nachnamen Museum. Erst mit dem Umzug aus dem Gebäudekomplex des Essener Museums Folkwang in die Zeche Zollverein im Jahre 2008 wurde dann 2010 aus dem Ruhrland-Museum das Ruhr Museum.

Was unseren Oppa aber nicht mal ahnte, ist, dass es das Museum schon weit über 100 Jahre gibt und man sich schon recht früh mit der Geschichte des Ruhrgebiets beschäftigte. Man mag es sich kaum vorstellen, aber es gab auch mal ein Ruhrgebiet, in dem nicht ein einziger Schornstein oder ein Förderturm stand. Und damit ist nicht die Zeit der Dinosaurier gemeint, sondern viel später.

Die thematische Ausrichtung des Museums war daher von Beginn an sehr breit gefächert, da man die Historie des Ruhrpotts in möglichst vielen Facetten abbilden wollte. Kunstsammlungen der Stadt Essen sowie Mineralien und andere geologische Exponate und natürlich die Entstehung von Kohle in den Tiefen des Ruhrpotts sind Kernbereiche. Auch ein umfangreiches Fotoarchiv, das die Geschichte und Gegenwart des Ruhrgebiets und der dort lebenden Bevölkerung dokumentiert, ist Bestandteil des Ruhr Museums.

Der Umzug auf das Gelände der ehemaligen Zeche Zollverein dauerte dementsprechend auch mehrere Jahre, da über vier Millionen Exponate bewegt werden mussten. Der Legende nach waren die Umzugskartons in sämtlichen Essener Baumärkten zu diesem Zeitpunkt ausverkauft.

Auch die Räumlichkeit, in der das Ruhr Museum nun untergebracht ist, ist bemerkenswert. Der Besucher des Museums fährt nämlich zunächst über Deutschlands längste freistehende Rolltreppe gut 90 Sekunden lang auf 24 Meter Höhe in die ehemalige Kohlenwäsche der Zeche. Kurzer Exkurs: Eine Kohlenwäsche diente früher nicht dazu, die Kohleklumpen in Lavendelduft zu hüllen, sondern trennte lediglich die Kohle vom Restgestein. Die Rolltreppe, ganz in Orange gehalten, das wirkt, als würde es glühen, soll die ehemaligen Kohletransportbänder der Zeche symbolisieren. Eine Seilbahn hätte wohl zu sehr an Oberbayern erinnert.

Oben angekommen, betritt man das Museum an seinem höchsten Punkt, von wo aus man die Ausstellung durchwandert und so immer weiter gen Boden gelangt. Auch hier waren Anlehnungen an den Bergbau wohl gewollt.

Unseren Oppa hatte also recht. Der Ruhri, sein Gebiet und vor allem die vielen Facetten und Ereignisse, die es geprägt haben, sind wahrlich museumsreif und werden im Ruhr Museum vorbildlich gehegt und gepflegt und für jedermann ausgestellt. Auch der Ruhrpottrentner, wie unseren Oppa, ist schließlich ein Unikum, das dem Ruhrpott im Laufe der Jahre seinen unverwechselbaren Charme gegeben hat und dem man in Zukunft mit Sicherheit ein Denkmal setzen wird.

KAPITEL 4

WENN SIE EINEN GANZEN URLAUB PLANEN

Weil es hier mehr Altstädte als alte Städte gibt

Wenn Sie gelegentlich mal über den Begriff »alte Stadt« gestolpert sind, dann werden Sie vermutlich in erster Linie an Metropolen wie Rom oder vielleicht auch an das alte Ägypten und Kairo gedacht haben. Das Attribut »alt« ist ja auch eher etwas negativ angehaucht. Denken Sie mal an Ihren eigenen Alten. Aber trotzdem haben wir Kulturbanausen von heute Spaß daran, wenn etwas Altes konserviert und gepflegt wird, damit es zum einen die Nachwelt überdauert und zum anderen zeigt, wie es früher einmal ausgesehen hat. Zum Beispiel ganze Innenstädte. Das Ruhrgebiet kann mit sehr vielen alten Innenstädten, also Altstädten, protzen, auch wenn die Zerstörungswut des Zweiten Weltkrieges das Ruhrgebiet nicht unbedingt schöner gemacht hat. Aber da eben nicht ganz Gallien von den Römern besetzt war, haben sich auch hier kleine standhafte Dörfer gegen Abriss und Zerstörung zur Wehr gesetzt und blühen heute in nostalgischer Schönheit wieder neu auf.

Besonders heben sich da natürlich eher kleinere Städte und Stadtteile der Region hervor, wie zum Beispiel Hattingen, Moers oder die zauberhaften Altstädte in Essen-Werden und Essen-Kettwig. Aber auch etwas größere Städte, wie zum Beispiel Recklinghausen, haben durchaus Innenstädte mit bemerkenswerter Gemütlichkeit und Flair.

Hauptkriterium, um sich den Titel »Gemütliche Altstadt« verleihen zu können, sind an erster Stelle alte Gebäude, Minimum Fachwerk, und so was von schief, dass hier die Bierflasche aus eigener Kraft über den Fußboden rollen kann. Hauptkriterium zwei sind die engen Gassen, durch die weder Pkw noch Lkw noch Zwillingskinderwagen hindurchpassen. Und das wichtigste Kriterium, um sich waschechte und vor allem gemütliche Altstadt nennen zu dürfen, sind die kleinen charmanten Cafés und Kneipen mit Außengastronomie, die zum Verweilen einladen. All das gibt es im grünen und oft auch sehr beschaulichen Ruhrgebiet.

Glauben Sie mir, hier treffen Sie weder schmutzige Bergleute, noch stinkt es hier nach Eisenerz. Das ist Ruhrpott 2.0 und Sie werden begeistert sein, hier auch nur einen schönen Nachmittag verbringen zu können. Besuchen Sie doch zum Beispiel mal das Hattinger Altstadtfest. Hattingen mit seinen knapp 55.000 Einwohnern hat eine sehr gut erhaltene Altstadt mit knapp 150 alten Fachwerkhäusern (auch alle krumm und schief). Zudem ist die Fußgängerzone eine der ersten Deutschlands gewesen, sodass die Altstadt ohne Autoverkehr sehr schnell zu einem beliebten Treffpunkt für Jung und Alt heranwachsen konnte.

Die Altstädte in Essen-Werden und Essen-Kettwig haben dagegen noch einen weiteren Vorteil. Sie liegen direkt an der idyllischen Ruhr, Kettwig sogar an einem kleinen See. Der flächenmäßig größte Stadtteil Essens war früher auch mal eigenständig,

Die Altstadt in Essen-Werden. Hier können Sie ALT WERDEN.

sodass sich bereits im 13. Jahrhundert Strukturen für eine eigene kleine Stadt, sagen wir Städtchen, entwickeln konnten. Die Altstadt ist auch hier der Kern des Ortes, lädt zum Einkaufen in kleinen Geschäften ein und hält ebenso wie andere Altstädte zahlreiche gastronomische Angebote parat.

Recklinghausen mit knapp 116.000 Einwohnern zählt da mehr zu den größeren Städten im Ruhrgebiet, die noch über eine intakte Altstadt verfügen, zu der auch hier die obligatorischen alten Fachwerkhäuser und kleinen Gässchen zählen. Die Innenstadt ist in einem Ring angelegt, der früher einmal durch eine Stadtmauer begrenzt war und den Kern Recklinghausens bildete. Reste dieser Mauer sind zwar noch erhalten, aber heute formen eher die Pkw-Kolonnen um den Stadtkern herum eine Mauer und zwar aus Blech. In der City selbst ist es dafür aber umso gemütlicher. Hier findet man neben zahlreichen kleinen Geschäften mit speziellerem Sortiment auch Filialen großer Unternehmensketten. In der Recklinghäuser Innenstadt sticht architektonisch besonders das Rathaus aus dem Jahre 1908 hervor, in dem der Recklinghäuser Majestix über sein kleines standhaftes Dorf wacht und es vor feindlichen Einflüssen von außen schützt.

Weil Arbeitersiedlungen Geschichte erzählen

Man kann im Ruhrgebiet sehr angenehm und komfortabel wohnen. Man kann auch grottenschlecht hausen und unter Brücken schlafen. Man kann in Mietwohnungen wohnen, in WGs, auf Bauernhöfen und in Jugendstilbauten. Man kann aber auch ein schönes kleines Häuschen in einer ehemaligen Arbeitersiedlung bewohnen, einen kleinen Garten sein Eigen nennen und in seinem Liegestuhl den lieben Gott einen netten Kerl sein lassen. Ruhrpottromantik der besonderen Art.

Die Zechen- oder allgemeiner formuliert Arbeitersiedlungen, von denen hier die Rede ist, sind städtebauliche Errungenschaften, die das Ruhrgebiet im letzten Jahrhundert optisch sehr geprägt haben und heutzutage sogar teilweise unter Denkmalschutz stehen beziehungsweise von den Anwohnern gehegt und gepflegt werden. Da, wo der überraschte Besucher der Region Plattenbauten und Wohnsilos erwartet, zeigen sich ihm ganze Straßenzüge mit liebevoll restaurierten Häusern, gepflegten Kleingärten dahinter und einem nachbarschaftlichen Miteinander, wie man es nicht an jedem Maschendrahtzaun vorfindet.

Die Siedlungen, die nicht selten die Gründung einer Ortschaft oder eines ganzen Stadtteils nach sich zogen, entstanden aber eher aus der Not heraus, da viele Industriebetriebe im Ruhrgebiet ihre Arbeiter ortsnah und in großer Anzahl unterbringen mussten. Die Zechenhäuschen, wie man sie hier auch liebevoll nennt, boten dem Arbeiter neben dem räumlich eingeschränkten Wohnen mit Kind und Kegel auch die Möglichkeit, ein wenig eigene Landwirtschaft zu betreiben. Der Garten war also das, was ihm heute die Gemüseabteilung des Aldi ist, und das Häuschen sein persönliches Fünfsternehotel.

Interessant sind die Geschichten, die man rund um die Schlaf-
zimmer solcher Zechenhäuser hört, da hier zu Hochzeiten des
Ruhrbergbaus tagsüber sogar das Bett an einen Kollegen aus der
Nachtschicht vermietet wurde, wenn Vati auf Tagschicht war
und die Pofe somit frei war. Not macht erfinderisch, nicht nur im
Ruhrpott.

Was schon damals den Charme einer solchen Siedlung aus-
machte, war aber wohl die Verbundenheit der Menschen, die sich
regelmäßig auf der Straße trafen oder zusammen hinter dem Haus
saßen und sich schmutzige Witze erzählten. Man hatte gemeinsam
Spaß, hatte mit der Zeche nebenan denselben Arbeitgeber, über den
man lästern konnte, und die Kinder konnten beim Fußballspielen
das gerade frisch angepflanzte Gemüse niedertrampeln.

Mit dem Schließen der Zechen wandelte sich das Bild der Arbeitersiedlungen im Ruhrgebiet gar nicht mal so gravierend. Natürlich
hat der Zweite Weltkrieg dafür gesorgt, dass viele Siedlungen, auch

**Biete frei stehendes Einfamilienhaus in bevorzugter Lage.
Die Arbeitersiedlung Eisenheim.**

Kolonien genannt, dem Erdboden gleichgemacht oder zumindest stark beschädigt wurden, aber der Fleiß und die Liebe der Ruhrgebietler zu dieser Form des Wohnens sorgten für einen schnellen Wiederaufbau der Straßenzüge. Auch die Stadtoberen vieler Ruhrgebietsstädte, die es sich in den Siebzigerjahren in den Kopf gesetzt hatten, die Siedlungen plattzumachen, wurden durch Bürgerinitiativen ausgebremst und eines Besseren belehrt.

Die älteste im Ruhrgebiet noch erhaltene Arbeitersiedlung ist die Kolonie Eisenheim in Oberhausen. Sie steht exemplarisch für die zahlreichen Backsteinbauten des letzten Jahrhunderts und wurde unter Denkmalschutz gestellt. Sie ist nicht nur Heimat vieler Familien des neuen Jahrtausends geworden, sondern auch ein Anlaufpunkt für Besucher, die mal sehen und erleben wollen, wie man damals und auch heute ganz typisch im Ruhrgebiet wohnen kann.

Wenn Sie also das Ruhrgebiet besuchen möchten und alle Top-Hotels ausgebucht sind, dann klingeln Sie doch mal bei einer Familie in einem Backsteinhaus einer typischen Arbeitersiedlung und fragen Sie, ob Sie sich für die Nachtschicht dort ein Bett in deren Schlafzimmer mieten können. Man wird Sie dort sicher mit Kusshand willkommen heißen.

Weil Bochum nicht von Grönemeyer gebaut wurde

Sehr geehrte Leserschaft, ich bedaure, Ihnen mitteilen zu müssen, dass die Stadt Bochum trotz etwaiger Annahmen nicht von einem gewissen Herrn Herbert Grönemeyer gegründet und gebaut wurde. Gerüchte, dass dem so sei, haben sich nachweislich als falsch herausgestellt. Es ist mir nun gelungen, Beweise für diese These zu finden, die ich Ihnen nicht vorenthalten möchte.

Da im musikalischen Unterhaltungsstück *Bochum* der oben genannten Person Textpassagen enthalten sind, die ich eindeutig widerlegen kann, ist anzunehmen, dass der genannte Tonarrangeur die Gründung der Stadt Bochum doch nicht zu verantworten hat. Die These, dass Bochum »tief im Westen, wo die Sonne verstaubt« liege, konnte nicht eindeutig bewiesen werden, da der Kemnader Stausee in Bochum regelmäßig Hunderte Menschen zum Sonnenbaden einlädt und dort auch schon von Sonnenbränden einiger Anwesender berichtet wurde. Der Fortgang der musikalischen Niederschrift, dass Bochum »vor Arbeit ganz grau« und »keine Schönheit« sei, konnte ebenso widerlegt werden, da in der Stadt jahrzehntelang nicht nur graue, sondern auch bunte Autos gebaut wurden und viele Sehenswürdigkeiten, wie das Bergbaumuseum, das Kneipenviertel Bermuda3Eck, das Schauspielhaus und andere optische Highlights, eindeutig zeigen, dass hier unter anderem kulturelle Schönheit gepflegt wird.

Die Behauptung, dass Bochum einen »Pulsschlag aus Stahl« habe – »man hört ihn laut in der Nacht« –, stimmt ebenso nicht, da auch hier mittlerweile ab 22 Uhr Nachtruhe herrscht und man sich als Besucher der Stadt zu keinem Zeitpunkt durch störende Geräusche in seinem Hotelbett der Ruhe beraubt fühlen muss.

Die nun folgenden Behauptungen des genannten Künstlers »Bochum, ich komm aus dir, Bochum ich häng an dir« wurden als eindeutig missverständlich entlarvt, da der Künstler in Göttingen geboren wurde und derzeit nirgends in der Stadt »hängend« gesichtet wurde.

Die nun folgende These, dass Bochum »keine Weltstadt« sei, widerlegt die Tatsache, dass die dortige Sternwarte ein Anziehungspunkt für viele Besucher ist und von dort zwar nicht die Welt, aber das Universum beobachtet werden kann. Bochum ist also sogar eine Weltallstadt. Die zum Schluss getätigte Aussage, dass Bochum ein »Himmelbett für Tauben« sei, konnte anhand der vereinzelten Rückstände der benannten Tiere im wunderschönen Botanischen Garten der Universität zu Bochum zwar eindeutig nachgewiesen werden. Die Behauptung, Bochum sei ständig auf Koks, wurde jedoch glücklicherweise zu keinem Zeitpunkt während meiner Untersuchungen festgestellt.

Und dass der VfL »mit 'nem Doppelpass jeden Gegner nass« macht, bedeutet nicht, dass sich die Mitspieler der Gastmannschaft vor Lachen in die Hose machen, da Bochum auch für eine lange Fußballtradition steht.

Ich kann zum Schluss meiner Recherchen also festhalten, dass die Stadt Bochum, tief im Westen gelegen, in vielfacher Hinsicht eine Schönheit darstellt, da sie abwechslungsreich ist, kulturelle Höhepunkte bietet und in ihren Stadtgrenzen unglaublich viel Ruhrgebietshistorie beheimatet.

Der oben genannte Musikschaffende Herr Grönemeyer ist und bleibt aber trotz der Widerlegung seiner Thesen die Ikone dieser Stadt. »Häbät« Grönemeyer ist Bochum und Bochum ist »Häbät«.

Das Ruhrgebiet ist stolz auf jeden, der es verkörpert, der zeigt, was Heimat hier bedeutet, und der sich mit der ganzen Region identifiziert. Egal, ob die Menschen in Bochum nun aus Göttingen oder Timbuktu stammen.

Weil Dortmund nicht schwarz-weiß, sondern schwarz-gelb ist

Das Ruhrgebiet in Farben auszudrücken ist gar nicht so einfach. Zu behaupten, hier dominiere das Rot- und Blaulicht, würde dem also nicht gerecht werden. Viel schöner ist es natürlich, das Ruhrgebiet als grün zu bezeichnen, da wir die graue Zeit der Schwerindustrie ja zum Glück hinter uns gelassen haben.

Die Stadt Dortmund juckt das alles nicht, denn sie definiert sich irgendwie nur mit der Farbkombination Schwarz-Gelb. Zugegeben, auch hier strahlt der Himmel zeitweise in Blau-Weiß, jedoch wird dieser Umstand in der Stadt der schwarz-gelben Borussia gerne ignoriert, da sie generell und insbesondere seit den letzten Jahren total schwarz-gelb infiziert ist.

Wenn Sie die Stadt über die traditionelle B 1 befahren, kommen Sie an Dutzenden schwarz-gelben Schildern mit der Aufschrift *Doublestadt* oder so ähnlich vorbei. Gemeint ist natürlich der sportliche Erfolg der heimischen Borussia insbesondere im Jahre 2012, als der Club die Meisterschaft und den Pokal gewann. Die Stadt Dortmund mit ihren nun knapp 580.000 Einwohnern setzt den BVB also als Marke zur Stadtwerbung ein und das mit Recht. Längst ist die Bedeutung der großen Fußballclubs im Ruhrgebiet über die von normalen Sportvereinen hinausgewachsen. Sie sind die Aushängeschilder für die jeweiligen Städte geworden und locken auch Touristen an, die vielleicht gar nicht unmittelbar ein Fußballspiel besuchen möchten.

Es soll in Dortmund sogar positiv Verrückte geben, die zu Auswärtsspielen beim FC Schalke 04 ausschließlich über Bundesstraßen und nie über Autobahnen anreisen, da Bundesstraßenschilder nun mal schwarz-gelb und Autobahnschilder blau-weiß sind.

Und spätestens seit Dortmund nun auch *Tatort*-Stadt geworden ist, weiß man, dass sie eine Metropole im Osten des Ruhrgebiets ist, die ein hohes Maß an Aufmerksamkeit genießt. Schwarz-gelb ist jedoch nicht jedermanns Sache. Fragen Sie mal den Parteichef der SPD, oder Leute, die in der Nachbarstadt wohnen und seit über 50 Jahren auf eine deutsche Fußballmeisterschaft warten. Aber die Farbkombination Schwarz-Gelb gehört zu Dortmund wie der Florianturm oder die Reinoldikirche.

Machen Sie sich doch mal den Spaß und lernen Sie Dortmund kennen, indem Sie an einem Heimspielsamstag durch die Stadt spazieren und zählen, wie oft Ihnen die Farbkombination Schwarz-Gelb begegnet. Sie werden als ausländischer Tourist glauben, dass dies die offizielle Landesbeflaggung Deutschlands ist. Schwarz-gelbe Trikots, Fahnen, Souvenirs, Füße, Zähne – da ist alles dabei. Aber um jetzt nicht einen falschen Eindruck zu erwecken. Dortmund bietet zudem auch eine große Vielfalt in anderen Bereichen als Fußball an. Und da Vielfalt meist bunt ist, leuchtet das Wahrzeichen in

Dem Schalker sein Wohnzimmer. Bundesligapaket inklusive. Die Arena AufSchalke.

der Innenstadt, das Dortmunder U der ehemaligen Union-Brauerei, auch in Bunt.

Als größte Stadt des Ruhrgebiets hat Dortmund eigentlich all das zu bieten, was man von einer großen Stadt erwartet – sogar einen Flughafen. Sehr schön gestaltet wurde in Dortmund das große Areal am Phoenix-See, das auf dem ehemaligen Gelände eines Stahlwerks entstanden ist, früher also eher schwarz war und – tapfer sein, Leute – nun eher blau daherkommt. Der See misst knapp 99 Hektar und ist somit sogar größer als die Hamburger Binnenalster.

Dortmund ist also mehr als schwarz-gelb, ohne Schwarz-Gelb aber weniger als die Hälfte. Und genauso wenig, wie es in Deutschland eine schwarz-gelb-blau-weiße Koalition geben wird, wird es dies im Ruhrgebiet in Sachen Fußball jemals geben. Da steht schlichtweg DIE GELBE WAND im Weg, die sich jeder Glückliche, der einmal eine Eintrittskarte für das Stadion in Dortmund ergattert, mal ansehen sollte. Mir als gebürtigem Gelsenkirchener und Schalker fiel es nicht leicht, diese verbale Verbeugung vor Dortmund und dem schwarz-gelben Phänomen zu schreiben. Aber im Herzen sind wir dann doch alle Ruhrpott, egal ob schwarz-gelb oder blau-weiß.

Weil hier die Bergwelt so vielseitig ist

Der Bergbau und die dort zahlreich beschäftigten Maulwürfe haben im Ruhrgebiet dafür gesorgt, dass man mittlerweile in vielen Städten stattliche Berge bewundern kann, die nicht selten die Marke von über 100 Metern erreichen und irgendwie zu jeder Stadt und zum Gesamtbild des Ruhrgebiets dazugehören. Dass auf diesen Bergen keine Alm-Öhis Jodeldiplome ausstellen oder allwöchentlich der Abtrieb des Viehs ins Dorf praktiziert wird, liegt wohl daran, dass es sich »nur« um Halden oder, noch unästhetischer ausgedrückt, um Abraumhalden handelt, die das Ergebnis ebenjenes Bergbaus sind, der neben der Kohle auch eine ganze Menge Schutt zu Tage gebracht hat, welcher nun irgendwo gelagert werden will.

Das Angebot, den Holländern den Abraum zu stiften, damit dort auch mal Berge entstehen können, lehnten die Nachbarn aus den Niederlanden aber schon frühzeitig ab. Na ja, und nun stehen sie also hier, die künstlichen Berge aus Geröll und dem Ergebnis bergbaulichen Herumwühlens, und wollen bespaßt werden. Die Natur, die dem Ruhrgebiet seit vielen Jahren den Übergang von einer Industrielandschaft hin zu einer grünen Oase vereinfacht, hat auch hier Gutes geleistet und die Abraumhalden mittlerweile vollständig renaturiert. So sind Freizeitareale entstanden, die vergessen lassen, dass es mal eine Zeit gab, in der hier regelmäßig die Vierzigtonner das Geröll abluden und man sich fragte, was in Gottes Namen die denn noch alles von da unten hochholen wollen. In den Neunzigerjahren ging man im Ruhrgebiet dann dazu über, die Halden nicht nur einfach der Natur zu überlassen, sondern sie gezielt zu begrünen und diese grünen Oasen auch zu pflegen und zu bewirtschaften. Es entstanden nun neben Rad- und Wanderwegen an vielen Stellen des Reviers auch wunderbare Aussichtspunkte, die eigentlich schon Grund genug sind, einmal eine solche Halde zu besteigen.

Da man aber auf Rolltreppen und Seilbahnen verzichtete, ließ sich der Ruhrgebietler doch noch ein paar Specials einfallen, um selbst den faulsten Sesselmuffer mindestens einmal in seinem Leben auf eine Halde zu locken. Insbesondere die Kunst hat es dem Ruhri angetan und so entstanden auf zahlreichen Halden Skulpturen, Baudenkmäler und auch eine begehbare Stahlkonstruktion wie das Tetraeder in Bottrop.

Der Ruhri liebt seine Haldenfeste ebenso wie den mühsamen Aufstieg auf die Halde zu Silvester und bei Sonnenuntergang mit der ersten Liebe im Arm. Man kann also sagen, dass hier aus Schutt ein wichtiges Stück (Alltags-)Kultur entstanden ist, das vielerlei Nutzen mit sich gebracht hat. Auch die längste Indoor-Skihalle der Welt, das Alpincenter Bottrop, wurde auf einer ehemaligen Abraumhalde errichtet und lockt mittlerweile Besucher aus ganz Deutschland und sogar den Niederlanden an. Hätten die Holländer den Abraum damals mal genommen, könnten sie sich nun den Weg auf die Skipiste Ruhrgebiet sparen.

Im Juli 2011 gab es in Bezug auf die geliebten Schuttberge sogar die sogenannte Haldensaga, eine Veranstaltung, die den interessierten Anwohner oder Besucher dazu einlud, in einer Nacht von Sonnenuntergang bis Sonnenaufgang mit einer Taschenlampe bewaffnet diverse Ankerpunkte an verschiedenen Halden abzulaufen. An mehreren Orten gab es Stationen zum Päuschenmachen, an denen Anwohner als Nachtdozenten einen Schwank aus ihrem Leben erzählten. Speakers' Corner im Pott quasi.

Zu den schönsten und höchsten Halden zählt übrigens die Halde Haniel in Bottrop, die bei Kaiserwetter einen wunderschönen Rundumblick garantiert. Bei freier Sicht kann man bis nach Düsseldorf schauen. Und da man die Halden auch Hochkippe nennt, empfehle ich einen Besuch zum Sonnenuntergang, bei dem man dann den Tag mit einer schönen Feierabendzigarette ausklingen lassen kann.

Weil Haltern am See liegt
und auch noch so heißt

Man muss schon ehrlich sein. Die Stadt Haltern kennt bundesweit nicht jeder. Das liegt natürlich zum einen an der Größe des beschaulichen Ortes an der nördlichen Grenze zum Ruhrgebiet (35.000 Einwohner) und zum anderen daran, dass Haltern ein Zwitter ist. Ja, Haltern ist unsere Transsexuelle der Region, da sie zum einen zum Ruhrgebiet gehört, zum anderen aber auch münsterländische Ambitionen hegt. Die Lippe, die als Grenzfluss zwischen dem Ruhrgebiet und dem Münsterland durch Haltern verläuft, ist bestes Beispiel dafür, dass Haltern etwas Besonderes ist.

Auch war Haltern nie maßgeblich durch Industrie geprägt und behielt immer seinen landwirtschaftlichen Charakter. Historisch gesehen ist Haltern aber mehr münsterländisch, während man heutzutage stolz von einer Ruhrgebietsstadt spricht. Dieser Stolz ist nicht ganz unbegründet, denn Haltern ist eine der schönsten Kreisstädte, die wir im Ruhrpott zu bieten haben.

Falls Sie sich über die Überschrift des Grundes gewundert haben: Haltern heißt gar nicht Haltern, sondern seit 2001 Haltern am See. Und zum Glück liegt Haltern auch noch an einem schönen großen See, sodass der Name auch Sinn ergibt. Brüller, oder?

Die Absicht, die dahintersteckte, war die, dass man so mehr Besucher in die Stadt locken wollte, da der Name ja doch etwas einladender klingt als zum Beispiel: Haltern am Busbahnhof oder Haltern am Lidl. Die Bemühungen, aus Haltern am See auch noch einen richtigen Kurort zu machen, verliefen aber ergebnislos.

Das Seebad Haltern ist aber tatsächlich jedes Jahr ein Anziehungspunkt für Tausende Schwimmer, Segler, Freizeitverrückte und Dosenbierfreunde. Mit über 800 Metern Sandstrand bietet das

Seebad Baywatch ganz ohne DVD-Player. Das Seebad ist Teil des Halterner Stausees, der Haltern am See maßgeblich prägt.

Das Herz Halterns ist aber die attraktive Altstadt im Zentrum der Stadt. Hier gibt es neben Eisdielen und Restaurants mit ausgezeichnetem Flammkuchen auch einen schönen Kirchplatz, der am Ende einer gemütlichen Einkaufsstraße liegt. Leider sind auch hier nach den Bombenangriffen des Zweiten Weltkrieges nicht mehr alle Fachwerkhäuser des Ortes erhalten geblieben.

Zu Zeiten von Asterix war Haltern eine römische Hochburg. Das Lager Haltern war im Römischen Reich das Lager mit den meisten Legionären überhaupt. Das LWL-Römermuseum in Haltern am See lässt die jahrtausendealte Historie lebendig werden. Baulich römischen Zelten nachempfunden, bietet das Römermuseum den Besuchern von heute einen guten Eindruck von der 28 Jahre dauernden Zeit der Römer in Haltern. Und wer kein kleines Kind auf dem Buckel schleppen muss, der kann sich hier sogar mit originalem Marschgepäck der Römer behängen lassen und einen Museumsnachmittag der besonderen Art über sich ergehen lassen.

Haltern am See vereint also Historie fernab von jeglicher Industrieromantik mit der einladenden Natur vom Stausee bis zu den Wäldern des Münsterlandes.

Ach ja. Der Blitzer am Ortseingang ist legendär und hat auch von mir schon bezaubernde, aber leider etwas überteuerte Fotos geschossen.

Weil hier die schönsten Eiffeltürme stehen

Es gibt dich schon lange und nie aus der Mode
Drum wird es nun Zeit für so 'ne Art Ode.
Du behauptest dich tapfer, bei Wind und bei Wetter
Du bist nicht nur hoch, ich sage es netter
Dein Anblick erfüllt uns mit Stolz und mit Wehmut
Bist nur noch ein Denkmal, was irgendwie wehtut.
Deine Räder aus Stahl, sie drehten sich fleißig
Holtest Tonnen von Kohle, nicht nur zwanzig oder dreißig
Bei Tag und bei Nacht, bei Regen und Sturm
Du bist schön wie der Eiffel-, du Förderturm.

Nun stehst du so da, mit deinem Gerippe
Kein Bergmann mehr bei dir, mit Schüppe und Kippe
Die Ära der Kohle, sie ging mal zu Ende
Du wurdest Symbol für fleißige Hände
Der Tag, er kam, als jeder erkannte
Die Zeit im Ruhrpott, wo kein Stahlwerk mehr brannte.
Deine Nieten, sie wurden zum Hauptgewinn
Du schönstes Bauwerk, an das ich mich entsinn'
Wärst du eine Frau, du würdest geküsst
Du attraktives, du Fördergerüst.

Nun stehst du da, im Jahre von heute
So frisch lackiert, der Stolz aller Leute
Ein Magnet für Touristen, aus Winkeln und Ecken
Musst dich nicht mehr auf Zechen verstecken.
Ob Doppelbock, ob groß oder zart
Als Denkmal der Landschaft aus Kruppstahl so hart
Wirst du überdauern den Wandel im Pott
Bist alles, was geht, fernab vom Wort Schrott
Der Held der Region und eines ist klar
Du bleibst ein Titan, im Ruhrpott der Star.

Weil unsere Biergärten anders sind

Ja, ich gebe es ja zu. Es geht in diesem Kapitel mal wieder ums Saufen. Ja, ich weiß, dass das in einem spannenden Buch über eine der schönsten Regionen in Deutschland nichts zu suchen hat. Ja, ich weiß auch, dass in diesem Buch schon viel zu viel über das Saufen im Ruhrgebiet berichtet wurde und auch die Brauereitradition und die Pulle Bier nach der Spätschicht mit dem Thema zu tun haben.

Aber Leute, über das Thema Biergärten im Ruhrgebiet kann ich nun wirklich nicht stillschweigend hinweggehen. Ich fange mal ganz sachlich an, dann erweckt das vielleicht mehr den Anschein von Seriosität.

Zunächst einmal beschränkt sich das Phänomen Biergarten im Ruhrpott ja ausschließlich auf die Sommermonate, in denen man sich nicht zwischen Punsch und Glühwein entscheiden muss. Das Schöne an den Ruhrgebietsbiergärten ist, dass viele davon wunderbar mit dem Fahrrad erreichbar sind. Das Lokal Heiner's im Nordsternpark, dem ehemaligen Bugapark, in Gelsenkirchen beispielsweise liegt recht nah am Rhein-Herne-Kanal und ist daher ein erster Appetitmacher für die Biergartenlandschaft Ruhrgebiet.

Natürlich ist es für eine Stadt wie München einfacher, für seine Biergartenkultur zu werben, als es für das Ruhrgebiet ist. Viele Nicht-Ruhrgebietler fragen sich ja noch heute, ob es hier überhaupt Bäume und Gärten gebe, unter beziehungsweise in denen man Bierbänke aufbauen kann. Ja, liebe Münchner, so etwas gibt es hier. Aber der Ruhrpottler hat auch keine Probleme damit, Biergärten auf alten Industriebrachen zu eröffnen. Das Wolperding im Essener Stadtteil Kray zum Beispiel ist ein hervorragender Geheimtipp in Sachen Hühnchenessen und Weizentrinken. Mist, jetzt habe ich es verraten.

Um den Auswärtigen die Biergärten im Ruhrpott schmackhaft zu machen, benötigen wir auch keine trachtenverkleideten Kellnerinnen, die den japanischen Touristen dann ihr Weizenbier servieren und das Ganze auch noch zum Werbespot hochstilisieren. Nein, der Ruhri kommt da bescheidener aus und kombiniert einfach einen netten Ort (Wassergarten im Grugapark) mit ein paar Bierbuden und einem Zelt für den DJ, der abends gerne mal ein paar nette Scheiben auflegt. Das klingt alles ausschließlich nach jungem Publikum. Dem ist aber nicht so, denn die Biergartenfülle im Ruhrgebiet bietet für jeden Geschmack etwas, sodass man nach Feierabend auch mal spontan mit Freunden oder Kollegen einem Biergarten einen Besuch abstatten kann. Besonders schön sind in Essen auch die Biergärten am Bahnhof in Kupferdreh (nah am Baldeneysee) und am Jagdhaus Schellenberg mit seinem fantastischen Ausblick direkt über den See.

Verwechseln Sie jedoch nicht die zahlreichen Außengastronomien vieler Lokale mit einem echten Biergarten. Erst wenn der eigentliche Biergarten mehr Sitzplätze bietet als das dazugehörige Lokal, sollte man tatsächlich von einem echten Biergarten sprechen.

Zahlreiche Biergärten bieten neben dem bereits angeprangerten Getränkekonsum die Möglichkeit der besonderen Unterhaltung. Neben den DJ-Auftritten gibt es in einigen Biergärten des Ruhrgebiets zum Beispiel Open-Air-Filmvorführungen und 2014 ist für alle die Fußball-WM natürlich wieder der Besuchsgrund Nummer eins.

Nun, ich gebe zu, ich musste für diesen Grund, den Ruhrpott zu lieben, nicht extra recherchieren, denn gerade im Sommer sind die Biergärten der Region für viele und so auch für mich eine Institution.

So, war doch halb so schlimm, oder? Ich habe mich bemüht, dem Thema Alkohol nicht wieder eine Plattform zu geben, und trotzdem lade ich alle ein, mal wieder einen schönen Nachmittag oder Abend in einem der zahlreichen Biergärten des Ruhrpotts zu verbringen.

Weil es hier das größte Wohnzimmer der Welt gibt

Sie haben in Ihren eigenen vier Wänden ein Wohnzimmer? Das ist schön. Sie haben ein kleines Wohnzimmer, fühlen sich dort aber sehr wohl? Das ist auch schön. Sie haben ein riesiges Wohnzimmer, in dem Sie gerne mal eine Runde Golf spielen oder Motocrossrennen veranstalten? Sehr beeindruckend.

Aber das größte Wohnzimmer der Welt steht in Gelsenkirchen und es ist zudem das spektakulärste der ganzen Region. Die Rede ist nicht von einem Schloss im Stile des Gelsenkirchener Barock, sondern von der Arena AufSchalke, der Heimspielstätte des FC Schalke 04. Natürlich ist der Begriff »Wohnzimmer« nur ein Kunstbegriff der Fans, die ihr 60.000 Zuschauer fassendes Stadion liebevoll so betitelt haben, denn die Arena (offiziell Veltins-Arena) hat optisch in etwa so viel mit einem Wohnzimmer gemeinsam wie der Signal Iduna Park in Dortmund mit einem Gästezimmer, in dem bei Heimspielen dann 80.000 Fußballverrückte übernachten. Aber die Fans des FC Schalke 04 fühlen sich hier sehr zu Hause, und es soll Männer im Ruhrgebiet geben, die schon häufiger in der Nordkurve der Arena als im heimischen Wohnzimmer bei ihren Familien gesichtet wurden.

Das Besondere an der Arena ist zum Beispiel die Konstruktion des Daches, die es erlaubt, das Stadion zu einer Halle werden zu lassen, indem das Dach vollautomatisch geschlossen wird. Das Wohnzimmer ist dann quasi vor Regen und Witterung geschützt und lässt ein wenig mehr Wohnzimmeratmosphäre aufkommen. Laut ist es in diesem Wohnzimmer aber fast immer, denn neben den akustisch sehr eindrucksvollen Heimspielgesängen der Schalke-Fans finden hier in der Arena AufSchalke auch regelmäßig Musikkonzerte namhafter Künstler, wie Robbie Williams oder Bon Jovi, statt. Man spricht dann wohl neudeutsch von einer Multifunktionsarena, die einfach alles kann, außer fliegen.

Zu jedem guten Wohnzimmer gehört aber auch ein strapazierfähiger Teppichboden, der in diesem Fall die Farbe Grün hat und bei Bedarf sogar in die Arena hineingefahren werden kann. Ansonsten weilt das Rasengrün in einer riesigen Kassette lagernd nämlich vor der Arena, wo es etwas mehr der notwendigen Sonne ausgesetzt ist als im Rund des Stadioninneren. Auch auf einen Fernseher müssen die Besucher nicht verzichten, denn der hängt in Form eines großen Videowürfels am Hallendach und zeigt einem großformatig an, wie hoch der FC Schalke 04 denn nun aktuell führt.

Der Erste, dem es geglückt war, diesen Videowürfel in nicht geringer Höhe mit dem Fußball zu treffen, war Oliver Kahn in einem Bundesligaspiel. Es folgte der erste Schiedsrichterball wegen des Anschießens einer Anzeigetafel in der Geschichte der Bundesliga. Immer diese Bayern!

Die Arena hat neben den bereits erwähnten Spielereien aber auch noch weitere lustige Details, die ein Wohnzimmer gemütlicher werden lassen. So wird das Bier innerhalb des Stadions per Rohrsystem aus zentralen Tanks direkt an die Zapfhähne der zahlreichen Verkaufsstellen weitergepumpt, sodass man aus seinem Wohnzimmer nicht erst in den Abstellkeller muss, um sich mit Nachschub zu versorgen, sondern das Pilschen einem mundgerecht direkt vor die Nase gezapft wird.

Für alle, die nicht ernsthaft an den Sieg der eigenen Mannschaft glauben, gibt es zudem in der Arena die Möglichkeit, in der hauseigenen Kapelle zu beten – oder Buße zu tun, weil man Schwarz-Gelb statt Blau-Weiß in Sachen Fußballmannschaften bevorzugt. Auch zahlreiche Hochzeiten werden in dieser Kapelle zelebriert. Hier dominieren dann allerdings eindeutig die Farben Blau und Weiß die Aufzüge der Hochzeitsgäste.

Ein Highlight im Wohnzimmer der Schalker ist einmal jährlich der dort stattfindende Biathlonwettbewerb, der zahlreiche

Fans aus Deutschland anlockt und das Wohnzimmer in ein Kühlhaus verwandelt, da die Arena zu diesem Zweck mit tonnenweise Kunstschnee und Tannenbäumchen in ein Winterwunderland verwandelt wird. Die Streckenführung der Biathleten geht dann auch aus der Arena heraus vor das große Stadion und vorbei an zahlreichen Glühweinbuden. Hier stellt dann auch der letzte Besucher fest, dass man das Wohnzimmer nun verlassen hat, um in der kalten Küche vor der Tür einen heißen Grog oder Ähnliches zu trinken. Die Stimmung gleicht dann der einer riesigen Après-Ski-Party.

Wenn Ihnen also zu Hause die Wohnzimmerdecke auf den Kopf fällt und Sie mal Ihr Wohnzimmer mit über 60.000 anderen Vergnügungssüchtigen teilen möchten, dann schauen Sie doch mal in der Arena AufSchalke vorbei. Hier schimpft Mutti beim Betreten noch nicht einmal, wenn Sie die Schuhe angelassen haben.

Weil die Kühe hier in Kohle treten

Viele Menschen, die das Ruhrgebiet besuchen oder sich etwas näher mit seiner Historie beschäftigen, fragen sich, wo genau eigentlich die Geschichte mit der Kohle begann. Damit sind nicht die finanziellen Desaster der einzelnen Städte gemeint, sondern die Frage, wo zum ersten Mal Kohle abgebaut wurde, was das Ruhrgebiet dann über Jahrhunderte geprägt hat. Die Wiege des Bergbaus quasi.

Nun, der Abbau der ersten Kohle im Ruhrgebiet, irgendwann im 16. Jahrhundert, hatte gar nicht mal so sehr was mit Bergbau zu tun, da man sie ohne große Mühe mit der Hand aus dem Boden ausgraben konnte. Die Kohle lag quasi fast überirdisch und konnte selbst für damalige Verhältnisse noch recht einfach gewonnen werden. Daher standen die Kühe damals sinnbildlich in Kohle, denn das von der Landwirtschaft geprägte Ruhrgebiet entwickelte sich nun zu einer Bergbauregion.

Die Fundstelle dieser »Fastübertagekohle« liegt in Witten, im heute sehr grünen Muttental. Besucht man das Muttental heute, so deutet fast nichts mehr darauf hin, dass hier einmal über 60 Kleinzechen Kohle gefördert haben. Bereits damals lag also das Kohlerevier zwischen der Ruhr und zahlreichen Wäldchen gelegen inmitten der Natur und bot die Möglichkeit, das Ruhrgebiet zu dem werden zu lassen, was es heute ist.

Besucher können das Muttental heutzutage mit dem Fahrrad oder noch besser zu Fuß erkunden, denn der berühmte Bergbauwanderweg Muttental erstreckt sich über neun Kilometer durch das ehemalige Revier. Einige Zeugnisse dieser Geburtsstunde des Kohlebergbaus im Ruhrgebiet sind zum Glück erhalten geblieben oder wurden aufwendig rekonstruiert und nachgebaut, um zu veranschaulichen, mit welch bescheidenen Mitteln damals die Kohle gefördert wurde. Zwei große Museen sind Kernbestandteil des Muttentals und dokumentieren auf sehr eindrucksvolle Weise den Arbeitsalltag der ersten Bergleute im Ruhrpott. Das LWL-Industriemuseum Zeche Nachtigall ist ein Besucherbergwerk, in dem sich Große und Kleine in einem richtigen Stollen austoben können und den Bergbau hautnah erleben. Mit Lampe, Helm und Anzug gekleidet dringt man hier tief in einen Kohleflöz vor. 1892 wurde hier der offizielle Betrieb eingestellt und eine Ziegelei übernahm die Gebäude der alten Zeche. Heute sind noch viele der originalen Gemäuer und der imposante Schornstein erhalten geblieben.

Ebenfalls 1892 wurde auch die benachbarte Zeche Theresia stillgelegt, die heute zu einem Gruben- und Feldbahnmuseum umgebaut wurde und dem interessierten Besucher die Geschichte der Minibahnen zeigt, die damals Bergleute, Material und Kohle durch den Stollen transportierten. Über 90 Loks und 200 Waggons zählen mittlerweile zum imposanten Fuhrpark des Museums.

Wer also bei schönem Wetter nichts vorhat, sollte sich unbedingt mal auf den Weg ins Wittener Muttental machen, um dort die Wiege des Bergbaus zu besichtigen.

Weil es hier das hohe C und das hohe U gibt

Man kennt das ja. 14 Tage Familienbesuch in Oberbayern hinter sich gebracht, Reifenpanne auf der Autobahn überlebt und der immer stärker werdende Wunsch, die heimische Couch nun endlich mal im Liegen schön zu finden.

Umso angenehmer, wenn man kurz vor Erreichen der Heimatstadt ein Wahrzeichen erblickt, was einem vertraut ist und Heimatgefühle aufkommen lässt. Die Fördertürme sind im Ruhrgebiet ein solches Wahrzeichen, aber die Stadt Dortmund hat da noch etwas ganz anderes zu bieten. Das sogenannte Dortmunder U direkt am Hauptbahnhof zeigt jedem Heimkehrer nämlich unmittelbar, dass man nun wieder auf schwarz-gelbem Boden gelandet ist. Das große U auf dem Dach des Hauses steht aber nicht für die größte U-Bahn-Haltestelle des Ruhrgebiets, sondern es ist das ehemalige Wahrzeichen der Union-Brauerei, die an dieser Stelle mal die größte Zapfanlage Westdeutschlands betrieb. Nach dem Umzug der Brauerei in einen anderen Stadtteil wurden Großteile des Biertrinkerwunderlands abgerissen und nur das große U-Gebäude blieb erhalten. Das hoch oben rotierende U, immerhin schon 1968 auf dem Dach angebracht, gilt seitdem als Landmarke der Stadt Dortmund.

Die große Frage, die sich den Verantwortlichen nun stellte, war, welche Folgenutzung das Gebäude erhalten sollte. Der größte Getränkemarkt Deutschlands? Ein Brauhaus mit schwarz-gelben Bierhumpen? Man war sich unschlüssig. Und wenn sich die antiindividuellen Stadtoberen im Ruhrpott unschlüssig sind, entsteht meist irgendwas mit Kunst. So auch in diesem Fall.

Im Jahr 2007 erwarb die Stadt Dortmund den Koloss und machte sich direkt an die nicht ganz kostenarme Sanierung. Die zentrale

Lage des Gebäudes inmitten der Dortmunder Innenstadt spielte bei den Zukunftsplänen natürlich eine große Rolle und auch dass das Ruhrgebiet 2010 als Kulturhauptstadt präsentiert werden sollte, war nicht ganz unbedeutend. Um es vorwegzunehmen: Das U-Gebäude ist trotz enorm hoher Baukosten sehr schön geworden und einen Besuch mehr als wert. Das gilt nicht nur für die neue räumliche Nutzung des Gebäudes, sondern auch für die sanierte Fassade und die Kunstinstallationen im Außenbereich.

Adolf Winkelmann, der Filmemacher am Hofe des Ruhrpotts, durfte sich nämlich austoben und hat etwas sehr Beachtliches geschaffen. Seine »U-Turm Bilderuhr« ist eine Videoinstallation in den Bögen der Außenfassade, die einem je nach Tageszeit mal Tauben und mal den Fluss von glühendem Stahl zeigt. Das Gebäude hat dadurch bereits von außen eine sehr starke Wirkung, die einen neugierig auf das Innere werden lässt. Der zweite Teil der von Winkelmann geschaffenen Installation sind die sogenannten Ruhrpanoramen und die Neun Fenster in der Vertikalen im Inneren des Gebäudes.

Im Bau selbst ist heute das Museum Ostwall untergebracht, das dort nach seinem Umzug im Jahre 2010 wiedereröffnet wurde. Auch diverse andere Institutionen der Kreativwirtschaft und Teile der Dortmunder Fachhochschule sind in dem Gebäude untergekommen.

Das Dortmunder U-Gebäude, mit seinem mit Blattgold überzogenen großen U auf dem Dach, ist mittlerweile nicht nur ein Wahrzeichen für die Stadt Dortmund, sondern für das ganze Ruhrgebiet geworden. Jeder, der häufig mit dem Zug durch Deutschland fährt, sollte also mal Ausschau nach dem Dortmunder U halten. Wenn er es erblickt, weiß er nämlich sofort – dat is Dortmund!

Weil hier eine Weltreise nur einen Tag dauert

Als ich in früher Kindheit von meinen Eltern durch den Zoo ge-
schleppt oder gefahren wurde, waren angekettete Papageien,
Elefanten in kleinen Betongehegen und von bröckelnden Mauern
umgebene Affen ein beeindruckendes Erlebnis. Das lag aber daran,
dass von einem Kind alles, was irgendwie besonders ist und von
Eltern beworben wird, für gut und vernünftig befunden wird. Die
Rede ist vom guten alten Ruhr-Zoo in Gelsenkirchen, der 1949 gegründet wurde und irgendwann in sich selbst zusammenfiel, sodass
von Seiten der Stadt Gelsenkirchen Handlungsbedarf bestand,
wollte man auch in Zukunft mit einem schönen, gepflegten und vor
allem artgerechten Tierpark überregional werben. Und nachdem
auch mein Elefantenliebling Birma irgendwann in den ewigen Jagd-
gründen verschwand, fand ich als mittlerweile Herangewachsener
die Idee, dass es nun bald einen neuen und ganz besonderen Zoo
geben würde, natürlich super.

Der Ruhr-Zoo war Geschichte und die ZOOM Erlebniswelt sollte
alles viel besser und schöner machen. Wer vom Traditionsnamen
RuhrZoo dann auf die neudeutsche Verunglimpfung ZOOM Erlebniswelt kam ist zwar nicht überliefert, aber erste Entwürfe
zeigten, dass man sich bei der Neugestaltung des Zoos wirklich
Mühe gegeben hatte.

Der Zoo besteht heute aus drei großen Bereichen, die dem Besucher eine Weltreise der außergewöhnlichen Art bieten. Neben Asien
und Afrika kann der Zoobesucher von heute seine Kinder nun auch
mit dem Kinderwagen durch Alaska schieben, was ja in der Wirklichkeit aufgrund fehlender Winterreifen schon schwieriger wäre.

Angesichts der großen Fläche von 31 Hektar sollte man sich aber
den ganzen Tag Zeit nehmen, um die über 65 Tierarten auch aus-

giebig in ihren nun wesentlich weitläufigeren Gehegen beobachten zu können. Der Haupteingang ist immer noch das alte traditionelle Eingangsportal des Ruhr-Zoos, das den Abrissbaggern standhalten konnte und noch ein wenig nostalgisches Flair bewahrt. Weniger nostalgisch sind dagegen die Eintrittspreise, die sich im Zuge der Neueröffnung nicht zum Guten verändert haben. Eine Großfamilie mit sechs Kindern sollte vor einem Besuch durchaus mal mit ihrem Bankberater sprechen.

Aber davon mal abgesehen hat der neue Zoo auch eine ganze Menge zu bieten. Zum Beispiel Tiere! Die sind in der ZOOM Erlebniswelt in sehr natürlich gestalteten Gehegen untergebracht. Man hat hier sehr viel Wert darauf gelegt, dass der natürliche Lebensraum der Tiere nachgebildet wird. Auf diese Weise kann man sich einen viel besseren Eindruck von der Lebensweise der Tiere machen als noch zu Zeiten des alten Ruhr-Zoos, wo Kleinkinder wie ich der Auffassung sein mussten, dass Elefanten generell in kleinen Betonbunkern wohnen und sich ihr Essen mit dem Rüssel

Einmal Affeninsel für meinen Mann und mich, bitte.
Das alte Kassenhaus am Gelsenkirchener Zoo.

erschnorren müssen. Der heutige Zoo ist dagegen ein richtiger Mitmachzoo geworden, in dem man mit dem Boot durch Afrika fahren oder in Alaska Gold waschen kann. Der Grimberger Hof, direkt im Eingangsbereich des Zoos beheimatet, stellt einen alten Bauernhof nach, in dem man Nutztiere beobachten und mitunter auch betätscheln kann. Hier befindet sich auch ein sehr gemütlicher Biergarten und der legendäre Streichelzoo, in dem zahlreiche Mütter und Väter kurz vor dem Wahnsinn stehen, wenn sich die kleine Schantall von einer Horde Schafe das Gesicht ablecken lässt, statt ihnen das Futter zu reichen.

Gut und gerne 560 Tiere sind Hauptattraktion in der heutigen ZOOM Erlebniswelt, die zwar den guten alten Ruhr-Zoo nicht aus meinem Kopf verdrängt bekommt, aber zeigt, dass es Zeit wurde für ein Umdenken. Über eine Million Gäste pro Jahr können sich nicht täuschen und zeigen, dass der Zoo zu Recht mehrmals Auszeichnungen für den schönsten Tierpark Deutschlands erhalten hat. Grund zu meckern gibt es da eigentlich nur für die Ziegen.

Weil hier Schiffe im Aufzug fahren

Wenn Sie im Ruhrgebiet mal so verzweifelt sind, jemanden nach dem Weg in Richtung Waltrop fragen zu müssen, dann werden Sie viele Antworten erhalten. Das liegt daran, dass kein Schwein Waltrop kennt. Selbst auf dem Marktplatz von Waltrop wird Ihnen wohl keiner so genau sagen können, wo Waltrop eigentlich liegt. Gibt es Waltrop im Ruhrgebiet denn überhaupt? Leben dort Menschen? Führen geebnete Straßen in den mysteriösen Ort namens Waltrop?

Vorhang auf, meine Damen und Herren! Waltrop im Ruhrgebiet gibt es nämlich tatsächlich, es hat irgendetwas knapp unter 30.000 Einwohnern und hat sehr wohl etwas zu bieten, was sich niemand entgehen lassen sollte.

In Waltrop fuhren bis vor einigen Jahren nämlich Schiffe im Aufzug. Zugegeben, Öltanker auf der Rolltreppe oder die Gorch Fock im Treppenlift wären noch cooler, aber Waltrop beheimatet seit 1899 eines der wenigen Schiffshebewerke der Bundesrepublik. Nachdem das erste Hebewerk nach vielen Jahrzehnten seiner Tätigkeit in den Sechzigerjahren des letzten Jahrhunderts durch ein neues abgelöst wurde, ist auch dieses Nachfolgemodell mittlerweile in Rente geschickt worden. Technische Probleme und auch das Thema Kosten waren dafür ausschlaggebend. Da der Waltroper aber wusste, welche spannende technische Errungenschaft er hier im Ort zu bieten hatte, wurde nach der Stilllegung des Betriebs der Schleusenpark Waltrop eröffnet, zu dem heute die beiden Schiffshebewerke und die alte Schleuse des Ortes gehören. Das Schiffshebewerk Henrichenburg, benannt nach dem angrenzenden Stadtteil Henrichenburg in Castrop-Rauxel, hat sich seitdem zu einem Publikumsmagneten entwickelt.

Der Fotobeweis. Den mysteriösen Ort Waltrop gibt es tatsächlich.

So, ich erkläre Ihnen nun detailliert und professionell den Ablauf einer Schiffshebung in einem Schiffshebewerk. Sie müssen sich das so vorstellen, dass ein Schiff in das Schiffshebewerk einfährt und dann …, na dann wird's halt angehoben. So, fertig.

Viel beeindruckender ist aber die alte Eisenkonstruktion des ursprünglichen Schiffshebewerkes, die ebenso wie das neue Schiffshebewerk unter Denkmalschutz gestellt wurde. Geschickt von der Technik zur Architektur übergegangen, ist zu erwähnen, dass die Hebewerke auch begehbar sind und einen sehr interessanten Einblick geben, wie das denn nun genau mit dem Hebevorgang vonstattenging.

Erreichbar ist der Schleusenpark Waltrop übrigens auch sehr gut mit dem Fahrrad, da man die Radwege der Route der Industriekultur oder den am Dortmund-Ems-Kanal nutzen kann. Nach den auch hier obligatorischen Abrissplänen der Ruhrpottoberhäupter wurde auf dem Gelände sogar ein Museum errichtet, das sich mit der Geschichte der gesamten Anlage und der dortigen Schifffahrt beschäftigt. Das LWL-Industriemuseum Schiffshebewerk Henrichenburg ist also ein interessanter Ausflugsort in Bezug auf Industrie jenseits von Kohle und Stahl im Ruhrgebiet.

Sie sehen, es gibt gute Gründe, den Ort Waltrop, die Area 51 des Ruhrgebiets, zu suchen und zu finden.

Weil es im Museum Folkwang
so schön bunt ist

Wenn in Ihrem Alltag mal wieder der Moment kommt, in dem Sie die künstlerischen Ergüsse Ihrer Kinder nicht mehr ertragen können und die Nase voll haben von Filzstiftmalereien auf Ihrer neuen Raufasertapete, dann statten Sie doch dem Museum Folkwang in Essen mal einen Besuch ab. Hier hat die Kunst ein Zuhause.

Das Museum beherbergt nämlich eine sehr bedeutende Bildersammlung und auch das Gebäude und die Institution selbst haben eine beachtliche Geschichte hinter sich. Das Museum wurde zwar 1902 eigentlich in Hagen gegründet, aber bereits vor dem Zweiten Weltkrieg wurde die Sammlung nach Essen verkauft, wo sie im Laufe der Jahrzehnte immer weiter wuchs und an Prestige gewann.

Der Zweite Weltkrieg hat zwar auch im Museum Folkwang seine Spuren hinterlassen, aber im Laufe der Nachkriegsjahre konnten viele entwendete Gemälde und Kunstobjekte wieder zurückgewonnen werden.

Meine ersten Erinnerungen als alter Gelsenkirchener Junge waren natürlich die Ausflüge mit der Schulklasse ins benachbarte Essen, wenn die Kunstlehrerin auf die glorreiche Idee kam, den Blagen unbedingt real vermitteln zu wollen, was der Unterschied zwischen Impressionismus und Expressionismus ist. Der einzige Unterschied, der uns zu dieser Zeit der Pubertät aber ernsthaft interessierte, war der zwischen Grunge und Hardrock. Trotzdem ging es also an mehreren Tagen mit der Straßenbahn Kulturlinie 107 in Richtung Museum Folkwang, um dort hochinteressiert erzählt zu bekommen, warum sich van Gogh eigentlich einen Lauscher abgesemmelt hatte. Vielleicht stand er weder auf Grunge noch auf Hardrock. Man weiß es nicht.

Wiederentdeckt habe ich das Museum dann erst viele Jahre später, als ich für einige Zeit in Essen-Rüttenscheid wohnte, wo das Museum beheimatet ist. Zahlreiche Großausstellungen, die damals mit der Hilfe von Sponsoren gestemmt wurden, weckten auch das Interesse vieler sonst eher kunstuninteressierter Menschen. Das Museum Folkwang hatte sich im Laufe der Jahrzehnte also den Ruf erarbeitet, den es benötigte, um solche sehr publikumswirksamen Sonderausstellungen auch ausrichten zu können und die entsprechenden Bilder zusammenzutragen. Die Ausstellungen zu den Werken von Caspar David Friedrich oder Vincent van Gogh lockten so in den Jahren 2006 und 1990 über eine halbe Million Besucher in das Museum.

Das Gebäude als solches wurde im Laufe der Jahre mehrmals erweitert und umgebaut. Die auffälligste Neugestaltung war dabei der Komplettumbau aus dem Jahre 2007, der damit endete, dass es pünktlich zum Kulturhauptstadtjahr 2010 das neue Museum Folkwang zu bestaunen gab. Die Krupp-Stiftung, die sich dem Museum und dessen Arbeit immer sehr verbunden gefühlt hat, öffnete den Geldbeutel und holte die nötigen Talerchen heraus, um das Museum in neuem Glanz erstrahlen zu lassen.

Wenn ich heute mit dem Auto am Museum Folkwang vorbeifahre, dann fallen mir immer noch die dort Schlange stehenden Besuchergruppen ins Auge. Nicht selten bestehen diese aus zahlreichen jungen Leuten mit zotteligen Haaren und passenden T-Shirts mit der Aufschrift »Megadeth« oder »Nirvana«. Ich denke mir dann: Leute, gebt der Zeit noch eine Weile und auch ihr werdet diesen künstlerisch wertvollen Ort mit anderen Augen sehen. Ihr werdet vielleicht nicht verstehen, warum Vincent van Gogh freiwillig auf Stereo verzichtete, aber ihr werdet merken, dass geballte Kunst, wie sie im Museum Folkwang auf der Tagesordnung steht, immer wieder einen Besuch lohnt. Machen Sie sich doch selbst mal einen Eindruck von so viel Ausdruck.

Weil man hier in der Straßenbahn Kultur erlebt

In der Straßenbahn Kultur erleben? Nein, ich meine nicht die Multi-
kultur. Für die muss man im Ruhrgebiet nicht extra in die Straßenbahn steigen. Es sind auch nicht die künstlerisch mit Filzstift be-
malten Sitzpolster der letzten Bank gemeint. Nein, es handelt sich
um eine ganz besondere Straßenbahnlinie, die von Essen nach
Gelsenkirchen führt (und sogar zurück) und den schönen Titel
Kulturlinie 107 trägt. Und das Besondere an dieser Tramfahrt ist
eigentlich, dass sie nichts Besonderes ist, denn die Straßenbahn fährt
weder durch Museen noch durch irgendwelche Skulpturenwälder,
aber sie fährt daran vorbei. Und das Schöne ist: Früher war das gar
nix Außergewöhnliches, denn es gibt ja in Deutschland zahlreiche
Straßenbahnlinien, die rein zufällig mal an einem Museum oder
einer anderen kulturgeschwängerten Errungenschaft vorbeidüsen.

Großer Vorteil der Linie 107 vom Ausgangspunkt Essen-Bredeney
bis zum Gelsenkirchener Hauptbahnhof ist aber, dass Sie am Weltkulturerbe Zeche Zollverein vorbeifährt und es der Zufall wollte, dass
auf dieser Strecke eben auch noch 59 weitere kulturelle Highlights
angesiedelt sind. Es handelt sich also um eine normale Linienstraßen-
bahn, die dem interessierten Besucher der Region auf Essener und
Gelsenkirchener Stadtgebiet erspart, eine mühevolle Tour mit dem
Auto zu unternehmen, die einem dann letztlich doch nur die stau-
geplagte A 40 oder den Essener Bahnhofsvorplatz näherbringt.

Das Schöne an der 17 Kilometer langen Fahrt in der Straßenbahn
ist die kulturelle Abwechslung, die die 60 Eckpunkte dem Mitfahrer
bieten. Vom trendigen Szenestadtteil Essen-Rüttenscheid fährt die
Bahn weiter am Aalto-Musiktheater und dem Museum Folkwang
vorbei in oder besser unter die Essener Innenstadt. Und ob Sie es
glauben oder nicht, selbst hier zwischen Handyshop und Billig-

bäcker gibt es kulturelle Schätzchen zu entdecken, wenn man sich denn nur genug Zeit nimmt, sie auch zu suchen.

Die Fahrt geht dann weiter Richtung Stadtnorden vorbei an der mittlerweile weltbekannten Zeche Zollverein bis zur Stadtgrenze von Gelsenkirchen. Und da, wo früher mal die Malocher der Zeche Zollverein ihre verdiente Feierabendkippe angezündet haben, da steigen heute kulturinteressierte Besucher der Region aus, um mit erstauntem Gesicht zu sagen – Kultur pur! Wer nach der interessanten Besichtigung dann immer noch nicht genug hat, der kann sich mit der Kulturlinie 107 auch über die Stadtgrenze hinauswagen und die Bahn weiter in Richtung Gelsenkirchener Hauptbahnhof besteigen. Und da für den Gelsenkirchener das Verzocken des Monatslohns auch Kultur ist, zählt er die dort an der Stadtgrenze liegende Trabrennbahn gleich mit zur Vielzahl der kulturellen Höhepunkte auf der Fahrt Richtung Endstelle. Warum auch nicht? Ein Ausflug auf die traditionelle Rennbahn, die früher mal ein Flugplatz war, ist an einem sonnigen Tag sicher ein Highlight.

Und während sich die knapp 45-minütige Fahrt so langsam dem Ende entgegenneigt, kann man zu seiner Linken noch das imposante Gelsenkirchener Musiktheater im Revier bestaunen, bevor man erneut in der Finsternis der Gelsenkirchener Unterwelt verschwindet. Gemeint sind nicht die Randstadtteile in der Abenddämmerung, sondern das große schwarze Loch, in das die Bahn nun hineinfährt und das sie wieder für drei Haltestellen zu einer U-Bahn werden lässt.

Wenn Sie an dieser Stelle von Kultur immer noch nicht genug bekommen haben, so empfehle ich Ihnen hier am Gelsenkirchener Hauptbahnhof nun das Umsteigen in eine andere Straßenbahnlinie, die zwar nicht offiziell als Kulturlinie angepriesen wird, aber mit der Nummer 302 über Bochum-Wattenscheid ins Herz von Bochum an den Bochumer Hauptbahnhof führt. Von hier aus sind es nur noch wenige Schritte bis ins überregional bekannte Bochumer Bermuda3Eck. Hier gibt's Kultur satt – Kneipenkultur!

Weil die Rollschuhe hier einfach nicht rosten wollen

»Und er rollt und rollt und rollt« war vor vielen Jahren ein Werbe-spruch von Volkswagen. Er bezog sich auf das Kultauto VW Käfer und hatte ja auch irgendwie was Wahres an sich, da man die Dinger sogar heute noch vereinzelt über die Straßen des Ruhrpotts flitzen sieht.

Mit den Rollschuhen des *Starlight Express* in Bochum ist das ganz genauso. Seit 1988 wird das Musical hier im Ruhrgebiet in dem eigens dafür errichteten Starlight Express Theater aufgeführt und ein Ende ist nicht in Sicht. Die Rollschuhe wollen einfach nicht rosten und laufen und laufen und laufen. Die Halle ist regelmäßig voll und zieht nun schon seit einem Vierteljahrhundert Auswärtige und Einheimische hierher, um die Geschichte einer alten Dampf-lok zu erleben. Man kann nur mutmaßen, warum dem Ruhri seine Rollschuhaufführung so sehr ans Herz gewachsen ist.

Wenn ich an mein erstes Paar Rollschuhe und an den doch etwas ramponierten Straßenbelag vor unserem Haus denke, dann wird mir schon klar, warum man Rollschuhfahren auch mal in Perfektion erleben möchte. Dass sich ein Musical, das ja nicht mal einen unmittelbaren Bezug zum Ruhrgebiet oder zur Geschichte des Ruhrgebiets hat, so lange tapfer schlägt, ist aber schon außer-gewöhnlich. Auch die Tatsache, dass Kinder heutzutage oft gar nicht mehr wissen, dass man früher mal total »old school« auf vier Rollen, die nebeneinander und nicht wie bei Inlinern üblich hinter-einander angeordnet waren, durch die Ruhrpottstraßen zog, macht das Phänomen umso spannender.

Starlight Express ist mittlerweile das am längsten aufgeführte Musical der Welt. Andere Ruhrgebietsstädte, wie Essen oder Duisburg, sprangen in den Neunzigerjahren auf den Musicalzug des *Starlight Express* auf und schufen für viele Steuergroschen riesige Musicaltheater, in denen dann mehr oder minder erfolgreich diverse Produktionen vom Godfather of Musical Andrew Lloyd Webber oder anderen aufgeführt wurden.

Eine zweite Möglichkeit, das Phänomen *Starlight Express* mit seinen rasanten Rollschuhfahrten zu erklären, ist vielleicht die Tatsache, dass direkt neben der Halle die Autobahn A 40 verläuft. Da man hier eher das Stehen von vier Reifen beobachten kann, mag es sein, dass der Ruhri auch gerne mal vier Räder in Bewegung erleben möchte.

Die Aufführung selbst ist eine Meisterleistung der Organisation. Neben zahlreichen Kostüm- und Maskenbildern, die die aufwendigen Kostüme inklusive maßangefertigter Rollschuhe verwalten und reparieren, ist vor allem das technische Team bemerkenswert, das sich um die Funktionalität der Rollschuhe kümmert. Wie bei einem echten Formel-1-Rennen können die Darsteller des Musicals nämlich auch hier einen Boxenstopp während der Vorführung einlegen, falls mal eine Rolle klemmt oder ein anderes Problem auftritt. Das Technikteam bewerkstelligt dann fast genauso schnell den Reifenwechsel wie in der Formel 1 und zieht die Schräubchen nach. Über zehn Stunden täglich sind manche Paar Rollschuhe hier für Proben und Aufführungen im Gebrauch. Und mit uns Kindern wurde früher geschimpft, weil wir angeblich so lange mit unseren Rollschuhen unterwegs waren!

Geben Sie mal bei eBay »alte Rollschuhe« ein und staunen Sie, was Ihnen da für Schätzchen aus Omas Zeiten angeboten werden. Und wenn Sie sich über den hohen Preis ebenfalls ausgestaunt haben, dann begeben Sie sich doch mal in den eigenen Keller, um nach Ihren eigenen alten Galoschen Ausschau zu halten. Vielleicht haben Sie ja auch noch das gute alte Paar Rollschuhe im Regal liegen, mit dem Sie dann demnächst ganz cool nach Bochum fahren können, um dort das Musical *Starlight Express* zu besuchen. Übrigens: Bochum hat bei Bedarf auch eine gute Unfallchirurgie.

Weil diese Zeche einen Schönheitspreis gewinnt

Germany's next Topzeche. Die Bewerbungsfrist läuft seit dem 19. Jahrhundert. Hunderte Zechen sind angetreten, um bei Deutschlands erstem Zechencontest an den Start zu gehen. Doch wie so oft im Leben kann es nur eine geben. Die Konkurrenz ist hart. Zahlreiche Stilbauten, architektonische Schmankerl und Edelpütts ringen um den begehrten Titel. Die Jury besteht aus der fachkundigen Ruhrpottbevölkerung, die die Zechen über Jahre hinweg beobachten konnte. Nicht die Förderleistung war bei der Wahl zur besten Zeche maßgeblich. Auch die Anzahl der einstigen Arbeitsplätze ist nicht ausschlaggebend für das Urteil der Jury. Einzig und allein die Optik ist von Bedeutung.

Und hier nun das Urteil der Jury. Germany's next Topzeche wird knapp vor dem großen Bewerber Zollverein die Zeche Zollern in Dortmund.

Überzeugt hat die Jury vor allem die Symmetrie des gesamten Geländes und die Bauweise im Stile des Historismus. Doch wer ist diese Schönheit eigentlich? Und wo stammt dieses Talent her?

Die Zeche Zollern entstand um die Jahrhundertwende zwischen 1898 und 1904. Bereits damals entfaltete sie ihre Schönheit, die in nichts mit den üblichen Zechengeländen zu vergleichen war und in vielen Komponenten eher an eine barocke Schlossanlage als an ein Industriegelände erinnerte. Eine lange Allee führt heute auf das große gusseiserne Eingangstor zu. Über einen großen, mit Bäumen geschmückten Platz direkt am Eingang des Geländes gelangt man zu den einzelnen Gebäuden.

Die Häuser sind hier überwiegend im Stile der Backsteingotik gebaut und führen den Besucher zu den eigentlichen architektonischen Highlights. Die große Maschinenhalle und auch die ehemalige Lohnhalle haben maßgeblich Anteil daran, dass wir hier mit gutem Gewissen von Germany's next Topzeche sprechen können. Die beiden Fördergerüste wurden im Laufe der Zeit durch zwei baugleiche an derselben Stelle ersetzt. Ein gestandenes Model kann solch ein kosmetischer Eingriff aber nicht aus der Bahn werfen, ganz im Gegenteil gewann die Zeche danach noch mehr an Glanz, jeder Besucher kann sich nun oben auf den Fördergerüsten einen Eindruck vom ganzen Gelände und der Dortmunder Umgebung verschaffen. Von der Spitze des Förderturms erkennt man auch die Bauwerke, die hier im Zuge der Zechengründung entstanden sind. Insbesondere die Kolonie Landwehr, die benachbarte wasch-echte Zechensiedlung, passt sich architektonisch wunderbar in das Gesamtkonstrukt ein.

Heute ist die ehemalige Zeche ein großes Museum, das den Be-suchern nicht nur die Geschichte dieses Pütts näherbringen soll, sondern auch häufig als Veranstaltungsort genutzt wird. Es gibt hier Klavierfestivals und Theateraufführungen, aber die Räumlichkeiten können auch als Tagungsort oder für Hochzeiten gebucht werden.

Es ist also alles wie beim Menschen. Ein gewisses Maß an Schön-heit schafft Aufmerksamkeit und Interesse. Und auch wenn mal Teile durch andere ausgetauscht oder vergrößert werden, ist es immer eine Frage des Handwerkers, wie das Endprodukt aussieht.

Die Zeche Zollern hat sich durch langjährige Pflege und Liebe zum Detail zu einem absoluten Vorzeigebergwerk entwickelt, bei dem die geschichtliche Tradition im Mittelpunkt, aber die archi-tektonische Entstehungsgeschichte im Vordergrund steht. Diese Zeche muss in keinen Recall, sondern steht seit vielen Jahren als absoluter Star im Ruhrpott auf Platz eins.

KAPITEL 5

WENN SIE HIER WOHNEN MÖCHTEN (ODER MÜSSEN)

Weil wir so wortgewandt sind

Als kleine Verschnaufpause in diesem literarischen Frühwerk möchte ich Ihnen nun ein kleines Quiz präsentieren. Dieses Quiz wird zeigen, ob Sie bestimmte Ruhrpottbegriffe kennen und richtig deuten können. Sie erhalten je drei Antwortmöglichkeiten, von denen nur eine richtig ist. Und los geht's!

Frage 1: Was ist eine Dröppelminna?
a) Kaputtes Dach
b) Kaffeekanne
c) Wasserhahn

Frage 2: Was ist ein Bullenkloster?
a) Polizeiwache
b) Obdachlosenasyl
c) Kuhstall

Frage 3: Was ist ein Furchendackel?
a) Straßenfeger
b) Gerät im Bergbau
c) Mensch mit krummen Beinen

Frage 4: Was ist ein Brummfitz?
a) Kinderkreisel
b) Moped
c) Brausestangen

Frage 5: Was ist ein Brackmann?
a) Dicker Stein
b) Wacholderschnaps aus Herne
c) Gullydeckel

Frage 6: Was ist ein Krollekopp?
a) Betrüger beim Skat
b) Rollmops
c) Lockenkopf

Frage 7: Was ist ein Sesselmüffer?
a) Rentner
b) Beamter
c) Bürgermeister

Frage 8: Was ist ein Rotzkocher?
a) Pfeife
b) Hochofen
c) Kantinenkoch auf Zechen

Frage 9: Was bedeutet »Schwappes kriegen«?
a) Prügel beziehen
b) Rente beziehen
c) Angst bekommen

Frage 10: Was ist ein Pieselünder?
a) kleiner Dackel
b) überkorrekter Mensch
c) Lehrling im Bergbau

Frage 11: Was ist ein Hücksken?

a) uneheliche Tochter
b) kleine Hose
c) kleiner Raum

Frage 12: Was ist ein Flattermann?

a) Hahn
b) Torwart
c) Angsthase

Na? Souverän durchmarschiert,
oder doch hier und da Probleme gehabt?
Für jede richtige Antwort gibt es einen Punkt.
Die richtigen Antworten sind folgende:

1b, 2b, 3c, 4b, 5a, 6c, 7b, 8a, 9a, 10b, 11c, 12a.

Und hier die Auflösung – was sind Sie?

12 Punkte: Ruhrpott-Urgestein
10 oder 11 Punkte: Ruhrpott-Experte
8 oder 9 Punkte: Ruhrpott-Profi
6 oder 7 Punkte: Ruhrpott-Kenner
5 Punkte: Ruhrpott-Lehrling
3 oder 4 Punkte: Ruhrpott-Neuling
1 oder 2 Punkte: Zugezogener
0 Punkte: Alm-Öhi

Weil die Cranger Kirmes immer so voll ist

Wenn es Hochsommer wird im Ruhrgebiet, der Ruhri morgens ver-
träumt sein Kalenderblatt vom Juli abreißt und ihm der August ins
Gesicht springt, dann entdeckt er dort meist folgende Eintragung:
»Auf Crange gehen!«

Die einmal jährlich stattfindende Cranger Kirmes im beschaulichen Herner Stadtteil Crange ist nämlich für die meisten Ruhris
ein Pflichttermin. Chefs erfahren bereits im Januar von geplanten
Urlaubsanträgen für die Kirmeswoche und wichtige Erledigungen,
wie Gerichtsprozesse, Beerdigungen oder Kaiserschnitte, werden
entweder in den Juli oder in den September verschoben.

Dem Ruhri ist sein Crange heilig.

Und obwohl die Cranger Kirmes schon einige Jahre auf dem
Buckel hat – sie fing irgendwann im 15. Jahrhundert als kleiner
Pferdemarkt an –, ist sie heute angesagter denn je. Zugegeben, heute
sieht man nicht mehr allzu viele Pferde auf dem Markt, der sich nun
Kirmes nennt, aber ein paar arme alte Ponys traben immer noch
mit kleinen Kindern auf den Rücken geschnallt durch das große
Rund. Die Cranger Kirmes ist sicher eines der größten Volksfeste
Deutschlands, auch wenn man den Begriff »Größe« nicht so genau
definieren kann, da dies ja abhängig von der Fläche oder der Be-
sucherzahl ist. Somit lassen wir Ruhrpottler den Münchnern gerne
die Illusion, dass sie das größte Volksfest, nämlich das Oktoberfest,
ausrichten. Das Augustfest heißt im Ruhrpott aber Crange und ein
Bayernzelt haben wir hier ja schließlich auch, in dem man sich gepflegt die Hucke vollhauen kann.

Ihren Charme verdankt die Kirmes wohl auch der Tatsache,
dass sie inmitten des Stadtteils Crange, also mitunter auch in den
Wohnstraßen, stattfindet, was eine sehr persönliche Atmosphäre

schafft. Da finden sich unter Umständen auch mal Bratwurstgrills auf Hinterhöfen, wo sie eine gewisse Gemütlichkeit entfalten. Die eigentliche Kirmes findet aber auf dem großen Platz am Rhein-Herne-Kanal statt und bietet Leuten, die nicht an Platzangst leiden, knapp fünf Kilometer Budenfronten, an denen sich an guten Tagen über 400.000 Menschen drängeln, um Bratwürste zu vernichten oder Lose zu kaufen. Man sollte vielleicht nicht gerade den Kirmes-familientag (Mittwoch) aussuchen, um dem Fest einen Besuch ab-zustatten. Eine Anreise mit dem Auto macht auch keinen Sinn, da der Weg von zu Hause zu Fuß mitunter kürzer ist als der vom irgendwo ergatterten Parkplatz zum Kirmesgelände. Zahlreiche Busse fahren in enger Taktung direkt vom Kirmesgelände zu allen möglichen Ruhrgebietsbahnhöfen und wieder zurück und sorgen dafür, dass die Massen bestmöglich in Bewegung gehalten werden.

Ich persönlich habe das Glück, die Kirmes mit dem Fahrrad er-reichen zu können, was sich wiederum sehr gut mit dem Besuch der netten kleinen Biergärten auf dem Kirmesgelände verbinden lässt, die dort einladen zu beobachten, wie grün Menschen aus-sehen können, wenn sie aus einer Achterbahn steigen.

Die Kirmes punktet ebenso wie die anderen großen Volksfeste, also zum Beispiel die Rheinkirmes in Düsseldorf, mit sehr großen und aufwendigen Fahrgeschäften, die man nicht auf jeder Dorf-kirmes sieht und die einem den nötigen Adrenalinkick geben. Viele Fahrgeschäfte und Attraktionen haben einen festen Standort, während jedes Jahr auch neue interessante Errungenschaften der Ingenieurskunst den Platz erobern.

Das Schöne an der Cranger Kirmes ist aber ihre Familientauglich-keit, da vom kleinen Kind bis hin zur Oma jeder auf seine Kosten kommt – auf diese Weise wird die Cranger Kirmes zum idealen Aus-flugsort für alle Familien. Natürlich sollte man auch hier den einen oder anderen Taler einstecken. Im Verhältnis zu den überteuerten Preisen auf dem Münchner Oktoberfest kann man den Kirmes-besuch hier auch noch etwas günstiger über die Bühne bringen.

Die Cranger Kirmes. Hier verbringt der Ruhri seinen Jahresurlaub.

Besonders schön ist auf dem Kirmesgelände auch das Sehen und Gesehenwerden. Nicht, dass man dort ein Schaulaufen à la Königsallee in Düsseldorf praktiziert. Nein, aber auf der Cranger Kirmes begegnen einem schon illustre Gestalten oder ganze Gruppen, die zeigen, dass Kirmes wirklich was für jeden ist. Es gibt jedoch auch viele Ruhris, die seit ihrer Kindheit nicht mehr auf der Cranger Kirmes waren.

Leute, kommt »auf Crange«, denn die Cranger Kirmes ist das Volksfest Nummer eins im Ruhrgebiet. Anders als das Oktoberfest in München funktioniert diese Veranstaltung nämlich auch ohne betrunkene Neuseeländer, die sich lachend volle Bierhumpen über den Schädel ziehen.

Und wenn Sie immer noch nicht wissen, wie Sie anreisen sollen, dann machen Sie es doch ganz exklusiv und fahren Sie mit der Weißen Flotte über den Rhein-Herne-Kanal. Die hält nämlich zu Kirmeszeiten extra dort und bietet an zahlreichen Punkten kanalab- und kanalaufwärts Zustiegsorte auf die Schiffe.

Weil Duisburg trotz Schimanski noch gut aussieht

Viele Menschen, die Duisburg besuchen, wundern sich, dass es dort doch eigentlich ganz nett aussieht. Hat denn Schimanski in den Achtzigerjahren nicht dafür gesorgt, dass die ganze Stadt in Schutt und Asche gelegt wurde? War es nicht er, der um brennende Mülltonnen getanzt ist und »Sch…« geschrien hat? War es nicht der gute alte Horst, der uns auf der Mattscheibe gezeigt hat, dass Duisburg nur aus Schornsteinen und Proleten besteht?

Na ja, das ist lange her und irgendwie haben wir unseren Prollkommissar dafür ja auch lieb gewonnen. Aber die Zeiten haben sich geändert. Genauso wie Horst Schimanski sein gutes altes Duisburg nicht mehr wiedererkennt, erkennen die Besucher der Stadt die Straßen nicht mehr wieder.

Die Stadt Duisburg hat in den letzten Jahren und Jahrzehnten im Zuge des Strukturwandels im Ruhrgebiet eine der größten Veränderungen erlebt. Sie ist immer noch eine Stadt, in der die Schornsteine qualmen, da hier immer noch Stahl produziert wird. Aber die Kirche können wir im Dorf lassen: Schimanski hat die Straßen Duisburgs zwar erfolgreich von Mördern und anderem Gezumpel befreit, aber den Strukturwandel hat er nicht selbstständig gewuppt. Den Abrissbagger fuhren andere.

Es ist bezeichnend, dass die erste Folge von Hotte Schimanski im Stadtteil Ruhrort spielte, denn hier war und ist immer noch der größte Binnenhafen der Welt. Duisburg ist also immer noch ein Hort ehrlicher Arbeit und festen Zupackens. Schimanski hätte seine Freude gehabt.

Aber da Duisburg großflächig ist, konnten auch sehr schöne Freiräume für Natur und Freizeit entstehen. Der Zoo Duisburg ist eine Institution, die weit über das Ruhrgebiet hinaus bekannt ist.

Grüne Oasen, wie zwei botanische Gärten, die Wasserwelt Wedau an der Regattabahn im Sportpark oder der mittlerweile ergrünte Landschaftspark Nord, zeigen, dass Duisburg den Strukturwandel ernst nimmt und man nicht das graue Mäuschen des Ruhrgebiets sein möchte. Natürlich wurde ein Schimanski beim Sonnenbaden am Rhein damals lieber vor der Kulisse des Stahlwerks gefilmt, aber der Schein trügt. Duisburg ist mehr als Industrie und bietet auch Kulturinteressierten und Nachtschwärmern ein breites Angebot.

Der komplett umgestaltete Innenhafen zum Beispiel hat sich zum gastronomischen Highlight entwickelt und zahlreiche Museen, wie das Museum der Deutschen Binnenschifffahrt, laden zu einem Besuch ein. Der MSV Duisburg ist das sportliche Aushängeschild der Stadt in Sachen Fußball. Auch wenn das Schild derzeit extrem schief hängt, der MSV hat Tradition und wird diese zukünftig hoffentlich auch erfolgreich weiterführen.

Tja, Horst, da guckste, wa! Seit du alle Gangster einkassiert hast, konnte Duisburg aufblühen. Egal, welcher Bürgermeister gerade das Zepter schwingt oder schwingen durfte. Duisburg lässt sich nicht von seinem Weg abbringen, den Strukturwandel weiterzuführen und eine sehenswerte Stadt zu sein und zu bleiben.

Und da ja dein lieber alter Kollege Christian Thanner eher der Bürokrat in eurem Polizeipräsidium war, hier noch ein paar nüchterne Fakten zu deiner alten Heimat Duisburg:

Mit 232 Quadratkilometern ist sie eine verdammt großflächige Stadt. Immerhin hat sie fast 500.000 Einwohner und ist damit auf der Liste der größten Städte Deutschlands auf Rang 15. Auf der Liste der coolsten Kommissare bist du aber unangefochten auf Platz eins und wirst es auch immer bleiben.

Weil in der Gruga schon die Beatles gespielt haben

Wenn es bei uns familienintern mal wieder um das Thema Musik, Musikgeschmack oder Live-Musikevents geht, dann ging in der Vergangenheit oft die Strunzeritis um, wer denn wohl das bedeutendste Event besucht hat.

Ich erinnere mich dann gerne an einen ziemlich coolen Auftritt der Rolling Stones im Jahre 1990 im guten alten, aber mittlerweile abgerissenen Parkstadion zu Gelsenkirchen. Meine liebe Tante hat sogar schon Bill Haley live erlebt. Den Vogel abschießen können aber regelmäßig meine Eltern, wenn die Rede auf das legendäre Konzert der Beatles in der Essener Grugahalle auf den Tisch kommt. Dieses erlebten die beiden im Jahre 1966 in der damals gerade mal acht Jahre alten Halle im Essener Süden nämlich live und in Farbe. Himmel, ist das nicht der Hammer?

Strunzeritis beendet. The winner is: meine Eltern.

Die Grugahalle hatte schon immer etwas Magisches, da die Liste derer, die in dieser Halle schon live performt haben, sich wirklich wie das *Who is Who* der Musikgeschichte liest. Egal ob die Rolling Stones, Joan Baez, Queen, Led Zeppelin, Depeche Mode oder Frank Zappa, sie alle waren schon dort und sorgten im Laufe der Jahrzehnte dafür, dass die Grugahalle zu *der* Veranstaltungshalle des Ruhrgebiets wurde. Sie bildet heute zusammen mit den Messehallen der Stadt Essen einen Verbund und ist zudem direkt am gleichnamigen Grugapark angesiedelt.

Außergewöhnlich war von Anfang an auch die Architektur, die Halle mutet wie ein großer Schmetterling an, in dessen Flügeln die Zuschauertribünen Platz finden. Inklusive des Innenraums bietet die Halle gut 10.000 Menschen die Möglichkeit von unvergessenen Konzertabenden.

Aber Größe war eigentlich nie das, womit die Halle punkten konnte, was aber wohl auch ihr großer Vorteil war. Wenn man in der Gegenwart die Grugahalle in Essen mit den großen Multifunktionsarenen in Oberhausen, Köln oder dem Stadion in Gelsenkirchen vergleicht, dann ist sie mittlerweile wohl eher eine Randerscheinung, was Modernität und Größe betrifft. War sie mal der Ballsaal im musikalischen Schloss Ruhrgebiet, dann ist sie jetzt eben das gemütliche Musikzimmer, in dem immer noch zahlreiche bedeutende Künstler auftreten und die Massen begeistern.

Okay, die Legenden von damals findet man hier mittlerweile eher selten, aber die von morgen geben sich immer noch regelmäßig ein Stelldichein, denn die Halle hat ja gerade durch die etwas geringere Anzahl an Zuschauerplätzen die Möglichkeit, eine Nische jenseits der Hochglanzstars zu besetzen.

In den späten Siebziger- und frühen Achtzigerjahren waren in der Grugahalle die *Rockpalast*-Nächte, die dort vom Westdeutschen Rundfunk ausgetragen wurden, legendär. Heutige Weltstars reiften dort zusammen mit ihrem Publikum und machten die Grugahalle deutschlandweit bekannt. Man ging halt regelmäßig »inne Gruga«, wenn man was sehen und erleben wollte.

Wie überall bei alten Gebäuden im Ruhrgebiet gab es auch für die Grugahalle Abrisspläne, aber das kleine Juwel unter den Veranstaltungshallen wurde erhalten und ist mittlerweile mehrfach saniert.

Heute finden neben so spannenden Sachen wie politischen Treffen und Jahreshauptversammlungen großer Konzerne vor allem Comedyevents und auch Specials wie Schallplattenbörsen dort statt. Auch die Eisrevue *Holiday on Ice*, die dort jedes Jahr zur Weihnachtszeit ihre Zelte aufschlägt, gehört dort schon zum Inventar.

Solange es mir in den nächsten Jahren nicht gelingt, in der Grugahalle den auferstandenen Elvis Presley live auf der Bühne zu erleben, werde ich mich übrigens an diesen familieninternen Strunzeritis-Wettbewerben nicht mehr beteiligen.

Live Is Life kann man da nur sagen.

Weil »die Haard« nichts mit Bruce Willis zu tun hat

Ja, es ist schon cool, ein Waldstück im Ruhrgebiet nach einem Film mit Bruce Willis zu benennen, auch wenn Bruce Willis eher Städte kaputtschlägt und mit Wäldern doch recht wenig zu tun hat. Aber Spaß beiseite, denn *Die Hard*, also *Stirb langsam*, ist die eine Sache und das weitläufige Waldstück inmitten des Ruhrgebiets »die Haard« die andere.

Man sollte Städte, wie zum Beispiel Marl oder Oer-Erkenschwick, nicht frecherweise als Parkplatz des Ruhrgebiets bezeichnen, aber das dort liegende Waldgebiet die Haard ist mit dem Auto tatsächlich nur ein paar Fahrminuten von den Zentren entfernt. So wie eigentlich alles im Ruhrgebiet ein paar Fahrminuten entfernt ist.

Einmal dort angekommen, ist man aber fasziniert wie ein kleines Kind im Schwarzwald. Unzählige Wanderwege, üppiges Grün und eine so geräuscharme Umgebung wie dort im Herzen des grünen Ungetüms findet man im Ruhrgebiet sicher nicht an jeder Eckkneipe. An den Sonntagen, wenn alle Jogger und Radfahrer was gegen ihr schlechtes Gewissen unternehmen wollen, kann es mitunter zwar etwas voller werden, aber die Weitläufigkeit des gesamten Geländes macht es einem einfach, auch diesen Horden zu entkommen, um sich gepflegt der Einsamkeit und Ruhe zu stellen.

Vorsicht ist allerdings geboten, wenn man sich zu später Stunde in den Wald begibt. Nicht dass einem dann Waldhobbits die Taschen leerplündern. Nein, aber die Haard ist ein durchaus weitverzweigtes Gebiet mit vielen Wegen, Pfaden und Kreuzungen, an denen sich schon so mancher verlaufen hat. Ja, es ist der Autor gemeint. Ich gebe es ja zu.

Verlaufen für Fortgeschrittene ist also möglich und sollte dazu genutzt werden, sich mit einem Picknickkorb bewaffnet einen schönen Platz zu suchen, um auf den bösen Wolf zu warten. Ein recht hoher Feuerwachturm der hiesigen Forstbehörde lädt zudem ein, sich mal ein Bild von oben zu machen und das grüne Blätterdach des Ruhrgebiets zu bestaunen. Fordern Sie von jedem, der dort oben den Satz sagt: »Boah, so grün hab ich mir den Ruhrpott gar nicht vorgestellt«, einen Euro ein und Sie werden diesen Tag als reicher Mann beenden.

Auch die Tier- und Pflanzenvielfalt, die man hier zu Gesicht und Ohr bekommt, ist für eine ehemalige Industrieregion schon bemerkenswert und lässt einen vergessen, dass man inmitten des Ruhrgebiets mit über 5,1 Millionen Menschen wohnt.

Den Abschluss eines erholsamen Tages im Land von Bruce Willis und *Stirb langsam* bildet häufig ein Besuch in einer der zahlreichen, aber ebenfalls gut versteckten Gaststätten am Rande des Naherholungsgebietes, die einen bei einem schönen Pils vergessen lassen, wie kräfteraubend doch Spazierengehen sein kann. Und wenn dann die ersten Reiter auf ihren Pferden von einem Ausflug aus dem pferdefreundlichen Waldstück zurückkehren, ihre Gäule an die Leine legen und wie John Wayne in den nach Kuchen duftenden Ausflugssaloon einkehren, dann blamieren Sie sich beim Bezahlen bloß nicht mit dem Bruce-Willis-Zitat: »Yippie-ya-yeah, Schweinebacke!«

Weil der Ruhrpott Filmkulisse ist

Es fällt dem Ruhrpottler ja häufig nicht leicht, die Klappe zu halten. Daher zieht es immer wieder mal Filmteams ins Ruhrgebiet, die diesen Job übernehmen und dazu noch laut brüllen: »Klappe, die Erste!«

Der Ruhrpott war neben den Großstädten Köln, Berlin oder München immer schon eine beliebte Kulisse für Filme. Zwar nicht so ausufernd und irgendwie mit anderen Hintergründen, aber doch regelmäßig präsent.

Während die Großstädte die passende Kulisse für geschniegelte Hochglanzkrimis oder Til-Schweiger-Komödien in Penthouse-wohnungen boten, konterte das Ruhrgebiet oft mit Schauplätzen der anderen Art. Insbesondere die urigen Ecken, alte Straßen-züge, die Geschichte um Kohle und Stahl oder schlichtweg die Charakterisierung des Menschenschlages hier boten Filmemachern die Möglichkeit, ihrer Fantasie freien Lauf zu lassen. Natürlich wurde das Ruhrgebiet nicht in allen Filmen sympathisch und schön gezeigt, vieles wurde auch überspitzt dargestellt. Aber viele Perlen der Unterhaltungskunst, die das Ruhrgebiet auf Zelluloid konserviert haben, zeigen es von einer spannenden und zumeist auch humorvollen Seite.

Nichts zu tun hat das mit aktuellen Fernsehserien, wie zum Beispiel *Der letzte Bulle*, eine Serie, die zwar in Essen spielt, aber in Wahrheit überwiegend irgendwo anders gedreht wird. Filme-macher jedoch, die das Ruhrgebiet aus eigener Erfahrung kennen und schätzen, haben dazu beigetragen, dass hier richtige Kultfilme und -serien entstanden sind.

Ganz weit vorne ist natürlich der allseits beliebte Kommissar Schimanski, der vor vielen Jahren neben dem etwas drögen Essener

Kommissar Haferkamp in Duisburg die Fälle für den *Tatort* löste. Und das mit viel Lokalkolorit und einer guten Portion Humor.

Auch Marius Müller-Westernhagen hatte im Ruhrgebiet mal eine wilde Zeit jenseits der Designerfummel und trottete als Zocker Theo durch das damals doch sehr schwarze Herne, um von dort aus die Welt zu erobern. *Theo gegen den Rest der Welt* und sein filmischer Vorgänger *Aufforderung zum Tanz*, mit der herrlichen Tana Schanzara, sind daher mittlerweile richtige Raritäten Marke Ruhrpott geworden.

Adolf Winkelmann, ein Filmemacher aus dem Ruhrgebiet, setzte mit den Kultfilmen *Die Abfahrer* und *Nordkurve* ebenfalls Akzente. Sein Film *Jede Menge Kohle* zeigt das Ruhrgebiet von seiner coolsten Seite (Zitat: »Es kommt der Tag, da will die Säge sägen.«).

Etwas verwirrend war für viele die erfolgreiche Serie *Rote Erde*, da sie eben nicht im Ruhrpott, sondern in den Münchner Bavaria Studios gedreht wurde. Das war in etwa so, als würde man *Heidi* in Herne-Baukau drehen. Die alte Zechensiedlung und das Werksgelände aus der aufwendig produzierten Serie ließen sich aber im Ruhrgebiet der heutigen Zeit nicht mehr originalgetreu finden, sodass man Kulissen schaffen musste. Schauspieler mit Ruhrgebietswurzeln, wie Klaus J. Behrendt oder Claude-Oliver Rudolph, rissen das Ganze dann aber wieder raus und machten die Serie sehr sehenswert.

Peter Thorwarth, du alter Experte, hast uns Ruhris dann in der Neuzeit eine Trilogie geschenkt, die uns wieder stolz auf die Region machte. Zahlreiche Kultköpfe wie Diether Krebs, Ralf Richter, Martin Semmelrogge und andere sorgten dafür, dass der Film *Bang Boom Bang* Ende der Neunzigerjahre der Oberburner in Sachen Ruhrpottfilm wurde. Der Film lief sogar über Jahre einmal wöchentlich für alle Fans im Bochumer UCI-Kino. Und während mittlerweile jeder Ruhrpottler seine schönen Dialoge auswendig kann (Zitat: »Ich bin da wat am Planen dran.«), folgten die weiteren Filme der Unna-Trilogie *Was nicht passt, wird passend gemacht* und *Goldene Zeiten*.

Ein weiteres Highlight des Filmschaffens in Sachen Ruhrpott ist aber eine Produktion aus dem Jahre 1973, in der ein gewisser Wolfgang Petersen Regie führte. Bevor er in Hollywood mit der *Air Force One* flog oder die ganze Welt in *Outbreak* dem Untergang weihte, wütete der junge Petersen nämlich mit der späteren Mutter Beimer aus der *Lindenstraße* im Ruhrpott. Seine Geschichte über eine fiktive Smogkatastrophe wurde in *Smog* für damalige Verhältnisse so lebensecht realisiert, dass besorgte Zuschauer beim Sender anriefen und nachfragten, ob die Welt nun tatsächlich unterginge und ob man denn morgen wieder mit dem Auto zum Brötchenholen fahren dürfe.

Liebe Kinder, Smog ist etwas, was ihr höchstens noch aus der Raucherecke auf dem Schulhof kennt. Im Ruhrpott war es früher jedoch gelegentlich mal möglich, dass die Luft, bedingt durch das Wetter in Verbindung mit Autoabgasen und Industrie, so versaut war, dass ihr alle schulfrei bekommen hättet. Heute ist das Phänomen dank Rauchverbot in Kneipen, guten Katalysatoren und weniger Schlöten eher selten geworden.

Der Ruhrpott ist und bleibt also eine beliebte Bühne für Filmschaffende aus aller Welt. Auch im Movie Park in Bottrop werden und wurden in den dazugehörigen Hallen nämlich immer mal wieder nationale und internationale Produktionen angeschoben.

Dabei hatte ich mal das Glück, »Cyrus the Virus«, alias John Malkovich, an einer Hotelbar zu treffen. Mann, dachte ich, Hollypott in Germany.

Weil – SCHREBERGÄRTEN!

Ein Buch über den Ruhrpott zu schreiben, ohne das Thema Schrebergärten zu behandeln, geht nicht. Das ist so, als würde man ein Buch über Angela Merkel schreiben und vergessen zu erwähnen, dass sie auch mal Bundeskanzlerin war.

Während man in anderen Städten Deutschlands eher von einer Laubenkolonie spricht, in der die Parzelle dazu einlädt, Obst und Gemüse anzupflanzen, hat sich im Ruhrgebiet der Name Schrebergarten irgendwie durchgesetzt beziehungsweise sagt der Ruhri eher »Schräbbagaatn«. In dem steht dann seine Laube, sein Ein und Alles in Sachen Minihäuschen und idealer Rückzugsort, wenn es in den heimischen vier Wänden mal wieder zu eng oder zu laut wird.

Dabei hat der Leipziger Arzt Herr Schreber die Dinger gar nicht mal erfunden, sondern war nur Namensgeber. Eigentlich war es ein Pädagoge namens Hauschild, der irgendwann anno Zwieback den ersten Schreberverein gründete und damit das Kleinod des Ruhrpottlers ins Leben rief. Ein Musterstück von deutscher Pingeligkeit, Ordnungsfetischismus und bürokratischem Wahnsinn mit der positiven Note der Möglichkeit der Erholung und des Ackerbaus war geboren.

Der Hintergrund vieler Schrebergärten im Ruhrgebiet, insbesondere nach dem Zweiten Weltkrieg, war nämlich der, dass die Bevölkerung, geschunden von Hitler und seinen Trotteln, nun endlich mal wieder Zugang zu gesunden Lebensmitteln erhalten sollte. Schrebergärten boten also nach dem Krieg, der das Ruhrgebiet ja mitunter sehr stark erwischt hatte, nicht nur die Möglichkeit, ein Dach über dem Kopf zu haben, sondern auch die, in der eigenen Parzelle Lebensmittel zu züchten. Zu dieser Zeit waren die

Schrebergärten also eine Art Jugendherberge und Aldi in einem, die es den Menschen im Ruhrgebiet leichter machten, ihren Alltag in den Griff zu bekommen.

Irgendwann im Laufe der folgenden Jahrzehnte lief dann aber anscheinend alles aus dem Ruder. Spätestens als die ersten Gartenzwerge aus Plastik die Schrebergärten bevölkerten, wusste der Ruhrpottler, dass nun der deutsche Ordnungsfanatismus und die deutsche Spießigkeit in die Schrebergartenanlage Einzug gehalten hatten. Jeder Schrebergartenverein benötigte nun eine Satzung, die es ermöglichte, festzulegen, wie hoch die Hecke des Nachbarn sein darf und in welche Himmelsrichtung die Gartenzwerge ausgerichtet sein müssen.

Eine ordentliche Satzung eines Kleingartenvereins im Ruhrgebiet hat heutzutage in etwa die Dicke des Telefonbuches von Neu-Delhi und zeigt, wie heilig der Schrebergarten im Ruhrgebiet mittlerweile ist. Der typische Kleingärtner, mit Unterhemd, einer Flasche Stauder-Bier und einer vergoldeten Schubkarre, ist statistisch gesehen mittlerweile über 60 Jahre alt. Aber auch junge Familien zieht es heute immer mehr in die Schrebergärten der Städte. Es findet ein Generationenwechsel statt, der das Bild des klassischen Schräbbergärtners verändert.

Mehrere Tausend solcher Schrebergärten zieren derzeit viele Ecken des Ruhrgebiets und sorgen inmitten des Großstadtmolochs für ein kleines Stück Natur und Gemütlichkeit. Hier hat der Ruhrpottler sein eigenes Reich. Hier hat er was Eigenes. Hier kann er stolz sein Jodeldiplom an die Wand hängen und sich zu Hause fühlen. Fahnenmasten mit den entsprechenden Flaggen in Schwarz-Rot-Gold, Blau und Weiß oder Schwarz und Gelb symbolisieren in den Parzellen deutlich, welche Monarchie in der Burganlage Schrebergarten gerade herrscht.

Bemerkenswert ist aber auch der Zusammenhalt und die Menschlichkeit in solchen Kleingartenanlagen. Diskussionen um Maschendrahtzäune oder zu laute Musik erstickt die erwähnte Satzung direkt im Keim und so entsteht Platz für Zwischenmenschliches, wie die legendären Kleingartenfeste. Man hilft sich und schätzt sich. Und der latente Zwang, den schönsten Garten präsentieren zu müssen, sorgt heutzutage dafür, dass sämtliche Gärten permanent optimiert und gepflegt werden.

Weil hier die Rennpferde des kleinen Mannes flogen

Lieber die Taube im Bett als den Spatz auf dem Dach! So oder so ähnlich lautet ja ein bekanntes deutsches Sprichwort. Auch im Ruhrgebiet waren und sind Tauben ziemlich angesagt. Welch possierliche Tierchen, werden Sie nun denken. Geschmückt mit einem bezaubernden, aber stinklangweiligen aschgrauen Federkleid. Gespickt mit zahlreichen Keimen, Parasiten und Krankheitserregern. Auf dem Parkett deutscher Fußgängerzonen in Massen auftretend. Zauberhaft!

Und spätestens, wenn Sie morgens zu Ihrem Auto kommen und feststellen, dass Ihnen mal wieder eine Taube von der Größe eines Steinadlers die Windschutzscheibe vollgeschissen hat, werden Sie anfangen, die lieblichen Tierchen in Ihr Herz zu schließen.

Diese Liebe zu den Tauben entstand im Ruhrgebiet bereits im 19. Jahrhundert, als es weniger darum ging, seine steinharten Brotreste an die Tiere zu verfüttern, sondern die Tauben vielmehr als Brieftauben zum Einsatz kamen, was sich im Ruhrpott zu einem wahren Sport entwickelte.

Der Brieftaubensport war geboren und bot den ländlichen Einwanderern im Zuge der Industrialisierung die Möglichkeit, ein wenig Heimatkolorit ins Ruhrgebiet hinüberzuretten. Die Behausungen vieler Menschen im Ruhrpott, die kleinen Zechenhäuser, eigneten sich ideal dafür, die Tiere so zu halten, dass einer Zucht nichts im Wege stand. Zahlreiche Dachböden mutierten damals zu Taubenschlägen und sorgten für die Geburtsstunde der »Rennpferde des kleinen Mannes«. So nannte man die Taubenpopulation eines jeden Malochers, der was auf sein Hobby hielt. In erster Linie dienten die Tiere zwar nicht tatsächlich dem Transport von Poststücken, auch wenn die Erfindung von E-Mail und Fax noch weit entfernt lagen.

So richtig ab ging die Post dann im Laufe des 20. Jahrhunderts, als die Gründung von Taubensportvereinen im Ruhrgebiet ihren Höhepunkt erreichte und zahlreiche Ruhris in einen gnadenlosen Wettkampf traten, wer denn die schönste Taube über die weiteste Distanz fliegen lassen konnte. Nicht, dass Sie das jetzt mit den klassischen Hahnenkämpfen in Kambodscha verwechseln, wo sich die Gockel so lange die Federn ausrupfen, bis einer tot umfällt. Nein, der Ruhri liebte seine kleinen Rennpferde und hegte und pflegte sie. Mitunter mehr als seine eigene Ehefrau, die eine Etage unter dem Taubenschlag die Krise bekam, wenn mal wieder säckeweise das Futter für die Tiere angeschleppt wurde.

Die Liebe zu den Tieren geht im Ruhrgebiet sogar so weit, dass 1972 die damals weltweit erste Taubenklinik in Essen gegründet wurde, die sich heute größter Beliebtheit erfreut. Viele Züchter nutzen noch immer die Möglichkeiten, die sich dort bieten.

Heutzutage hat der Taubensport im Ruhrgebiet eine andere Bedeutung erlangt, da die klassische Zucht und der Wettbewerbsgedanke mit Turnieren in den Hintergrund getreten sind.

Das liegt zum einen am fehlenden Nachwuchs, der sich heutzutage lieber mit dem Abschießen von Moorhühnern auf dem PC amüsiert, und zum anderen an den fehlenden räumlichen Möglichkeiten, eine Taubenzucht zu unterhalten. Fragen Sie doch mal den Vermieter Ihrer Balkonwohnung im sechsten Stockwerk, ob Sie dort im Laubengang eine Taubenzucht einrichten dürfen.

Trotzdem bleiben aber die Rennpferde des kleinen Mannes ein traditionelles und markantes Stück Ruhrpottkultur, das einen großzügig verzeihen lässt, wenn man erkennt, dass man sein Auto nicht zwei Wochen lang unter einem Baum parken sollte, in dem sich auch gerne Tauben aufhalten.

Weil ein Fass Bier keine Wanne Eickel ersetzt

Bürger des Ruhrgebiets, schaut auf diese Stadt. Verlasset eure Häuser und geht auf die Straße. Hisst die Banner und ruft lautstark: »Freiheit für Wanne-Eickel!«

Die Gebietsreform von 1975 hat den Menschen in diesem beschaulichen Städtchen inmitten des Ruhrgebiets ihre Eigenständigkeit geraubt. Und diese fordere ich hiermit zurück.

Wanne-Eickel ist heute ein Stadtteil von Herne und wird in den meisten Navis nur noch ganz simpel Herne-Wanne genannt. Ein schlimmer Name für eine einst eigenständige Stadt, finden Sie nicht? Wäre Wanne in den fiktiven Ort »Bade« eingemeindet worden, so wäre das sprachliche Elend noch schlimmer. Und der waschechte Wanner weiß seit vielen, vielen Jahren: Ein Fass Bier ersetzt keine Wanne Eickel. Ich gebe zu: Der Gag kommt besser, wenn man weiß, dass es mal die Biersorte Eickel Pils gab.

Wanne-Eickel liegt im Ruhrpott ziemlich weit in der Mitte und muss sich doch seit vielen Jahren mit dem Klischee des Kleinbürgerlichen und Piefigen auseinandersetzen. Die stark gewachsene Industrielandschaft der letzten Jahrhunderte sowie die vermeintlich schlechte Infrastruktur mit wenig Grün und viel Hinterhofatmosphäre machte aus Wanne-Eickel über lange Zeit das schmutzige Kind im Kindergarten Ruhrgebiet. Zumindest wenn es von Außenstehenden betrachtet wurde.

Dabei hat Wanne-Eickel viel mehr zu bieten und daher ein Anrecht auf die Rückabwicklung der Eingemeindung in die Stadt Herne. Wie sieht das auch aus? Wanne war schließlich mal die am dichtesten besiedelte Stadt in ganz Deutschland. Wanne war voll, konnte man da sagen. Wenn Sie in der Innenstadt mal das Standbein wechseln wollten, dann stand da schon einer. Ja, so voll war

Wanne-Eickel mal. Die Bindestrichstadt hat zudem die meisten Nachbarstädte. Herne kann sich also glücklich schätzen, dass ihr damals die beschauliche Stadt einverleibt wurde. Sonst würde es vielleicht heute Gelsenkirchen-Wanne heißen.

Heute hat sich Wanne natürlich, ebenso wie alle anderen Ruhrgebietsstädte, gewandelt. Die Industrie wurde von der Abrissbirne geküsst und aus Wanne wurde Herne 2 – so die postalische Bezeichnung – und später eben Herne-Wanne.

Wanne hat so einige schöne Bauten, die man in dieser Stadt nicht vermutet. Herausragende Beispiele unter vielen sind das Wanner Rathaus, die Hauptpost oder der Hauptbahnhof. Auch der Mondpalast, Deutschlands großes Volkstheater, in dem zahlreiche originale Ruhrpottstücke gespielt werden, ist in Wanne bestens aufgehoben und lockt viele Menschen in die Stadt, pardon, den Stadtteil.

Das einzige große Rätsel, welches in Wanne-Eickel allerdings nie gelöst wurde, ist die Frage nach dem »Mond von Wanne-Eickel«, nach dem auch der Mondpalast benannt wurde. Das Lied *Der Mond von Wanne-Eickel* wurde 1962 von Friedel Hensch veröffentlicht und hat sich in Wanne zu einem musikalischen Gassenhauer entwickelt. »Nichts ist so schön wie der Mond von Wanne-Eickel«, wird da lauthals geschallert. Böse Zungen behaupten, dass mit diesem Mond die sogenannte Säufersonne gemeint ist, also der Vollmond, der einem ins Gesicht scheint, wenn man morgens um fünf die letzte Kneipe Wannes unsicher gemacht hat.

Gute Zungen wiederum behaupten, das Besondere am Mond von Wanne-Eickel sei, dass man ihn überall auf der Welt bewundern kann. Glauben Sie nicht? Schauen Sie sich den Mond von Wanne-Eickel bei Ihrem nächsten Besuch mal genau an. In Ihrem Sommerurlaub an der Küste Spaniens werden Sie in sternenklaren Nächten feststellen, dass dies derselbe Mond ist. Der Mond von Wanne-Eickel ist also weltweit zu sehen und macht Werbung für eine sympathische Stadt im Pott.

Und was die Befreiung Wannes aus den Klauen Hernes betrifft, so wurde nun ein erster Schritt unternommen, indem Autofahrer ihr Fahrzeug nun wieder mit dem ursprünglichen Kennzeichen WAN statt HER für Herne schmücken dürfen.

»Ab inne Wanne«, wie Mutter früher immer sagte, oder: Wanne is looking for freedom.

Weil der Gelsenkirchener Barock
woanders nichts zu suchen hat

Meine Omma hatte früher einen Schrank. Der Rest der Familie fragte sich seit der Anschaffung dieses Möbels allerdings, ob im selbigen meiner Omma noch alle Tassen stünden, weil das Ding für die Wohnung doch viel zu groß sei. Die Generation vor uns mochte solche Schränke aber, sodass von diesem Zeitpunkt an die Stilrichtung des Gelsenkirchener Barock Einzug in deutsche Wohnzimmer hielt.

Der Gelsenkirchener Barock zeichnet sich ja dadurch aus, dass die entsprechenden Möbelstücke meist klobig, schwer und über alle Maßen aufwendig verziert waren, was in jeder kleinen Ruhrpottbude für ein feudales oder monarchisch angehauchtes Flair sorgen sollte. Wenn man als armer Malocher im Ruhrpott schon nicht König war, konnte man sich in der Ansammlung solcher Möbel zumindest wie einer fühlen.

Nebeneffekt: Selbst bei groben Familienstreitigkeiten gingen die Dinger einfach nicht zu Bruch, sodass irgendwann in jeder guten Familie die Omma auf die Tochter zukam mit den Worten: »Kind, ich hab da noch son schönen alten Wohnzimmerschrank. Willse den nicht haben?«

Sperrmüllabholende Betriebe hatten zu dieser Zeit Hochkonjunktur, da kein Mensch diese total aus der Mode gekommenen Trümmer mehr gebrauchen konnte oder gar in sein Wohnzimmer stellen wollte.

Die Geschichte des Gelsenkirchener Barock beginnt aber viel früher. Bereits zur Wende vom 19. zum 20. Jahrhundert wurden in Deutschland und natürlich auch im Ruhrgebiet unter der Bezeichnung »altdeutsche Möbel« ebendiese Trümmer verkauft.

Auch sie bestachen schon damals durch aufwendige Verzierungen und Üppigkeit in Form und Gestaltung. Nach dem Zweiten Weltkrieg, das Wirtschaftswunder war gerade geboren, zogen die bereits allseits beliebten Möbelstücke dann in Tausenden Wohnzimmern ein.

Die Kriegsjahre hatten dafür gesorgt, dass dem Ruhri mal wieder der Sinn nach Bürgerlichkeit und Gemütlichkeit stand, sodass sich nun jede Ruhrpottfamilie ihre kleine Puppenstube schaffte. Dass die zweifelhafte Betitelung »Barock« dann ausgerechnet zusammen mit Gelsenkirchen zu einem Schlagwort wurde, war eher Zufall. Gelsenkirchen war zur damaligen Zeit ein Schwerpunkt der deutschen Industrie und Sinnbild für Tausende Familien aus dem Arbeitermilieu, die sich mit vermeintlich eleganten Möbeln abseits ihres harten Alltags schmücken wollten. Auch meine Omma gehörte dazu und so lieferten Möbelhäuser aus der ganzen Umgebung diese Ungetüme von Schränken und Couchen in die ganze weite Ruhrpottwelt.

Im Prinzip handelte es sich jedoch um Massenware, die furnierbezogen nur scheinbar den Eindruck von solider und massiver Möbelbaukunst erweckte. Die Fachwelt hat den Begriff »Gelsenkirchener Barock« bis heute nicht als eigenständigen Möbelstil zugelassen. Er wird immer noch als Persiflage des altdeutschen Stils gesehen.

Gerade das ist aber der Grund, warum man den Begriff im Ruhrpott so zu schätzen weiß und er über Generationen hinweg überlebt. Er steht mittlerweile nicht nur für die meist längst verschrotteten alten Möbel, sondern für jeglichen künstlerisch überladenen Stilmix an allen erdenklichen Alltagsgegenständen. Deutschlandweit hat der Begriff »Gelsenkirchener Barock« der Stadt eine fragwürdige Ehre erwiesen, aber immerhin kann sich nicht jede Stadt in Deutschland mit einem eigenen Kunststil schmücken.

Und wenn man sich heute den maschinell gepressten Rechtewinkelmist aus den Möbelhäusern anschaut, dann erwacht in einem die Sehnsucht, sich doch mal wieder einen gigantischen Wohnzimmerschrank im Stil des Gelsenkirchener Barock in die Wohnung zu stellen. Schön mit Goldrandgläsern und Häkeldeckchen im Vitrinenteil dekoriert. Meiner Omma würde das sicher auch gefallen.

Weil das Wasser hier so schön nass ist

Der Frage, warum das Ruhrgebiet nicht mit der italienischen Lagunenstadt Venedig vergleichbar ist, wurde ja an anderer Stelle in diesem Buch bereits nachgegangen. Das könnte auch daran liegen, dass die Straßen hier nicht so häufig unter Wasser stehen. Es sei denn, es platzt mal wieder irgendwo eine Wasserleitung, während die Mitarbeiter des Wasserwerkes gerade zu Tisch sind.

Aber das Ruhrgebiet hat eine ganze Menge Wasser zu bieten. Was Seen, Flüsse und Bäche angeht, ist das Ruhrgebiet zwar keine Mecklenburgische Seenplatte, aber immerhin ein sehr lohnenswertes Ziel für Segler, Schwimmer und Erholungssuchende.

Die beiden großen Seen Kemnader Stausee in Bochum sowie der Baldeneysee in Essen zählen zu den sechs Ruhrstauseen, die in erster Linie eine Nutzfunktion für die Ruhr haben, zum anderen aber einen enormen Freizeit- und Erholungswert für die Region schaffen. Der Baldeneysee ist dabei der flächenmäßig größte See im Ruhrgebiet. Das Baden ist hier zwar nicht erlaubt, aber zahlreiche Segler nutzen den großen See für Naherholung im Pott, er ist für sie das, was für den Fußballfan das Stadion am Samstagnachmittag ist.

Zum Baden eignen sich im Ruhrpott mehr die etwas kleineren Seen, die auch nicht als Stauseen der Ruhr dienen, sondern eher etwas ländlicher am Rande des Ruhrgebiets gelegen zu Tagesausflügen einladen. Der Silbersee und das Seebad in Haltern sind die bekanntesten Seen und bei schönem Wetter leider auch dementsprechend recht voll. Mehr Geheimtipp sind dagegen das Naturfreibad Heil in Bergkamen und der Seepark Lünen. Beide im Osten des Ruhrgebiets gelegen, eingebettet in eine wunderschöne Landschaft. Was gäbe ich dafür, wäre ich als Kind an einem dieser Seen aufgewachsen. Für den armen Autor blieb da nur der Fußpilzsprüher im heruntergekommenen Gelsenkirchener Hallenschwimmbad. Ja, war 'ne harte Kindheit.

Aber zurück zum Flüssigen im Ruhrgebiet.

Der große Klassiker in Sachen Sommerbadespaß sind die warmen Tage an der Ruhr und an den Kanälen. Auch hier wird das Schwimmen natürlich nicht gerne gesehen, da die Gewässer ja beschifft werden und man in Wasser, wo drin geschifft wird, nicht baden sollte.

Trotzdem hat im Ruhrpott das Planschen im Kanal Tradition. Die Ersten sind morgens die Angler, die die zeltenden Jugendlichen aus ihren Träumen reißen und die Leine auswerfen. Gegen Mittag kommen dann an vielen kaum einsehbaren Uferstellen gerne mal die Mofa-Oppas dazu, die dort das Bierchen kappen, bevor gegen Nachmittag auch die letzten Familien den Kinderwagen an die Wasserkante schieben. Der Kanal, insbesondere der Rhein-Herne-Kanal, ist da ein sehr traditioneller Ort, um den Sommer im Ruhr-pott zu genießen. Vom Springen von alten Brücken in das kühle Nass sollte man aber die Finger lassen, denn das endet nicht selten

Wo sind denn die dreckigen Zechen und Stahlwerke? Der Baldeneysee in Essen.

mit Verletzungen und ist zudem recht teuer. Zumindest wenn man erwischt wird.

Der absolute Brüller, um ein paar Bahnen zu ziehen, ist aber das Werksschwimmbad auf der Kokerei Zollverein. Zwei Künstler haben hier im Jahr 2001 zwei große Überseecontainer zusammengeschweißt, mitten auf das Kokereigelände gestellt und mit Wasser geflutet. Wem also der Sinn nach etwas individuellerem Baden steht, der ist hier sehr gut aufgehoben. Wer auch damit nichts anfangen kann, dem bleiben immer noch zahlreiche hübsche Brunnen in den Innenstädten, die aber meist vom Eintritt genauso teuer sind wie das besagte Springen von alten Brücken in den Kanal.

Wer nun immer noch keine Lust auf Wassersport im Ruhrpott bekommen hat, dem sei das klassische aufblasbare Kinderschwimmbecken im Schrebergarten empfohlen. Hat die Poolparty dann ihren Höhepunkt erreicht und ist das Becken mit seinen 16 Kubikmeter Wasservermögen im Garten endlich geplatzt, sind wir auch endlich wieder beim Thema Venedig im Ruhrpott angekommen. Canal Grande in Perfektion.

Weil die Margarethenhöhe kein Dorf in Bayern ist

Wenn Sie mal die Stadt Essen besuchen, dann sollten Sie unbedingt einen Abstecher in den Stadtteil Margarethenhöhe machen. Hier gibt es nämlich eine Siedlung, die es in sich hat und architektonisch mit keiner anderen Siedlung im Ruhrgebiet vergleichbar ist. Die Siedlung Margarethenhöhe ist hinsichtlich ihrer Bauweise Deutschlands erste Gartenstadt und vereint urbanes Wohnen mit der Möglichkeit, im Grünen zu leben. Sie umfasst neben vielen kleinen Häusern auch Wohnungen und zahlreiche Gartengrundstücke für die Bewohner. Anfang des vergangenen Jahrhunderts war es erneut der Denver-Clan des Ruhrgebiets, nämlich die Familie Krupp, die die Siedlung der Stadt Essen stiftete. Zahlreichen Familien bot sich von nun an die Möglichkeit, in einer vom Umfeld abgeschlossenen Siedlung zu leben. Noch heute erinnert eine vom Ruhr Museum eingerichtete Musterwohnung an die typischen Lebensumstände auf der Margarethenhöhe zu jener Zeit.

Irgendwie tragisch im Hinblick auf die Gründung durch die Krupps – in den Werken wurden auch Waffen produziert – war dann auch die Tatsache, dass die Siedlung im Zweiten Weltkrieg stark beschädigt wurde. Heute steht die gesamte Siedlung unter Denkmalschutz, sodass sie sich zu einem richtigen Juwel entwickeln konnte.

Wenn Sie die Siedlung besuchen, haben Sie auf dem großen Marktplatz im Zentrum den Eindruck, dass Sie in einem bayerischen Dorf gelandet sind, in dem die Zeit stehen geblieben ist. Zahlreiche Häuser sind mit Blumen geschmückt, liebevoll gepflegt und gestrichen worden. Kleine Geschäfte erinnern an Souvenirläden in Kuhdörfern. Trachtenumzüge und Fassbieranstiche gibt es hier aber leider noch nicht. Die Häuser der Siedlung sind überwiegend recht eng dimensioniert und auch die Parkplatzsituation ist häufig recht angespannt. Ein Umstand, den man bei Baubeginn um 1910 natürlich noch nicht berücksichtigen konnte. Die Gründerin Margarethe Krupp hätte sich wohl noch unsterblicher gemacht, hätte sie schon damals eine Tiefgarage für Pferdekarren bauen lassen.

Bemerkenswert ist auch die architektonische Herangehensweise beim Bau der Siedlung. Zwar wollte man krupptypisch möglichst viel Individualität an den Tag legen und am besten jedes Haus der Siedlung in einem anderen Stil errichten, aber dies hätte das Budget bei Weitem überschritten. Man legte sich also auf diverse architektonische Bauelemente fest, die in verschiedenen Kombinationen Anwendung fanden und so jedem Haus einen individuellen Charakter verliehen, obwohl die Siedlung stilistisch eine Einheit darstellt. Lego in groß kann man da nur sagen.

Heutzutage ist die Margarethenhöhe als Wohnsiedlung sehr begehrt. Eine Wohnung oder ein Häuschen dort zu bekommen ist nicht ohne Weiteres möglich, da die Immobilien mehr oder weniger weitervererbt werden und man munkelt, dass dies auch bewusst so gewollt ist.

Die Margarethenhöhe. Unser Little Bayern, sponsored by Krupp-Klan.

Weil Kohlezüge hier auf zwei Rädern fahren

Eine der schönsten Arten, sich mal einen Überblick über den Ruhrpott zu verschaffen, ist sicher ein Ausflug mit dem Fahrrad. Das Ruhrgebiet hat in den letzten Jahren unglaublich an Reiz gewonnen, weil man es nun fernab großer Hauptstraßen auch auf verschlungenen Pfaden per Fahrrad entdecken kann.

Die Stadt Münster, oder unsere Nachbarn aus den Niederlanden, hatten von jeher wesentlich bessere Möglichkeiten, die Stadt oder das Land per Fahrrad befahrbar zu machen. Das Ruhrgebiet war nie eine Fahrradmetropole, da zahlreiche Industriebauten, Werksgelände und auch der dichte Siedlungsbau mit vielen Hauptstraßen nicht gerade dazu einluden, bei erstbester Gelegenheit die Satteltasche zu packen.

Im Zuge des Strukturwandels entstanden im Ruhrpott jedoch mehr und mehr eigenständige, meist sehr gut planierte Radwege, die sich mittlerweile zu Rundtouren und größeren Strecken miteinander verbunden haben.

Der wohl bekannteste Fernradweg einmal quer durch das Ruhrgebiet ist der Emscher Park Radweg, der sich in einem Rundkurs zwischen Ost und West erstreckt und sich hauptsächlich an den Gewässern der Region, also dem Rhein-Herne-Kanal, der Emscher und der Ruhr, orientiert.

Auch Teilabschnitte sind sehr angenehm befahrbar und führen immer wieder an den Sehenswürdigkeiten der Route der Industriekultur vorbei. Der Radweg beginnt grob gesagt im östlich gelegenen Hamm und führt durch das zentrale Ruhrgebiet bis nach Duisburg. Insgesamt über 200 Kilometer ist er lang und verdeutlicht, welche Möglichkeiten den Radfahrern nun endlich geboten werden können.

Zu diesem bekanntesten Radfernweg gesellen sich im Ruhrgebiet aber auch noch viele weitere kürzere Radwege, die mal als Strecke und mal als Rundweg daherkommen und auch zum spontanen Ausflug mit dem Rad in eine andere Stadt einladen. Da sich die Städte im Ruhrgebiet ja die Klinke in die Hand geben und die meisten Orte untereinander mit dem Fahrrad gut zu erreichen sind, sind spontane Ausflüge von der eigenen Haustür aus möglich.

Vorteilhaft ist für solche spontanen Radexkursionen natürlich auch die Beschaffenheit der Strecke. Zum einen sind mittlerweile 80 Prozent des Weges asphaltiert und zum anderen leidet das Ruhrgebiet ja nicht an allzu massiven Höhenunterschieden, die dem Radler die Schweißperlen auf die Stirn schießen lassen würden. Der Wuppertaler und alle anderen Radler aus dem Bergischen Land wissen, wovon ich rede.

Bei vielen dieser teils sehr versteckten Radwege handelt es sich um alte Güterbahntrassen, die nun, von der Schiene befreit, einem neuen Zweck zugeführt wurden und es ermöglichen, auch mal Ecken des Ruhrgebiets kennenzulernen, die einem zur Zeit der Industrie verborgen geblieben waren. Die ehemaligen Güterbahntrassen wurden also zunächst geschottert und beschildert, sodass man beispielsweise wunderbar von einer ehemaligen Zeche zum nächsten Punkt der Industriehistorie radeln kann.

Die Vorteile dieser neuen Radwege liegen klar auf der Hand. Die Trassen wurden meist sehr eben in die Landschaft geschüttet, damit die Kohlezüge nicht zu viel Kraft aufbringen mussten, um die schweren Waggons hinter sich herzuziehen. Diese Tatsache kommt dem unsportlichen Ruhrpottler genauso entgegen wie der Umstand, dass durch diese Begradigung viele Trassen in die Höhe wanderten und man nun vom Fahrrad aus einen wunderschönen Blick in die Natur, die Kleingärten und die umliegenden Wohnzimmer des Ruhrpotts erhält. An vielen Punkten kann man mal spontan von der Trasse abfahren, um zum Beispiel eine baulich

ansprechende Siedlung oder ein weiteres Ruhrpott-Highlight bewundern zu können.

Irgendwie waren in Zeiten der Schlote und Malocher ja auch
alle Zechen per Gleisanschluss miteinander vernetzt, sodass es gut
möglich war, diese Trassen nun als Radwanderwege miteinander
zu verbinden.

Ein sehr gelungenes Beispiel ist die sogenannte Erzbahntrasse, die
auf knapp zehn Kilometern Länge zwischen Bochum und Gelsenkirchen verläuft. Sie besticht mit ihren spektakulären Brückenbau-
werken, die sich im Bereich der Bochumer Jahrhunderthalle durch
die Luft winden und das ehemalige Stahlwerk zu einem schönen
Start- und Zielpunkt werden lassen.

Man kann das Ruhrgebiet also auch auf grünen Pfaden und per
Fahrrad entdecken und sollte dies bei schönem Wetter auch unbedingt mal erleben. Im Zeitalter der akkubetriebenen Fahrräder
gibt es zudem keine Ausrede mehr, warum man lieber mit dem
Auto über die vollen Straßen des Ruhrpotts kurven sollte.

Weil nirgends mehr Theater gemacht wird als hier

Im Ruhrgebiet wird gerne und viel Theater gemacht. Die Bürger des Ruhrgebiets lieben es nicht nur, selbst Theater zu machen, wenn mal wieder die städtischen Gebühren erhöht oder der Bürgermeister abgewählt werden soll. Sie lieben es auch, wenn andere für sie Theater machen.

Und so hat sich das Ruhrgebiet zu einer der Regionen mit der größten Theaterdichte weltweit nach New York entwickelt. Die Bandbreite reicht natürlich vom kleinen Kellertheater bis hin zum großen Opernhaus und erstreckt sich über alle Städte und Orte des Potts.

Derzeit ist im Ruhrgebiet zwar nicht alles Gold, was glänzt, da auch hier bei vielen Häusern der Rotstift angesetzt wird und man von existenzbedrohenden Zuständen sprechen kann. Trotzdem blieb eine enorme Vielfalt in der Art der Bühnenkunst erhalten. Das kleine Theater Essen beispielsweise ist eines der ältesten und kleinsten Privattheater in Nordrhein-Westfalen, in dem man als Besucher in Wohnzimmeratmosphäre mit den Darstellern auch mal persönlich philosophieren kann.

Ebenfalls in Essen beheimatet ist das GOP Varieté-Theater, welches eine ganz andere Ausrichtung der Bühnenkunst hat und dem Zuschauer Akrobatik sowie Varieté serviert. Die Stadt Essen im Herzen des Ruhrgebiets hat ohnehin eine große Anzahl an Theaterbetrieben vorzuweisen. Große Schauspielhäuser, wie das Grillo-Theater in der Innenstadt, das Colosseum Theater für Musicalaufführungen und das Aalto-Musiktheater sind da nur einige Beispiele unter vielen. Der auswärtige Besucher nimmt das Ruhrgebiet wohl nicht in erster Linie als kulturell stark präsente Theaterlandschaft wahr, sodass es hauptsächlich Bewohner der Region sind, die diese

Vielfalt an Abendveranstaltungen nutzen. Durch die ebenfalls in Essen beheimatete Folkwang Universität der Künste entsteht eine produktive Verbindung, die es vielen Musikern und Schauspielern ermöglicht, ihr Können auf den Bühnen des Ruhrgebiets zur Schau zu stellen.

In musikalischer Hinsicht hat sich über viele Jahrzehnte das Gelsenkirchener Musiktheater im Revier einen guten Ruf erworben und zählt so, neben dem Schauspielhaus Bochum, zu den bekanntesten Theaterbühnen des Ruhrgebiets. Beide Häuser bieten für interessierte (junge) Besucher Tickets zu sehr günstigen Preisen und auch im Abo an.

Insbesondere das Schauspielhaus Bochum punktet immer wieder mit großen Namen wie Armin Rohde, Dietmar Bär, Helge Schneider oder Harald Schmidt, die das Publikum hier mit ihrer unverwechselbaren Art begeistern. Das Theater Dortmund ist mit 500 Mitarbeitern gar eines des größten Theater Deutschlands.

Man kann im Ruhrpott also mit Fug und Recht behaupten, dass hier gerne Theater gemacht wird. Dem Ruhri war es von jeher wichtig, abseits seines oft tristen Alltags, der nicht selten von industrieller Arbeit geprägt war, mit entspannender Unterhaltung auf andere Gedanken gebracht zu werden. Egal ob der Geschmack eher in Richtung Musik, Oper, Schauspiel oder Bühnenakrobatik geht. Im Ruhrpott findet jeder Kulturbanause früher oder später mal den Weg in eine der zahlreichen Spielstätten der Region.

Weil Zelten hier zum Festival wird

Ach, was habe ich es früher geliebt, wenn meine Freunde, meine Eltern oder gar die ganze Schulleitung auf die Idee kamen, mit den Blagen doch mal einen Ausflug mit dem Zelt zu machen. Als Erstes kamen mir dann Ameisen, überschwemmte Wiesen, duftende Dixi-Klos, die den ganzen Tag in der prallen Sonne standen, und pickelgeplagte Teenies, die nach einem Bohneneintopf die Bettdecke schweben lassen, in den Sinn. Zelten ist was für Abenteurer und der war ich leider nie. Da waren mir die Foltercamps namens Jugendherberge schon lieber. Hier gab es (meist) fließendes Wasser und eine Drahtvorrichtung, die man mit viel gutem Willen als Lattenrost betiteln konnte. Purer Luxus für einen Zwölfjährigen und fernab jeglicher Zeltromantik.

Umso schlimmer mutet es nun an, dass gerade ein Zeltfestival im Ruhrgebiet für mich und Tausende andere zu den absoluten Highlights im Jahr gehört. Das Zeltfestival Ruhr am Kemnader See in Bochum hat sich nämlich zu einem Anziehungspunkt im Sommer entwickelt. Sympathisch ist die Tatsache, dass in diesen Zelten niemand schlafen muss, sondern die Kultur Einzug hält. Das Zeltfestival Ruhr bietet nämlich bereits zum sechsten Mal musikalische und humorvolle Leckerbissen an 17 Tagen an. Auf mehreren Bühnen in besagten Zelten sowie auch auf dem Außenareal geben sich täglich die Künstler das Mikrofon in die Hand. Von Musikgrößen wie Joe Cocker bis hin zur spaßigen Lesung bietet das Festivalprogramm jede Menge Abwechslung.

Die Örtlichkeit, an der das Zeltfestival jedes Jahr im Hochsommer stattfindet, ist dabei schon mal die halbe Miete, denn das Freigelände direkt am Seeufer ist auch ohne Zeltfestival bereits einen Ausflug wert. Während der Veranstaltung bekommt der

Außenbereich des Geländes dann eine ganz spezielle Atmosphäre. Palmen werden aufgebaut, Sand gestreut und der »Markt der Möglichkeiten«, eine kleine Zeltstadt neben den großen Eventzelten, bietet allerhand an Kunsthandwerk, kulinarischen Köstlichkeiten und Mitbringseln an. Man kann das Zeltfestival also auch genießen, ohne die eigentlichen Zeltveranstaltungen zu besuchen. Wer, so wie ich, noch immer traumatisiert ist von zahlreichen Zelturlauben auf holländischen Campingplätzen, der kann auch vor einer der Außenbühnen Platz nehmen und beim Sonnenuntergang über dem Ruhrpott einen lauen Sommerabend mit bestem Unterhaltungsprogramm verbringen. Für die kleinen Zelter unter uns gibt es eine Kinderbühne mit extra Showprogramm. Das Kemnader Zeltfestival hat sich somit zu einem Kunst- und Kulturfestival auf ziemlich hohem Niveau etabliert. Nicht vergleichbar mit anderen Megaevents, wie Rock am Ring oder Ähnlichem, sondern mit der Ambition, Besucher aus dem Ruhrgebiet und der Umgebung an einem schönen Ort zu versammeln, um jeden Abend ein anderes spannendes Unterhaltungsprogramm anzubieten.

Für sogenannte Öfterskommer bietet die Festivalleitung auch Dauerkarten an, die den Zugang zum Festivalgelände an jedem Tag erlauben.

Lassen Sie sich also in einen der zahlreichen Klappstühle auf dem künstlichen Strandabschnitt fallen und genießen Sie neben dem Sonnenuntergang über dem Kemnader Stausee doch mal Currywurst mit Sekt oder Weißwein mit einem leckeren Burger.

Für Campingluschen wie mich bietet das Zeltfestival Ruhr zudem die ideale Möglichkeit, Traumata in Bezug auf Zelte zu überwinden und den Schlafsack mal zu Hause zu lassen.

Weil man sich in Waschkauen
nicht mehr waschen muss

Der Begriff »Kaue« ist nicht zwangsläufig in der ganzen Republik bekannt. Im Ruhrpott aber sehr wohl. Er hat weder was mit Kaugummis noch mit sonstiger Nahrungsaufnahme zu tun, sondern leitet sich mehr vom Begriff »kauern«, also »zusammenhocken«, ab.

Unter einer Kaue versteht man im Bergbau eine Behausung, die häufig im Bereich eines Schachteinganges einer Zeche zu finden war. Die Kauen bildeten also einen Schutz für die am sogenannten Schachtmund arbeitenden Bergleute in der Gründerzeit des Bergbaus.

Im etwas später folgenden industriellen Bergbau diente diese Behausung dann mehr als Aufenthalts- und Umkleideraum für die Bergleute. Die sogenannte Waschkaue war geboren und bot den Bergmännern die Möglichkeit, sich vor und nach der Schicht umzuziehen und ihre Kleidung und Wertgegenstände sicher aufzubewahren. Auch ich persönlich hatte während einiger Besuchergrubenfahrten in der Vergangenheit die Gelegenheit, mich in einer echten Waschkaue aufzuhalten. Eine tolle Atmosphäre, in der dann 100 Bergleute gleichzeitig von der Schicht kommen und einem splitternackt die neusten Herrenwitze erzählen.

Die Waschkauen funktionierten eigentlich immer nach demselben Prinzip. Man nimmt einen feinen Holzbügel und hängt seinen Anzug in den Kleiderschrank … Nein, das wäre nun wirklich zu simpel für die coolen Jungs aus dem Bergbau. Hier war man dann doch wesentlich einfallsreicher.

Der Bergmann, der leicht eingeschwärzt von der Schicht in die Schwarzkaue kam, hängte nämlich seine gesamte Kluft an den sogenannten Püngelhaken und zog die Plörren dann mit einer langen

Kette bis unter die Decke der Halle. Die Kette wurde dann mit einem Schloss gesichert und schlussendlich hingen dann Hunderte Bergarbeitermonturen inklusive Helm und Schnupftabakdose unter der hohen Decke einer solchen Schwarzkaue. In der Weißkaue hingen auf gleiche Weise die sauberen Kleidungsstücke des Bergmannes, in die er dann nach dem Duschen einsteigen konnte.

Besonders interessant ist diese Erläuterung übrigens für Frauen, denn die sind bis zum heutigen Tage in einer Kaue strengstens verboten. Ungeduschte, nach harter Arbeit riechende Kerle sehen viele Damen des Ruhrpotts ja ohnehin täglich zu Hause auf dem Sofa.

Diese Positionierung der Kleidungsstücke unter der Decke war ideal. Sie sparte Platz, die mitunter streng riechenden Arbeitsjacken konnten durchlüften und es konnten keine Langfinger an die Teile gelangen.

Auch nach dem Aus der meisten Zechen im Ruhrpott sollten die Waschkauen nicht ungenutzt bleiben und so entschied man sich, einige zu erhalten und umzufunktionieren. Viele Veranstaltungsorte, Sportstätten sowie Restaurants werden heute in alten Waschkauen betrieben, die einen ganz speziellen Charme der Vergangenheit ausstrahlen. Zwar hat man Kleiderhaken, Bänke, Schlösser und Schmutz daraus verbannt, aber irgendwie weht doch immer noch ein Hauch von Industrie durch die sehr geräumigen Hallen.

In Essen ist in einer Waschkaue zum Beispiel eine große Badmintonhalle entstanden, eine weitere Kaue wurde mit einer Kletterwand ausgestattet, eine dritte für Indoor-Soccer umgebaut.

In Gelsenkirchen bietet die legendäre Kaue der ehemaligen Zeche Wilhelmine Victoria mittlerweile Platz für Kleinkunst jeglicher Art. Über 300 Personen können sich hier regelmäßig an Comedy, Musik und Lesungen erfreuen. Auch als Festsaal oder Veranstaltungsort für Tagungen werden mittlerweile viele ehemalige Waschkauen genutzt.

Von vielen kleineren Zechen im Ruhrgebiet sind häufig nur noch die großen Gebäude, wie eben die Waschkauen, übrig geblieben. Sie wurden zum Beispiel an die örtliche Industrie weitervermietet, was ja auch noch die naheliegendste Verwendung ist.

Kauen sind also immer noch ein besonderes Stück Architektur im Ruhrgebiet, auch wenn man viele gar nicht mehr als solche wahrnimmt. Als ehemalige Umkleidekabinen für unsere Malocher symbolisieren sie aber auch heute noch ein bedeutendes Stück Industriekultur.

Weil hier der Phönix aus dem Wasser kommt

Die Stadt Dortmund ist vor einigen Jahren von den Chinesen eingenommen worden. Gut 1000 Arbeiter fielen über die Stadt her und erbeuteten ein Stahlwerk im Dortmunder Stadtteil Hörde. Okay, ganz so düster, wie es klingt, war die Geschichte nicht, aber das Stahlwerk haben die Herrschaften aus dem Fernen Osten dann doch eingepackt und mitgenommen.

Der größte Umzug in der Geschichte der Industriearchitektur sorgte nämlich dafür, dass das altehrwürdige Phoenix-Stahlwerk in Dortmund an die Chinesen verkauft wurde, die es nun persönlich abbauen und verschiffen mussten. Lange war der Stadtteil durch das riesige Stahlwerk mit den zwei Komplexen Phoenix-Ost und Phoenix-West geprägt. Es versaute den Menschen hier die Luft so sehr, dass man jeden Morgen, jeden Mittag und jeden Abend die schönsten Sonnenuntergänge in Orange, Lila und Pink bewundern konnte. Die Dortmunder wollten das Ding einfach nur loswerden und so scherte man sich wohl nicht um Ingenieurwissen made in Germany und vertickte das komplette Werk eben an die Chinesen. Ein dort ansässiger Ladenbesitzer, der schon zu Werkszeiten Lebensmittel aus China anbot, soll während der Abbauphase des Stahlwerkes zum zweitreichsten Mann hinter Bill Gates aufgestiegen sein, da sich alle Chinesen dort eindeckten. So, und nun war das Ding weg und allerhand Pläne über den weiteren Fortbestand des Areals im Hinterkopf der Stadtoberen.

Zeitsprung ins Jahr 2013.

Der Phoenix-See ist auf dem Gelände des ehemaligen Komplexes Phoenix-Ost entstanden. Ein künstlich gefluteter See, der die Maße der Hamburger Binnenalster bei Weitem überschreitet. Aus dem ansässigen Gastronomiebetrieb »Döner am Stahlwerk« wurde

»Döner am See« und auch die Straßen werden wohl zukünftig nicht mehr »Zum Stahlwerk«, sondern »Seehang« heißen. Der Phönix ist quasi aus der Asche emporgestiegen und schwebt nun über dem Wasser des Phoenix-Sees.

Derzeit wird weiterhin sehr viel rund um das Gelände geplant und gebaut. Neben vielen Grundstücken, die bereits verkauft und mit Einfamilienhäusern bebaut sind, ist auch jede Menge Infrastruktur entstanden. Die Spielplätze, auch eine Leistung deutscher Ingenieure, sind dabei besonders fest betoniert worden, damit die Chinesen nachts nicht heimlich die Schaukel und das Klettergerüst abbauen können.

Der See ist sehr schön mit dem Fahrrad umrundbar. Eine Fahrradtour gibt zudem einen sehr guten Aufschluss über die Weiterentwicklung der Bauarbeiten und die Umstrukturierung des gesamten Geländes. Hat man das Stahlwerk damals nicht mehr live erlebt, wird man sich heute sehr schwertun, zu erahnen, dass hier einmal einer der größten deutschen Industriebetriebe überhaupt gestanden hat, der zwar im Zweiten Weltkrieg stark zerstört wurde, aber bereits 1945 wieder einsatzfähig war und der Region neben viel Dreck eben auch viele Arbeitsplätze bot.

Über 5000 neue Arbeitsplätze sollen nun rund um den See entstehen. Mit der Ansiedlung neuer Unternehmen erhofft sich die finanziell nicht gerade gut gerüstete Stadt Dortmund zusätzliche Steuereinnahmen, die das größte Kinderplanschbecken der Stadt auch refinanzieren. Ein geplanter Jachthafen könnte ein erster Hinweis darauf sein, dass man auch eine entsprechende Klientel an den See locken möchte, sodass aus dem industriell geprägten Stadtteil Hörde ein vorzeigbarer Trendstandort für Familien und Unternehmen wird.

Und sollten Sie in Ihrem nächsten Chinaurlaub mal über eine neue Brücke fahren, dann wurde der Stahl dafür vielleicht im ehemaligen Stahlwerk Phoenix produziert, das mittlerweile im Osten Chinas wieder aufgebaut wurde.

Weil es hier draußen viel zu sehen gibt

Die Stadt Hagen liegt im Ruhrgebiet recht weit südlich. Sie gehört zwar zum Ruhrpott mit dazu, aber viele Hagener sehen das etwas anders und nennen ihre Stadt forsch »Das Tor zum Sauerland«. Hallo? Möchten Sie in einer Stadt wohnen, die die Eingangspforte zu einer Region bildet, von der behauptet wird, die Mädchen seien dort noch wilder als die Kühe? Das wäre wohl eher das Tor zur Hölle als zum Sauerland.

Nein, Hagen bleibt mal schön im Pott und darf sich höchstens »Der Wald des Ruhrgebiets« nennen. Hagen ist nämlich die waldreichste Großstadt Deutschlands und somit ein gern gesehener Teil des Ruhrgebiets.

In Hagen gibt es auch das vielen gar nicht so bekannte Freilichtmuseum. Während das berühmte Bergbau-Museum in Bochum oder das Museum Folkwang in Essen jedes Jahr eine Heizkostenabrechnung erhalten, ist das LWL-Freilichtmuseum Hagen das Cabriolet unter den Museen im Ruhrpott.

Wie es sich für ein ordentliches Ruhrpottmuseum gehört, wird auch hier der Schwerpunkt auf die Ausstellung und Erläuterung von Handwerk und Technik gelegt. Es geht dabei jedoch weniger um die industrielle Handwerksgeschichte im Sinne von Kohleförderung und Stahlproduktion als vielmehr um die Technisierung in einer Zeit, als der Ruhri noch von Dingen wie Wasser, Wind und Wald abhängig war. Die Zeitspanne reicht vom ausgehenden 18. Jahrhundert bis zur Hochphase der Industrialisierung im 20. Jahrhundert. Das Deutsche Schmiedemuseum ist ebenfalls unter dem Dach des Freilichtmuseums untergekommen.

Das Freilichtmuseum Hagen ist in ein kleines Bachtal eingebettet und zeigt auf über 42 Hektar eine Vielzahl an rekonstruierten

Produktionsstätten. Etwa 60 Werkstätten wurden wieder aufgebaut und zeigen die Vielfalt an handwerklichen Möglichkeiten, die die Menschen im Ruhrgebiet damals nutzen konnten oder mussten. Viele der Werkstätten sind noch funktionstüchtig und so kann sich der interessierte Museumsbesucher hautnah einen Eindruck davon machen, wie damals Eisenstücke geschmiedet wurden. Ein Prozess, der deutlich umständlicher war, als sich in der Eisenwarenabteilung beim OBI einen neuen Hammer zu kaufen.

Wie aber jedes Cabrio irgendwann im späten Herbst mal in der Garage verschwindet, ist auch das Freilichtmuseum nur in den Sommermonaten geöffnet. Eine Ausnahme bildet der jährlich dort stattfindende Weihnachtsmarkt, in dessen Zuge auch die Museums-bäckerei und die hauseigene Brauerei in Betrieb sind, sodass man bei lecker Mampf und Trank die schön verzierten Fachwerkhäuser bewundern kann.

Liebe Sauerländer! In Grund 110 in diesem Buch bekommt ihr noch eure Streicheleinheiten, aber bei diesem schicken Museum habt ihr leider Pech gehabt. Das LWL-Freilichtmuseum Hagen, Westfälisches Landesmuseum für Handwerk und Technik, trägt nämlich nicht nur einen komplizierten Namen, sondern ist auch ein fester Bestandteil des Ruhrgebiets.

Weil man sich auf der A 40 sehr nahe kommt

Gibt es im Leben Dinge, die einem mehr Freude machen als eine Darmspiegelung, Rückenbehaarung oder Stromausfall beim WM-Endspiel?

Ja, es gibt so eine Sache. Sie heißt im Ruhrgebiet A 40 und ist das Grauen aller Berufspendler und Ortsunkundigen. Wenn alle Autobahnen Deutschlands Räume in einem großen Irrenhaus wären, dann wäre die A 40 das Chefzimmer. Wenn man auf ein menschliches Leben hochgerechnet stundenlang auf der Toilette sitzt, tagelang isst und wochenlang schläft, dann steht man jahrzehntelang auf dieser Autobahn im Stau!

Die A 40 ist im Ruhrpott die wohl meistgehasste, aber zugleich meistbefahrene Autobahn und bietet Hunderttausenden Pendlern jeden Tag die Möglichkeit, vom einen Ende des Potts zum anderen zu gelangen. Sie ist also eine notwendige Hassliebe und bildet neben der A 42 und der A 2 im Norden eine gute Möglichkeit, das Ruhrgebiet von Osten nach Westen zu durchfahren (West nach Ost geht auch, dank Gegenfahrbahn). Doch irgendwie ist die A 40 mehr als nur eine popelige Autobahn, die mitten durch die Prärie führt. Die A 40 ist eine sogenannte Stadtautobahn, an der die Menschen sehr nah leben und durch die sie immer sehr schnell von A nach B gelangen können.

Ob das der Grund ist, warum wir Ruhris unseren Ruhrschleichweg so gerne haben, weiß keiner, aber irgendwas muss diese geile Meile ja haben, dass sie den Weg in dieses Buch gefunden hat und ein Grund ist, den Ruhrpott zu lieben.

Vielleicht ist es auch die liebevolle Aufzucht der heutigen A 40, die mal ganz beschaulich als kleine Baby-Bundesstraße begonnen hat, irgendwann dann in B 1 umgetauft wurde und ab da wuchs und

Im Ruhrpott muss man nicht alles schön finden, um es lieb zu haben. Die A 40.

wuchs. Irgendwann wurde dann aus dem putzigen kleinen Säugling ein unkontrollierbares Riesenbaby, sodass man sich entschied, die Straße zur Autobahn werden zu lassen.

Die A 430, wie sie bis 1989 hieß, war geboren und Leitplanken und mehrere Spuren zeugten von einer richtigen Autobahn. Von nun an war kein Halten mehr und so brettern heute an »guten Tagen« bis zu 100.000 Fahrzeuge über einen der meistbefahrenen Autobahnabschnitte Deutschlands.

Da der Ruhri aber irgendwie alles lieb zu haben scheint, was nur lange genug gewachsen ist und woran er jeden Tag teilhat, wurde auch das Phänomen A 40 irgendwann zum kulturellen Highlight. Seit einigen Jahren ist die Autobahn nämlich Teil diverser künstlerischer Interventionen. Die *Eichbaumoper* in Mülheim oder die *Symphonie A 40* zählen zu Kunstprojekten, die die Autobahn als Kulturraum begreifen. Fährt man aus Westen kommend durch die schmale Verengung auf Essener Stadtgebiet, wird man gar mit den legendären Worten des Reporters zum WM-Endspiel 1954 begrüßt. Hier steht an drei aufeinanderfolgenden Autobahnbrücken: 1. *Rahn müsste schießen …*, 2. *Rahn schießt!* und 3. *Tor! Tor! Tor!* Meine Güte, sind wir Ruhris nicht herrlich bekloppt? Mir wird angst und bange, wenn ich mir überlege, wie das aussieht, wenn mal zwei der drei Brücken abgerissen werden und da nur noch *Tor! Tor! Tor!* steht. Auch andere Brücken entlang der A 40 wurden mittlerweile mit ähnlichen nicht immer verständlichen Floskeln geschmückt.

Eines der größten Events, an dem man sich auf der A 40 aber auch mal ohne Auto sehr nahe kommen durfte, war das Still-Leben Ruhrschnellweg im Jahr 2010, als im Rahmen des Kulturhauptstadtjahres ein Großteil der A 40 im Ruhrgebiet für Autos gesperrt wurde und an Hunderten dort errichteten Tischen gequatscht, gegessen, gesungen und gezockt wurde. Der Ruhri entdeckte den Flüsterasphalt auch fürs Fahrrad und Tausende Menschen stellten fest, dass man auch ohne Autos Stau erzeugen kann.

Nun ist das Still-Leben also wieder zu einem Laut-Leben geworden und der längste Parkplatz Deutschlands hat seine Blechkarawanen zurück.

Wenn Sie das Ruhrgebiet besuchen und in Ihrem Umfeld niemanden haben, dem Sie mal ganz nahe kommen können, dann fahren Sie doch mal morgens um sieben auf die A 40, zum Beispiel in Essen. Hier erleben Sie ein Gemeinschaftsgefühl, wie es Ihnen kein noch so guter Freundeskreis bieten kann.

Ja, ja, unser aller Liebling. Die A 40.

Weil wir einen feuchtfröhlichen Hafen haben

Die Hamburger werden vielleicht lachen. Sie werden uns in Bezug auf deren großes Hafengebiet in der Hansestadt für sehr bescheiden halten. Aber auch der Ruhrpott hat so einiges an Kaimauern zu bieten und kann mit Stolz von sich behaupten, mit dem Duisburger Hafen den größten Binnenhafen der Welt sein Eigen zu nennen.

Die Schifffahrt war in Duisburg immer ein wesentlicher industrieller Faktor, nicht nur in Bezug auf die Produktion von Stahl oder die Förderung von Kohle. Der Duisburger Hafen ist ein wichtiger Wirtschaftsfaktor und war es auch schon, als Schimanski noch keine Widersacher mit einem Faustschlag ins Hafenbecken katapultierte. Einige Hafengebiete finden heute allerdings andere Verwendung.

Besonders hervorgetan hat sich in vielerlei Hinsicht der alte Innenhafen, verkehrsgünstig zwischen der Autobahnanbindung der A 59 und der Duisburger Innenstadt gelegen. Das Areal, das viele Dekaden lang Handelsplatz und Mittelpunkt der Schifffahrt von Rhein und Ruhr gewesen war, entwickelte sich im Zuge der Internationalen Bauausstellung Emscher Park zu einem Juwel in Sachen Kultur, Wohnen, Arbeiten und Lifestyle.

Nachdem das Gelände 20 Jahre lang brach lag, entwickelte nämlich der Architekt Sir Norman Foster einen neuen Nutzungsplan, der Bewohner und Firmen ans Wasser bringen sollte. Wohnen, Arbeiten und Ausgehen sollten in perfekter Harmonie miteinander verbunden werden. Das ist hier ziemlich gut gelungen, sodass der stressgeplagte Ruhri nach der Arbeit mit Blick auf das alte Hafenbecken dort direkt im Anschluss noch sein Feierabendbier genießen kann, bevor er sich in seine nahe gelegene Wohnung verabschiedet.

Der Innenhafen Duisburg ist mittlerweile sogar zum Industriedenkmal geworden. Entstanden sind im Laufe der Umbauzeit zum einen Neubauten, in denen sich heute viele kleine bis mittelgroße Firmen um ihre Geschäfte kümmern, und zum anderen wurden auch die alten Speichergebäude des Hafenareals genutzt, um Gastronomie, Parkhäuser oder weitere Büros anzusiedeln.

Den Menschen zieht es halt ans Wasser. Und im Duisburger Innenhafen darf dieses auch gerne mal hochprozentig sein und Bier oder Cocktail heißen. Insbesondere an den Wochenenden ist hier jede Menge los, aber auch in der Woche bieten viele Bars und Kneipen After-Work-Partys und Ähnliches an, da die arbeitende Klientel ja quasi vor der Haustür weilt.

Auch die Kunst hat im Innenhafen Einzug gehalten und so kann man sich in der alten Küppers- und Werhahnmühle mit vielen kreativen Ergüssen den Tag versüßen. Auch das Kultur- und Stadthistorische Museum Duisburg sind hier untergebracht.

Einmal jährlich findet hier auch das traditionelle Innenhafenfest statt, bei dem ein Drachenbootrennen veranstaltet wird, welches sich mittlerweile größter Beliebtheit erfreut. Sehr lustig ist außerdem das Entenrennen, bei dem Tausende kleine Quietscheentchen mit einer persönlichen Nummer ins Wasser des Hafenbeckens gelassen werden. Durch eine künstlich erzeugte Strömung werden die Enten dann vorwärtsgetrieben und man kann mitfiebern, ob die eigene Ente nun das Rennen macht oder nicht.

Der Innenhafen Duisburg bietet also den Menschen ein Stück Wasser inmitten der großen Stadt und schafft ein Stück Lebensqualität, das es zu Schimanskis Zeiten in Duisburg in dieser Form wohl noch nicht gab. Zumindest ist mir keine Folge der Fernsehreihe bekannt, in der Schimmi in einer gepflegten Cocktailbar am Wasser sitzt, statt sich in einer Eckkneipe in Ruhrort die Barhocker um die Ohren zu hauen.

Weil es hier Musik mit viel Theater gibt

Auf die Tatsache, dass das Ruhrgebiet zu den Regionen mit der höchsten Theaterdichte nach New York gehört, wurde an anderer Stelle ja bereits eingegangen. Und so ist es schon fast selbstverständlich, dass auch Gelsenkirchen ein sehr großes und angesehenes Theater besitzt – das Musiktheater im Revier, kurz MIR genannt. MIR klingt ja auch schon so ähnlich wie Met, also wie die Abkürzung der New Yorker Metropolitan Opera. Der Broadway, an dem das Musiktheater in Gelsenkirchen beheimatet ist, heißt hier übrigens Kennedyplatz. Kennedy? Auch schon wieder irgendwie amerikanisch.

Das Musiktheater wurde 1959 errichtet und gilt heute als eines der bedeutendsten Theaterbauwerke der Nachkriegsgeschichte. Die riesige Glasfront gibt den Blick frei auf einen großen Zuschauerraum und das ebenso große Foyer. Ein kleines und ein großes Haus sind heute im Musiktheater integriert. Während das kleine Haus eher für überschaubare Theaterproduktionen genutzt wird, gilt das große Haus unter Freunden aufwendiger Musik- und Theaterproduktionen als erste Adresse. Gut 1000 Menschen finden hier Platz.

Die Glasfront des Theaters sollte ursprünglich sogar ganz offen sein, sodass das Theater beziehungsweise das Foyer quasi mit offener Tür dagestanden hätte. Riesige Warmluftgebläse sollten auch im Winter für wohlige Wärme sorgen. Das Haus sollte durch diese Idee zu einem der herausragendsten Theaterbauwerke der Welt werden. Als man dann jedoch mal die jährliche Energierechnung kalkuliert hatte, wurde diese Idee schnell wieder verworfen.

Das Gebäude ist für die Stadt Gelsenkirchen schon aufgrund seiner Dimension mit Seiten- und Nebenbühnen und der kantigen

Bauweise immer noch ein Vorzeigeobjekt. Letztlich sind es aber doch die Menschen, die den Bau mit Leben füllen. Zahlreiche Bühnenbildner, Schauspieler, Regisseure und Maskenbildner sorgen tagtäglich für einen reibungslosen Ablauf.

Legendär ist die einmal jährlich stattfindende Versteigerung der nicht mehr benötigten Kostüme des Theaters. Karnevalssüchtige, Halloween-Freaks oder Leute, die gerne mal als Napoleon den Schützengraben im Schrebergarten verteidigen wollen, sind hier gern gesehene Gäste. Das Ganze wird zum Happening ausgebaut, bei dem häufig der Spaß im Vordergrund steht.

Ich persönlich erinnere mich an eine Zeit, als Freunde von mir regelmäßig im Musiktheater als Statisten angeworben wurden. Für ein paar Mark wurde man hier an vielen Abenden zum dritten Matrosen von links oder zum Raubritter im Hintergrund. Man traf in dieser Zeit viele Schauspieler in der theatereigenen Kantine im Untergeschoss des Haupthauses und unterhielt sich dort mit zahlreichen Figuren der Opernwelt. Sehr beliebt war damals auch die *Rocky Horror Picture Show*, die im MIR eine Zeit lang aufgeführt wurde. Wie es zu dieser Zeit kostümtechnisch in der Kantine aussah, möchten Sie gar nicht wissen.

Das Musiktheater zeichnet sich eben seit vielen Jahrzehnten durch ein sehr breites Spektrum an Veranstaltungen und Aufführungen aus. Auch Comedians, Kabarettisten und Chansonkünstler stehen hier gerne auf der Bühne des modernen Innenraumes und unterhalten den Ruhrpott. Bis der letzte Vorhang fällt.

Weil hier die Biker ein Zuhause haben

Es wird Frühling im Ruhrgebiet. Die letzten Schneeflocken haben keinen Bock mehr, die Sonne scheint häufiger und intensiver und die erste Schlagermusik dröhnt aus den nun oben offenen Autos mit Saisonkennzeichen.

Und während die Blumen nach oben schießen, schießen auch die Motorräder auf der Autobahn wieder seitlich an einem vorbei. Es ist die Zeit der Biker, die ihre Lieblinge nun geschniegelt und gebügelt aus der Garage wuchten, um das Ruhrgebiet zu durch-cruisen. Ein Dasein als Motorradliebhaber, dem seine Maschine heilig ist, macht aber nur dann Sinn, wenn man das gute Stück auch anderen Enthusiasten zeigen kann, sodass im Laufe der Zeit auch im Ruhrpott diverse Bikertreffs entstanden sind, die an schönen Sonntagmittagen so voll sind, dass sie an den Werksverkauf von Harley-Davidson erinnern.

Wichtig ist natürlich die verkehrsgünstige Lage solcher Treff-punkte, die zum einen meist an nett befahrbaren Landstraßen liegen, zum anderen schick in die Natur eingebettet sind und letzt-lich natürlich eine ordentliche Pommesbude bieten müssen, damit die Biker auch kulinarisch versorgt sind. Das Ruhrgebiet hat einige solcher Motorradtreffs, die so verteilt sind, dass man mitunter mehrere an einem Tag abfahren kann.

Viele Besucher dieser Treffs besitzen nicht mal ein eigenes Motorrad, sind aber immer wieder aufs Neue erstaunt, welch aus-gefallene Exemplare sie dort zu Gesicht bekommen. Und das be-zieht sich sowohl auf die Maschinen als auch auf die Fahrer.

Die nördlichsten Treffpunkte für Motorradfahrer im Ruhr-gebiet sind zum Beispiel das Diner Lakeside Inn in Haltern am See und der Bikertreff Vogel in Marl. Beim Bikertreff Vogel sieht man nicht nur die klassischen aufgemotzten großen Straßenmotorräder, sondern auch Fahrräder, Vespas oder teils sehr kuriose Exemplare auf zwei Rädern, die alle nur eines wollen – bestaunt werden. Der Bikertreff Vogel ist ähnlich wie andere Örtlichkeiten schon lange Jahre eine Institution, die schon viel Medienecho bekam, da hier immer wieder auch für ein abwechslungsreiches Rahmenprogramm unter anderem mit Livemusik gesorgt wird.

Ein weiterer Klassiker in Sachen Motorradtreff ist das Haus Scheppen am Baldeneysee in Essen. Der große Parkplatz vor dem alten Gemäuer am Hardenbergufer wird regelmäßig von ganzen Motorradhorden bevölkert und hat sich auch aufgrund seiner schönen Lage direkt am See zu einem echten Besuchermagneten entwickelt. An schönen Wochenenden geht hier regelmäßig die Post ab und jeder, der irgendetwas Motorisiertes auf zwei Rädern sein Eigen nennt, ist herzlich willkommen. Ab 22 Uhr abends herrscht allerdings Fahrverbot, da man das Gelände über ein kleines Wohngebiet erreicht und die Nachbarn hier auch mal ein wenig Ruhe genießen wollen.

Auch gern besucht wird der Bikertreff Zur Grafenmühle in Bottrop. Dieser Treffpunkt ist ebenso wie das Haus Scheppen landschaftlich sehr schön gelegen und lädt zu einer schönen Tour am Grafenwald entlang ein. Nicht zu vergessen die kleine Pommesbude mit der Garantie auf kühle Getränke und umfangreichen Smalltalk.

Ich persönlich gehöre zur goldenen Mitte und kann mich durchaus für schöne und vor allem ausgefallene Motorräder begeistern, fahre aber lieber Fahrrad. Das ist aber hier kein Hindernis: Die einzelnen Bikertreffs sind nämlich häufig auch Zwischenstationen der beliebten Ruhrpott-Radwanderwege.

Weil die Westfalenhalle
weltmeisterlich ist

Neben der in diesem Buch ja bereits glorifizierten Grugahalle in Essen ist auch die 1952 gebaute Westfalenhalle in Dortmund mehr als eine zweckmäßige Veranstaltungshalle. Während die ein wenig kleinere Grugahalle mehr der Klassiker in Sachen Musikveranstaltungen im Ruhrgebiet war und ist, bot die Westfalenhalle auch schon immer ein sehr umfangreiches Sportprogramm an, das sie bundesweit bekannt machte. Im Laufe der Jahrzehnte hat sie aber, ebenso wie die Grugahalle, natürlich auch Highlights der Musikgeschichte und viele außergewöhnliche Veranstaltungen geboten. Sie ist heute an ein Messegelände angebunden und wird daher auch häufig für Messeevents geöffnet.

Ich möchte Ihnen aber hier und heute nicht von so spannenden Veranstaltungen wie der Messe Jagd & Hund, die dort regelmäßig stattfindet, berichten. Nein, ich jage heute mal keine Hunde, sondern komme auf die wirklich coolen Events in der Westfalenhalle zu sprechen, die ein sehr guter Grund sind, den Ruhrpott zu lieben.

Die Westfalenhalle wurde eigentlich in den Zwanzigerjahren errichtet. Im Krieg wurde sie aber komplett zerstört und erst im Jahr 1952 wiederaufgebaut. Seitdem haben dort über 30 Weltmeisterschaften und 50 Europameisterschaften stattgefunden. Die Weltmeisterschaft im Standardtanzen 1985 ist vielleicht nicht jedem Ruhri in Erinnerung geblieben, aber der Boxkampf im Halbschwergewicht zwischen Henry Maske und Graciano Rocchigiani war ein sportliches Highlight mit bundesweiter Beachtung. Mehrere Male boxte der »Gentlemanboxer« hier in der Halle um den Weltmeistertitel. Auch die Tischtennisweltmeisterschaft, die kürzlich hier stattgefunden hat, oder die Spiele der Handball-WM 2007 standen sehr im Fokus der Öffentlichkeit. Die Sportveranstaltung über den längsten Zeitraum in der Westfalenhalle war aber das klassische Sechstagerennen auf der großen Radrennbahn im Innenkreis der Halle. Die Bahn war fest installiert und wurde erst im Jahr 2008 nach dem Ende dieser Ära ausgebaut. Insgesamt 67-mal fand das Radrennen hier zwischen 1926 und 2008 statt.

Über 15.000 Menschen finden nach einer Erweiterung der Halle heute Platz. Findet einmal jährlich dort das Techno-Festival Mayday statt, hat man jedoch den Eindruck, dass sich dort gleichzeitig über 100.000 Menschen aufhalten. Zu einer ordentlichen Mayday gehört aber auch der Parkplatz vor der Westfalenhalle, der am Veranstaltungsabend von den Tanzwütigen wohl zu Deutschlands größtem Grillplatz gemacht wird. Hier sieht man morgens um neun die letzten Partypeople in ihre Autos kriechen, um etwas Schlaf nachzuholen.

Richtig kultig waren über viele Jahre die Verleihungen des Medienpreises Löwe von Radio Luxemburg bzw. später des Goldenen Löwen von RTL Radio, der hier über viele Jahre an Weltprominenz wie Howard Carpendale und Roberto Blanco verliehen wurde. Der Goldene Löwe ging dann irgendwann im Deutschen Fernsehpreis auf und die Veranstaltung verschwand aus der Westfalenhalle.

Im Jahre 1981, Techno war noch nicht geboren, statteten die Musiker der Gruppe Pink Floyd der Westfalenhalle einen Besuch ab und zelebrierten dort einen von weltweit nur vier Auftritten im Rahmen ihrer *The Wall*-Tournee.

Für viele Künstler war es immer etwas Besonderes, in der Westfalenhalle zu spielen, da dortige Auftritte oft den Weg zum großen Star ebneten. Spielte man als Künstler in der Westfalenhalle, so hatte man den Durchbruch geschafft, denn eine solche Halle musste damals erst einmal gefüllt werden.

Das neben der Westfalenhalle beheimatete Kongresszentrum mit seinem legendären Goldsaal ist vielen Ruhris vielleicht gar nicht bekannt, aber hier hat im Jahre 1962 einer der entscheidenden Momente der Fußballgeschichte stattgefunden. Der DFB beschloss hier nämlich die Gründung der Fußball-Bundesliga. In unmittelbarer Sichtweite zum heutigen Stadion der Borussia.

Weil die Gruga eines der schönsten Sommerfeste hat

Das Sommerfest an der Grugahalle in Essen hat sich zu einem der beliebtesten Volksfeste der Region entwickelt. Zwar gibt es das Happening schon seit 42 Jahren, aber das Ansehen der neun Tage Rummel und Unterhaltung hat in den letzten Jahren noch mal stark zugenommen.

Das Fest besteht im Prinzip aus den beiden Bestandteilen Kirmes und Trödelmarkt. Aber das alleine macht es noch nicht aus. Es ist wohl auch die günstige Lage am alten Güterbahnhof bis hoch zur Grugahalle inmitten des quirligen Stadtteils Rüttenscheid, der das Fest jedes Jahr zu einem Anziehungspunkt für Tausende Besucher macht. Es wird ja auch für jedes Alter was geboten und das über neun Tage.

Für die Kleinen ist sicher die Kirmes auf dem Vorplatz der Grugahalle das Highlight, da hier regelmäßig über 60 Fahrgeschäfte dazu einladen, mal eine Runde zu drehen. Der direkt daran anschließende Kinderflohmarkt ist ebenfalls was für die Kleinen, er ist Teil des mittlerweile größten Flohmarkts des Ruhrgebiets. Der Flohmarkt, übrigens auch einer der größten Deutschlands, hat sich zu einem echten Treff für Sammler und Schnäppchenjäger entwickelt, da man hier wenig Neuware findet und auch die obligatorischen Fressbuden nicht im Vordergrund stehen. Die offerierten Waren stammen da eher von Muttis Dachboden und aus Ommas Keller.

Ich persönlich besuche den Trödelmarkt schon seit sehr vielen Jahren. Bereits als Kind wurde ich noch mit dem Kinderwagen durch die Reihen mit Decken und Tapeziertischen geschoben. Es folgte das zweite Fortbewegungsmittel, das mich von nun an dem Trödel in der Nachbarstadt näher brachte, nämlich das Fahrrad. Später fuhr ich häufig mit dem Zug nach Essen, um das Sommerfest zu besuchen. Nun begannen auch langsam die unzähligen Bars und Cafés in direkter Nachbarschaft des Sommerfestes Eindruck zu hinterlassen, so dass ein Besuch des Festes auch wunderbar mit einem Abend in Rüttenscheid kombiniert werden konnte. Irgendwann zog ich dann ganz nach Rüttenscheid. Natürlich nicht wegen des Trödelmarktes, aber praktisch war die Nähe zum Sommerfest trotzdem.

Mittlerweile fahre ich regelmäßig mit dem Auto dorthin, so dass ich sagen kann, dass ich das Sommerfest an der Gruga schon mit dem Kinderwagen, dem Fahrrad, dem Zug, dem Auto und natürlich zu Fuß besucht habe und wahrscheinlich irgendwann auch noch mit dem Rollator mal dort vorbeischauen werde. Es gibt eben Veranstaltungen, die mit einem gemeinsam alt werden.

Das Sommerfest an der Gruga findet neuerdings immer im Juli und nicht mehr im August statt, da es von einer großen Industrieausstellung im Jahr 2012 von seinem angestammten Termin verdrängt wurde. Aber daran hat man sich mittlerweile gewöhnt.

Eine Sammelleidenschaft ist eine Qual, da man oft mitten in der Nacht aufstehen muss, um diverse Trödelmärkte nach Fundstücken zu durchpflügen. Das Sommerfest ist aber das frühe Aufstehen wert, denn hier gibt es neben der Suche nach alten Schätzchen immer noch unzählige weitere Unterhaltungsmöglichkeiten für die ganze Familie.

Ach ja. Wenn Sie noch alte Comicsammlungen aus dem vorigen Jahrhundert auf Ihrem Speicher vermuten – am Ende dieses Buches finden Sie meine Mailadresse.

Weil wir hier Revierparks haben

Hömma! Gehse heute in Stadtgarten?

Dieser doch recht umgangssprachliche Hinweis deutete über viele Jahrzehnte darauf hin, dass man seine Freizeit im Ruhrgebiet gerne in sogenannten Stadtgärten verbrachte. Das ist auch heute noch der Fall, allerdings wollte sich der industriell geprägte Ruhri nicht mehr mit einer Allerweltserfindung wie den Stadtgärten zufrieden geben. Und so entstanden im Ruhrgebiet in den Siebzigerjahren zahlreiche»Revierparks«, die dem Ruhrpottler eine Gelegenheit bieten sollten, sich mit Kind und Kegel ins weitläufigere Grün zu begeben und sich dort zu amüsieren.

Das Konzept der Revierparks lag bereits in den Zwanzigerjahren vor, doch erst in den Siebzigern wurden die Parks dann an fünf Orten im Ruhrgebiet realisiert. Dass der Autor dieses Buches ebenfalls in den Siebzigerjahren geboren wurde, war eine Laune der Natur, denn … nein, es war eine Laune meiner Eltern. Aber die Kombination Revierparkgründung und Autorenproduktion stellte sich als großer Glücksgriff heraus. Vor allem für die Eltern des Autors, die den Spross nun regelmäßig in die neu gestalteten Revierparks mitnehmen konnten.

Die Revierparks im Ruhrpott zeichnen sich dadurch aus, dass sie neben zahlreichen Grünanlagen auch vielfältige Sport- und Freizeitanlagen beheimaten, sodass man hier stundenlang Minigolf spielen oder im Spaßbad herumplanschen kann. In dieser Hinsicht haben sie den damals doch eher biederen Stadtgärten und -parks einiges voraus.

Meine Heimspielstätte war damals der Revierpark Nienhausen an der Stadtgrenze von Gelsenkirchen zu Essen, der 1972 eröffnet wurde und mir als Kind ein Wunderland der Möglichkeiten bot.

Besonders beliebt war dort der Holzspielplatz, auf dem man riesige Türme aus Stämmen bauen konnte, wodurch man zum Burgherrn für einen Tag wurde. Heutzutage würden die Mütter der kleinen Torben-Hendriks wahrscheinlich die Hände über dem Kopf zusammenschlagen, wie man denn so etwas Gefährliches in Kinderhände geben konnte. Das ansässige Freibad und der Rodelhügel im Winter boten ebenfalls immer einen Grund, mit den Eltern in den Revierpark zu marschieren.

Auch in der Jugend konnte ich dem Revierpark treu bleiben, da hier regelmäßig Sommerfeste und Mittelaltermärkte für ein abwechslungsreiches Programm sorgten. Trödelmärkte und sogar Comedy-Veranstaltungen in den angrenzenden Veranstaltungsräumen locken noch heute zahlreiche Ruhris in die Revierparks der Region.

Und nun, da der Autor in die Jahre gekommen ist und das Bauen von Holztürmen nicht mehr ganz oben auf der Liste der schönsten Unterhaltungsangebote steht, wurde passend zu meinem Alterungsprozess der Gesundheitspark Nienhausen eröffnet, der dem stressgeplagten Ruhri einen Kurzurlaub vor der Haustür verspricht. Viele Besucher nutzen die Gelegenheit, sich bei einer Massage die Rückenwirbel wieder auf rechts drehen zu lassen oder im Solebecken Salzwasser zu schlürfen. Im benachbarten Park hat man dann im Anschluss die Möglichkeit, einen ausgedehnten Spaziergang zu machen.

Der dienstälteste Revierpark im Ruhrgebiet (gegründet 1970) ist aber der Gysenbergpark in Herne, in dem die Besucher sogar durch einen kleinen Tierpark wandern können. Hier sorgen ein Spaßbad und eine große Eissporthalle für Abwechslung.

1974 folgte dann der Revierpark Vonderort in Oberhausen und im Jahr 1976 der Revierpark Wischlingen in Dortmund. Der Revierpark Mattlerbusch in Duisburg war 1979 der letzte Revierpark, der im Ruhrgebiet angelegt wurde.

Die Revierparks haben also in den Siebzigerjahren einen hohen Freizeitwert geschaffen und zudem jede Menge Grün vor die Haus-

tür geholt, das den industriell geprägten Städten jenseits der Stadtgärten und Stadtteilparks die Gelegenheit für Ausflüge und Unterhaltung gibt.

Und immer wenn es Herbst wird und ich mich gezwungener-
maßen mit dem Hacken von Holz im Garten beschäftige, stelle ich
schweißgebadet fest, wie unbekümmert und schön doch das Bauen
der Holztürme in den späten Siebzigern im Revierpark Nienhausen
war.

Weil hier der Stairway to Heaven ist

Die Musikgruppe Led Zeppelin hat vor vielen, vielen Jahren mal den *Stairway to Heaven* besungen. Ein sehr melancholisches Lied aus der Feder von Robert Plant, der den Text in den Siebzigerjahren schrieb. Dass er sich dabei von der Himmelstreppe in Gelsenkirchen an der Stadtgrenze zu Wattenscheid inspirieren ließ, ist wohl eher unwahrscheinlich.

Aber auch hier steht eine Himmelstreppe, die durchaus das Zeug hat, mal besungen zu werden. Die Himmelstreppe trägt ihren Namen zu Recht, denn wenn man die mühsame Klettertour zur Spitze des Kunstwerkes hinter sich gebracht hat, dann fühlt man sich wirklich dem Himmel sehr nah.

Die Himmelstreppe ist ein begehbares Landschaftskunstwerk auf einer ehemaligen Abraumhalde der Zeche Rheinelbe in Gelsenkirchen, das in drei Teile geteilt ist. Der erste ist ein spiralförmig angelegter Weg, der vom Fuße der Halde bis kurz unter das Plateau führt. Die Halde gehört im Ruhrgebiet zu den sogenannten brennenden Halden, das heißt, es handelt sich nicht nur um Abraum, der hier bis 1999 aufgeschüttet wurde, sondern auch um Kohlereste, die unterirdisch immer mal wieder für Schwelbrände sorgten. Eigentlich mehr der Stairway zur Hölle, aber na gut.

Sehr gerne wird die Halde beziehungsweise die spiralförmige Streckenführung auch von Mountainbikern genutzt, die sich im Laufe der Zeit zudem eigene verschlungene Wege gesucht haben.

Am Plateau der Halde angekommen, beginnt dann der zweite Teil, der eigentliche Weg über eine lange Treppe gen Himmel. Der Sportbegeisterte, der hier noch Puste hat, kann die Treppe dann in Richtung Haldenspitze besteigen. Die Treppe führt zum letzten Teil des Landschaftskunstwerkes, einem großen Turm aus mehreren übereinandergestapelten Steinblöcken, die der Halde und somit der Himmelstreppe die Krone aufsetzen. Von diesem Punkt bietet sich den Kletterern ein wunderschöner Blick über große Teile Gelsenkirchens, Bochums und weit über Essen hinaus bis nach Oberhausen.

Die Himmelstreppe wurde, so wie sehr viele Landschaftsmarken, in den Neunzigerjahren im Zuge der Bauausstellung Emscher Park errichtet. Die eigentliche Zeche Rheinelbe, die die Halde damals nutzte, ist bereits seit den Zwanzigerjahren des letzten Jahrhunderts geschlossen, aber die Nutzung der Halde währte länger.

Mittlerweile ist das ganze Gelände unterhalb der Halde zu einem Naherholungsgebiet geworden, das durch dichten Baumbewuchs zu schönen Spaziergängen einlädt. Der Birkenwald, der hier im Laufe der Jahre entstanden ist, wird auch Skulpturenwald genannt. Industrielle Abfälle aus Metall, Holz und Stein werden von einem Künstler hier regelmäßig zu neuen Skulpturen geformt und im ganzen Wald aufgestellt. Auch abseits der herkömmlichen Wege findet man diese ausgefallenen Kunstwerke, die alle eine hintergründige Bedeutung haben.

Die Halde Rheinelbe ist ein weiterer Berg im Alpenpanorama Ruhrpott, der sich als einmalige Kunstlandschaft in Kombination mit einem Naherholungsgebiet für die ganze Familie erweist.

Weil hier der größte Chemiebaukasten der Welt steht

Wenn Sie das Ruhrgebiet bereisen und sich in diesem Zuge auch mit der Industriehistorie der Region befassen, dann werden Sie in erster Linie auf die Bereiche Kohle und Stahl treffen. Der Ruhrpottler ist auf Kohle geboren und hat ein Herz so weich wie Krupp-Stahl.

Im nördlichen Ruhrgebiet, in Marl, hat sich aber auch die chemische Industrie einen Namen gemacht. Seit 1938 gibt es hier chemische Produktion. Heute heißt das Gelände Chemiepark Marl und ist einer der größten Industrieparks in ganz Deutschland. Allein 55 Kilometer Straßen führen über das gesamte Gelände, auf dem derzeit 30 Unternehmen über 10.000 Menschen beschäftigen.

Der Chemiepark in Marl ist Teil der Route der Industriekultur und kann daher auch offiziell besichtigt werden. Hier ist Chemie also live zu erleben. Fast so wie früher, als der Chemielehrer mit seinem beschmierten Kittel vor die Klasse trat und einem erklärte, warum auch Kuhmist explodieren kann.

Im Chemiepark werden alle möglichen chemischen Produkte mit so vielversprechenden Namen wie Alkylphenole, Butyraldehyd oder Polyethylenglykole hergestellt. Wofür man die benötigt? Das kam in der Chemiestunde dran, als ich krank war.

Der Chemiepark umfasst heute über 100 Produktionsgebäude und ist für jeden industrieinteressierten Besucher ein lohnenswertes Ziel. Er ist der einzige noch aktive Ankerpunkt der Route der Industriekultur. Die Führung erfolgt dreimal wöchentlich mit einem Bus, um die ganze Dimension der Anlage überhaupt bewältigen zu können. In eineinhalb Stunden können sich die Besucher dann spannende Dinge erläutern lassen. Zum Beispiel wird im Chemiepark Marl Luft in ihre Einzelteile zerlegt. Ich kannte das bisher nur von meinem alten Auto im Angesicht der nächsten Werkstatt. Auch erfährt man, dass viele Rohrbrücken, die den Park durchziehen, nicht mehr geschweißt oder genietet, sondern geklebt werden.

Ob mein Chemielehrer diese imposante Industrieanlage jemals besucht hat, weiß ich leider nicht, aber mit seinen wilden Experimenten hat er uns bereits als Kinder neugierig gemacht, wie das denn alles so funktioniert mit der Chemie und dem Kuhmist.

Weil wir auch gerne mal eine Extraschicht fahren

Nachdem Sie in diesem Heimatroman nun schon einige Male über die sogenannte Route der Industriekultur gestolpert sind oder gestolpert wurden, möchte ich Ihnen noch eine sehr beliebte Veranstaltung vorstellen, die einmal jährlich an den Punkten dieser Route stattfindet.

Die Rede ist von der sogenannten Extraschicht, also der Nacht der Industriekultur. Die Extraschicht ist also eine Nachtschicht und bietet an zahlreichen Ankerpunkten der Route Veranstaltungen und Mitmachaktionen an. Das ist ein bisschen so wie mit Ihrem Garten. Den hegen und pflegen Sie das ganze Jahr über. Sie sind wegen seiner Pracht in der ganzen Umgebung bekannt. An manchen Sommertagen feiern Sie aber auch gerne mal ein großes Grillfest, um anderen den Garten zu präsentieren.

Die Nacht der Industriekultur ist allerdings mehr als ein Grillfest, denn hier geht es ja darum, den Wandel der Industrieregion eindrucksvoll vor Augen zu führen und Einheimischen, aber vor allem Besuchern zu zeigen, wie diese alten Industrieanlagen heute genutzt werden.

Man sollte sich am besten die ganze Nacht Zeit nehmen und versuchen, so viele Veranstaltungen wie möglich in seine Reiseroute einzuplanen. An diesem Abend, oder besser die ganze Nacht hindurch, ist das Ruhrgebiet nämlich in Sachen Nahverkehr ausnahmsweise mal richtig gut vernetzt, sodass man mit Shuttlebussen und -bahnen viele Attraktionen dieser Eventnacht besuchen kann.

In derzeit 19 Ruhrgebietsstädten werden an 50 Spielstätten über 200 Programmpunkte angeboten. Besonders eindrucksvoll sind die bunt und spektakulär angestrahlten alten Industriebauten, die jeden alten Pütt optisch zu einem kleinen Las Vegas werden lassen.

2001 wurde die Extraschicht zum ersten Mal gefahren und sie hat sich seitdem zur bestbesuchten Nachtschicht der Welt gemausert, denn im Schnitt machen sich zwischen 100.000 und 200.000 Menschen auf die Reise in die Ruhrpottnacht.

Dem Veranstalter ist dabei die nicht alltägliche Mischung aus maroder Industrieromantik und anspruchsvoller Kultur am wichtigsten. So kann es passieren, dass auf einem Förderturm ein Geigenspieler die Besuchermenge begeistert oder in der ehemaligen Walzstraße eines Stahlwerks ein Klavierkonzert gegeben wird. Die Menschen sollen auf diese Weise die oft öde Vergangenheit des Arbeitsalltags und den Wandel der Region im 21. Jahrhundert zu spüren bekommen.

Extraschichten werden ja eigentlich nur gefahren, wenn es bei einer Sache eine große Nachfrage gibt. Hier im Ruhrgebiet ist die Extraschicht selbst das Produkt, das sich großer Nachfrage erfreut und für Jung und Alt jedes Jahr ganz viele besondere Highlights bereithält.

Weil wir ein eigenes Wörterbuch haben

So, verehrte Leserschaft, jetzt wird es wieder Hardcore. Keine Sorge, alles jugendfrei, aber doch etwas speziell. Die Feuilletonisten der großen Tageszeitungen und die Buchkritiker des *Literarischen Quartetts* können ja mal kurz weiterblättern, aber die folgenden Zeilen gehören zum Ruhrpott dazu.

Das Ruhrgebiet hat nämlich im Laufe der Zeit so viele kuriose Fremdwörter entwickelt, dass es mittlerweile sogar eigene Wörterbücher dafür hat. Die Bücher werden gerne zu allen möglichen Anlässen verschenkt, um zu zeigen, wie bekloppt wir hier alle sind. Im Großen und Ganzen zeigt es aber nur, dass wir es mit der Sprache hier auch gerne mal etwas entspannter sehen. Zahlreiche Stilblüten haben sich so im Laufe der Jahrzehnte entwickelt, von denen ich Ihnen nun die schönsten einmal vorstellen und erläutern möchte.

Weit vorne steht der schöne Ausdruck »andötschen«, den viele vielleicht kennen, die schon einmal ein Umzugsunternehmen beauftragt haben und sich anschließend gewundert haben, warum die Möbel denn nun so viele Macken an den Kanten haben. Ähnliches gilt übrigens auch für die Stoßstange am Auto oder die verklumpten Pakete, die einem der Bote an der Tür übergibt. Alles irgendwie angedötscht. Ist etwas angedötscht, können Sie dem Gegenüber auch mal Schadensersatz »appknöppen«.

Sehr schön ist auch der Klassiker »betutteln«. Wenn Sie mit 38 so langsam mit dem Gedanken spielen, aus Ihrem Kinderzimmer auszuziehen, dann kann man davon ausgehen, dass Sie bis zu diesem Zeitpunkt recht ausgiebig betuttelt wurden, da Sie es im Hotel Mama wohl sonst nicht so lange ausgehalten hätten. Haben Sie die heimischen Gefilde dann erst einmal verlassen, können Sie ohne Aufsicht der strengen Mutter jede Menge Trallafitti machen. Auch ein schöner Begriff, oder?

Eine weitere Stilblüte im Sprachgebrauch des Ruhris ist sicher der Begriff »Fisimatenten«, der einen Zwergenaufstand beschreibt. Macht man viel Gezumpel mit wenig Begründung, dann macht man allerhand Fisimatenten. Eine genaue Bedeutung zu finden scheint aussichtslos, da niemand so genau sagen kann, wo solch kuriose Worte eigentlich herstammen.

Na ja, machen wir mal nicht so viel Heckmeck um dieses Wort und wenden uns dem nächsten Highlight zu. Wussten Sie zum Beispiel, dass das charmante Wort »Adamsapfel« bei uns »Kotzkröppken« heißt? Eigentlich keine so nette Übersetzung, oder?

Ein Klassiker in Sachen lustige Wörter ist auch der Begriff »prötscheln«, den jeder Hobbykoch mit Sicherheit schon verwendet hat, er bedeutet »kochen« oder »köcheln«. Für den Begriff »Schisselameng« gebe ich mal ein Beispiel. Wenn Sie morgen zu Ihrem Chef ins Büro gehen und ihm sagen, was Sie von ihm halten, dann haben Sie spätestens übermorgen eine Menge Schisselameng am Hals. Können Sie ja mal ausprobieren.

Das absolute Highlight unter den Ruhrgebietswörtern, das in keinem ordentlichen Ruhrpottwörterbuch fehlen darf, ist der Begriff »verkasematuckeln«. Nachdem Sie sich nämlich nun bei Ihrem Chef die fristlose Kündigung für Ihr offenes Wort abgeholt haben, kann der mit Fug und Recht behaupten, dass der Ihnen ganz schön einen verkasematuckelt hat.

Weil wir hier auf Hamburg machen

Wenn Sie der Weltstadt Hamburg mal einen Besuch abgestattet haben, dann werden Sie vermutlich Ihren Reisebericht mit dem Satz beginnen: »Wir haben da 'ne schöne Hafenrundfahrt gemacht.« Na, super. Und dafür fahren Sie bis nach Hamburg?

Der Hafen in Duisburg, oder, korrekt betitelt, die Duisburg-Ruhrorter Häfen haben nämlich das Gleiche zu bieten. Zwar ist das gesamte Hafenareal wesentlich kleiner als das in Hamburg, aber dafür ist das Duisburger Hafengebiet der größte Binnenhafen Europas und liegt an der Schnittstelle zwischen Rhein und Ruhr. Nimmt man die privaten Hafenbecken der ansässigen Unternehmen noch mit in die Rechnung hinein, handelt es sich sogar um den größten Binnenhafen der Welt. Zwar wurden so exklusive Schiffe wie die Gorch Fock oder die Queen Mary 2 noch nicht in Duisburg gesichtet, aber das ganze Gelände muss sich vom Flair her nicht hinter dem großen Bruder in Hamburg verstecken. Auch der Fischmarkt ist nicht mit dem in Hamburg vergleichbar, aber dafür hat Schimanski im Duisburger Hafen schon so einige Autos versenkt, sodass der erste Schimanski-*Tatort* folgerichtig auch in Ruhrort spielte.

Rein wirtschaftlich betrachtet haben derzeit circa 250 Firmen ihren Sitz an den 21 Hafenbecken und beschäftigen dort weit über 36.000 Menschen. Der Hafen ist für Duisburg und das gesamte Ruhrgebiet also zu einem bedeutenden Wirtschaftsfaktor geworden.

Wie alle anderen sehr alten Bauwerke im Ruhrgebiet hat auch die Hafenanlage in Duisburg eine bewegende Geschichte hinter sich, die wie so vieles ihren vorübergehenden Tiefpunkt im Zweiten Weltkrieg fand. Rund 300 Luftangriffe auf die Stadt Duisburg sorgten dafür, dass im Hafen mehr als 300 Schiffe versenkt und weitere

100 stark beschädigt wurden, sodass die Schifffahrt an Rhein und Ruhr rund um Duisburg fast vollständig zum Erliegen kam. Heute hat sich der Hafen nicht nur wirtschaftlich erholt, sondern ist auch zu einem wahren Besuchermagneten geworden, da es auf dem gesamten Gelände vieles zu entdecken gibt und zahlreiche Schiffe Hafenrundfahrten anbieten.

Ein Highlight ist jedes Jahr das Ruhrorter Hafenfest an den Promenaden, bei dem es ein umfangreiches kulturelles Programm gibt. Es findet mit einem gigantischen Höhenfeuerwerk seinen Abschluss – Ruhrort in Flammen hat sich als Veranstaltung fest etabliert. Auch das 1974 gegründete Museum der Deutschen Binnenschifffahrt steht natürlich im Duisburger Stadtteil Ruhrort und legt Zeugnis darüber ab, wie sich die Schifffahrt auf Rhein und Ruhr entwickelt hat und was den Duisburger Hafen gestern und heute ausmacht. Am schönsten ist die Entdeckung des Hafengeländes aber natürlich vom Wasser aus, sodass Sie sich am besten auf zahlreichen Hafenrundfahrten mit verschiedenen Themen-

Hier hat Schimanski schwimmen gelernt. Der Hafen in Duisburg-Ruhrort.

schwerpunkten einen Eindruck vom Flair des Ruhrpotts machen können. Duisburg von einer seiner typischsten Seiten quasi.

Und da man ja bekanntlich die Kirche im Dorf lassen soll, möchte ich Ihnen auch nicht die beiden aktiven Kirchenschiffe vorenthalten, die regelmäßig in und um Duisburg zum Einsatz kommen. Für die evangelischen und für die katholischen Ruhrpottler unter uns bietet sich hier die Möglichkeit, regelmäßig für eine Handbreit Wasser unter dem Kiel zu beten. Na dann. Halleluja, Duisburger Häfen.

Weil diese Meile Flair hat

Im Jahr 2000 zog ich aus meiner Heimat Gelsenkirchen in das benachbarte Essen. Der Szenestadtteil Essen-Rüttenscheid war damals wie heute ziemlich angesagt und hatte neben vielen Altbauten für wenig und viel Monatsmiete allerhand Gastronomie zu bieten, die man in Gelsenkirchen schon etwas mühsamer suchen musste. Als frischgestarteter Student gab es in Rüttenscheid also die perfekte Möglichkeit, sieben Tage in der Woche das Rüttenscheider Pflaster unsicher zu machen und zudem in einem Stadtteil zu wohnen, in dem jederzeit unglaublich viel Bewegung zu spüren war, da Rüttenscheid eine bunte Mischung aus Studenten, Zugezogenen, aber auch Gutbetuchten und Alteingesessenen ist. Zudem wohnte man trotzdem nah am Hauptbahnhof und auch der grüne Essener Süden war nicht allzu weit entfernt.

Wenn man nach dem Einzug die obligatorischen Ikea-Besuche hinter sich gebracht hatte, dann landete man früher oder später auch auf der Rüttenscheider Straße, die sich als geschäftige Hauptstraße durch den ganzen Stadtteil zieht und ein unglaubliches Flair versprüht. Der weniger reizvollen Parkplatzsituation und den Mietpreisen stehen kleine, nette Geschäfte und eine unglaubliche Impulsivität gegenüber.

Die Rü, wie sie in Anlehnung an die Düsseldorfer Kö, die Königsallee, auch gerne abgekürzt wird, beginnt in Nordrichtung auf Höhe der A 52. Wer hier mit dem Auto von der Autobahn abfährt, kann bereits zu Beginn der Straße in zahlreichen Eisdielen und Bars den Abend starten. Wenn man die Rü dann etwas weiter hinuntergeht, folgen urige Restaurants mit leckerem Speisenangebot, in denen man nicht selten am Wochenende auch mal das Tanzbein schwingen kann und Studierende dem Studium des Gegenüber nachgehen können. Auf Höhe der Messe Essen erreicht man das Girardet Haus, in dem sich heute ein Theater, eine sehr empfehlenswerte Currywurstbude und ein großer Irish Pub befinden. Hier ist man mitten im Herzen der Rü angekommen, da zahlreiche Bars auch Außengastronomie anbieten.

Großer Vorteil der Rü ist, dass sie komplett mit dem Auto befahrbar ist und man auch »nur mal so zum Gucken« mit dem Wagen an den Cafés vorbeidüsen kann. Die Rü punktet aber nicht nur durch ihre Gastronomie. Zahlreiche Veranstaltungen, insbesondere im Sommer, sorgen dafür, dass die Rü mehrmals jährlich zu einem wahren Besuchermagneten wird.

Weit vorne stehen da der Essener Karnevalsumzug, der einen großen Teil der Rü befährt. Ebenso sind das Rü-Fest, das Sommerfest an der Gruga, die Oldtimer-Fahrt Tour de Rü oder Straßenradrennen Gelegenheiten, der Rü einen Besuch abzustatten. Auch in den Seitenstraßen finden sich zahlreiche Möglichkeiten, das Treiben aus angenehmer Distanz zu beobachten.

Die Rü lebt und hat sich in den letzten Jahren sehr stark zum Szenetreff der Schönen und nicht so Schönen entwickelt, die aber meinen, dass sie durch ihren Porsche zusätzliche Eleganz gewinnen. Das hat die Straße natürlich nicht abgewertet, aber doch in vielerlei Hinsicht verändert, da klassische Studentenkneipen, in denen früher nur einmal im Monat gewischt wurde, durch trendige Szenelokale ersetzt wurden. Hierdurch steigt natürlich die Nachfrage nach Wohnraum und so auch die Mieten, sodass sich beim Rüttenscheider Publikum derzeit ein schleichender Wechsel vollzieht.

Ich erinnere mich noch sehr gut an Abende, an denen man sich, wenn die Uhr bereits vier Uhr morgens zeigte, panikartig fragte, wer einem denn um diese Zeit noch eine Currywurst oder eine Frikadelle auf den Teller zaubern konnte. Die Gaststätte Ampütte, die eine sehr lange Tradition auf der Rü hat, konnte dann meist helfen. Nie fehlen durfte dort das Rüttenscheider Urgestein Günter

Semmler, den alle nur Günni nannten. Günni spazierte regelmäßig mit Zylinder und Quetschkommode bewaffnet durch sämtliche Rüttenscheider Kneipen. Hatte er einen guten Tag, spielte er einem ein Lied darauf und genoss das Bier, das man ihm anschließend dafür spendierte. Hatte er einen traurigen Tag, erzählte er einem auch schon mal stundenlang was über seine gestiegene Miete.

Als Günni rechtzeitig zum Beginn des Rauchverbots in den Rü-Kneipen vor einigen Jahren das Zeitliche segnete, sammelte ein ganzer Stadtteil Geld für eine würdige Beerdigung und ehrte den Barden sogar mit einem Denkmal, das man heute noch auf dem Isenbergplatz in Essen bewundern kann. Mit Günni ging im Jahre 2004 ein Rüttenscheider Original von uns.

Auch ich bin im Jahre 2007 gegangen. Zum Glück aber nur zurück in meine alte neue Heimat Gelsenkirchen. Sehr gerne besuche ich aber immer noch die zahlreichen Bars und Veranstaltungen rund um die Rüttenscheider Straße in Essen und genieße den Charme, den diese Meile ausstrahlt.

Weil dieses Schloss nasse Füße hat

Wenn Ihnen das Wasser bis zum Hals steht, dann sollten Sie nicht den Kopf hängen lassen. Alte Häuser haben nun einmal einen feuchten Keller. Bedingt durch die antiquierte Bauweise und die fehlende Abflussmöglichkeit des Regenwassers sind die alten Buden eben gerne mal etwas klamm um die Füße. Das Wasserschloss in Wittringen ist da noch mal eine ganz andere Hausnummer, denn das Schloss steht immerhin komplett im Wasser.

Den Keller des alten Refugiums habe ich mir zwar noch nie genauer angesehen, aber dafür macht der Rest des Gebäudes seit dem 13. Jahrhundert ganz schön Eindruck. Das Wasserschloss steht auf Gladbecker Grund und Boden und ist mittlerweile in den Besitz der Stadt übergegangen. Seit 1984 greift zudem der Denkmalschutz, sodass man sich keine Sorgen machen muss, dass das Schloss mal zugunsten eines Beachclubs abgerissen wird.

Bevor die Stadt das große Gebäude auf der rechteckigen kleinen Insel erworben hat, konnten sich zahlreiche illustre Gestalten des Mittelalters mit »Schlossherr« betiteln, denn das Schloss war früher mal ein Rittersitz, der als Landtag genutzt wurde und zahlreiche Adelsfamilien beheimatete. Auch baulich hat sich das Gebäude im Laufe der Jahrhunderte mal mehr, mal weniger verändert. Vor vielen Jahren zählten zum Beispiel noch große Wehrmauern, Nebenbauten und ein großes Herrenhaus zur Schlossanlage, ebenso auch eine Kapelle mit einem Wanderaltar. Wohin der Altar dann letztlich gewandert ist, kann ich Ihnen aber heute nicht mehr sagen.

Das Schloss wird mittlerweile für vielerlei Veranstaltungen genutzt und ist für jeden interessierten Besucher geöffnet. Hauptpächter ist ein Gastronomiebetrieb, der neben der klassischen Bewirtung auch Veranstaltungen wie Hochzeiten dort ausrichtet.

Man kann es sich dort in einem Jagdzimmer, einem Gildensaal oder einem Kaminzimmer gemütlich machen und das stilvolle Ambiente genießen. Besonders beliebt zum Beispiel für Weihnachtsfeiern sind auch die sogenannten Krimidinner, die einem zum mehrgängigen Menü auch noch ein Theaterstück präsentieren. Mittlerweile gibt es auch ein Draculadinner, was natürlich sehr gut zu dem alten Gemäuer passt.

Mehrmals jährlich finden auf der Schlossanlage auch Märkte und Ausstellungen statt, bei denen Künstler, Bildhauer und Designer ihre Werke zur Schau stellen und auch zum Kauf anbieten. Im Frühling gibt es die Wittringer Gartentage, die dem Blumenfreund außergewöhnliche Grünpflanzen im Schlossgarten nahebringen und zum Bestaunen einladen.

Ein ebensolches Highlight ist der in der Weihnachtszeit dort stattfindende Adventsmarkt, auf dem dann große und kleine Weihnachtswichtel die besinnliche Zeit einläuten und sich bei kulinarischen Besonderheiten auf das Christkind vorbereiten können.

Das Wasserschloss Wittringen ist also was für das ganze Jahr. Gummistiefel brauchen Sie aber nicht. Eine alte Brücke führt auf die Insel, sodass Sie trockenen Fußes diesen schönen alten Kasten in Gladbeck betreten und bestaunen können.

WENN SIE HIER SCHON EWIG UND DREI TAGE LEBEN

Weil die Hollywoodstars in Recklinghausen Kaffee trinken

Recklinghausen und Hollywood. Eine Kombination, die so nahe-liegend ist wie Las Vegas und Duisburg-Marxloh, finden Sie nicht auch? Aber Vorsicht, Recklinghausen ist der heimliche Hot-spot der Topschauspieler aus Hollywood. Die Stadt hat eine eher geringe Kinodichte. Das mag daran liegen, dass sie vielleicht etwas weniger Einwohner als beispielsweise Berlin oder Hamburg hat. Aus diesem Grund muss Recklinghausen irgendwann mal auf die Idee gekommen sein, sich die Stars einfach persönlich in die City zu holen.

Die bekannteste Geschichte, die mittlerweile natürlich ein wenig an Aktualität verloren hat, ist die um die deutsche Omma von Leonardo DiCaprio. Im benachbarten Oer-Erkenschwick malten wilde Teeniehorden ganze Hauswände ihrer Mietwohnung mit Herzchen an und die Straße, in der sie wohnte, stand zu *Titanic*-Zeiten ebenfalls kurz vor dem Untergang. Die Dame weilt mittler-weile nicht mehr unter den Lebenden, sorgte aber vorher dafür, dass ihr berühmter Enkelsohn der Omma regelmäßig einen Be-such abstattete und häufig auch den Weg in die Recklinghäuser City fand, um dort einen Kaffee oder ein ordentliches deutsches Bier zu trinken. Ob er den Namen Recklinghausen fehlerfrei aus-sprechen konnte, ist zwar nicht überliefert, aber die dortige Altstadt scheint ihm wohl gefallen zu haben. Schließlich tobte Leonardo bereits in der Kindheit bei seinen Deutschlandbesuchen gerne mal hier herum. Schade eigentlich, dass diese Zeit vorbei ist, denn Weg-begleiter berichten, dass er früher auch ab und an seine damalige Freundin Gisele Bündchen mit im Schlepptau hatte.

Ja, der Leo und seine German Omma.

Der Kaffee-Hotspot von ganz Hollywood. Die Innenstadt von Recklinghausen.

Das alleine reichte Recklinghausen aber noch nicht aus, denn eine deutsche Omma macht noch kein Hollywood und so geschah es, dass man für die Ruhrfestspiele 2008 die Hollywoodschauspieler Kevin Spacey und Jeff Goldblum ins beschauliche Recklinghausen lockte. Und Sie können sich denken, was geschah. Die beiden wurden beim Kaffee in der Altstadt gesichtet. Doch der Reihe nach.

Kevin Spacey ist oscarprämiert. Punkt. Jeff Goldblum ist, na ja, er war mal *Die Fliege*. Zu lange her. Okay, er war einer aus *Jurassic Park*. Na ja, er ist halt auch irgendwie eine Hollywoodlegende und für Recklinghausen eine richtig große Nummer. Spätestens zu diesem Zeitpunkt war Recklinghausen also mit Weltstars gesegnet und ein kleiner, aber feiner Hauch des internationalen Filmbusiness weht seitdem durch die City of Recklinghausen.

Übrigens: Ralf Möller, der große Schauspiel-Hüne aus zahlreichen Blockbustern wie *Gladiator* und *Hai-Alarm auf Mallorca,* ist gebürtiger Recklinghäuser und hat so mit Sicherheit auch schon einmal in seinem Leben einen Kaffee in der City of Recklinghausen getrunken. Wie komm ich denn jetzt auf den?

Möchte Recklinghausen aber den Ruf der Kaffeestadt für Hollywoodstars noch etwas ausbauen, so empfiehlt es sich, dringend mal Herrn George Clooney einzuladen, denn der kennt sich mit Kaffee ganz besonders gut aus. Auch Brad Pitt mit seiner Angelina und den 26 Kindern würden den hiesigen Gastronomen umsatztechnisch sicher richtig guttun.

Hollyhausen eben, irgendwo im Ruhrpott.

Weil Hans im Glück aus Herne 2 kam

Es gab in Deutschland mal eine Zeit, in der man mit vier- statt mit fünfstelligen Postleitzahlen auskam. Das war die Zeit, in der Herbert Grönemeyer sein Album *4630 Bochum* zimmerte und man mit der 4 am Anfang direkt als Ruhrpottproll abgestempelt wurde, egal aus welcher Stadt man tatsächlich stammte. Hinter der Postleitzahl gab es dann noch eine zweite Ziffer, die auf den Stadtteil hinwies. In Herne stand die 2 für den Stadtteil Wanne, also Wanne-Eickel. Kam man aus Herne-Wanne, erwähnte man also erst ganz elegant, dass man aus Herne 2 sei, bevor man dann selbstbewusst »Wanne-Eickel« hinzufügte und plötzlich mit anderen Augen gesehen wurde.

Es gibt eine sehr schöne Fernsehserie aus den frühen Achtzigern mit dem Titel *Hans im Glück aus Herne 2*, die sich mit den Menschen und ihren Nöten im Jahre 1982 in Wanne-Eickel beschäftigt. Hauptfigur ist der Jugendliche Hans Kolekta, der ein eher trostloses Leben zwischen Büdchen und Arbeitslosigkeit lebt und dem die Freunde und sein Moped wichtiger sind als der Blick in die Zukunft. So weit, so simpel und im Prinzip auch schon Dutzende Male so oder ähnlich im Fernsehen gesehen. Das Erstaunliche an dieser siebenteiligen Serie ist aber die Tatsache, dass sie mit einer unglaublichen Authentizität gespielt wurde, da alle Schauspieler Laiendarsteller waren, die größtenteils ohne Drehbuch oder konkrete Dialoge durch die Serie führten. Und obwohl die Handlung vorgegeben war, demonstrierten die Darsteller auf beängstigend gute Art und Weise den Alltag der Jugendlichen im Stadtteil Wanne-Eickel in einer Zeit, als das Ruhrgebiet bereits mitten im Strukturwandel steckte und man sich zwischen Handwerkslehre oder Bürojob entscheiden musste.

Den Darstellern, die in einer benachbarten Kunstschule zusammengecastet wurden, wurde also größtmöglicher Freiraum in ihrem Spiel gelassen, was der Serie ihren speziellen Charme gibt. Das Kultige an dieser Serie, die jahrzehntelang in den Archiven des TV-Senders verschwunden war und erst vor Kurzem als DVD-Produktion veröffentlicht wurde, sind natürlich die Details und auch die Drehorte, die einen heute schmunzeln lassen. Gedreht wurde zwar an mehreren Orten im Ruhrgebiet und in Norddeutschland, aber Hauptschauplatz der Geschichte ist die Emscherstraße in Herne 2. Auch kommt es heute mitunter lustig daher, wie sich der junge Hans Kolekta im Bauen von Musikboxen aus Holz schlägt und sich damit allen Ernstes selbstständig machen möchte. Der MP3-Player lässt grüßen. Neben der obligatorischen Tana Schanzara, die ja in keiner guten Ruhrgebietsproduktion fehlen darf, ist auch der noch sehr junge Dieter Pfaff zu sehen.

Die Serie sollte eigentlich *Die Nicht-Aufsteiger* heißen, was den Verantwortlichen dann aber wohl zu negativ angehaucht klang, sodass man sich für die fröhlichere Variante *Hans im Glück aus Herne 2* entschied.

Wer nun Lust bekommen hat, das Ruhrgebiet vergangener Jahre aus der Sicht von Filmemachern zu sehen, dem sei auch noch die Serie *Tour de Ruhr* ans Herz gelegt. Auch hier steht weniger die simple Handlung im Mittelpunkt, sondern vielmehr die Drehorte im ganzen Ruhrgebiet. Zwei Familien brechen mit dem Fahrrad auf, um durch das Ruhrgebiet der frühen Achtzigerjahre zu fahren, und erleben auf ihrer mehrtägigen Tour zahlreiche Konflikte mit sich selbst und mit anderen Protagonisten am Wegesrand.

Man sieht, dass häufig der Ruhrpott selbst mit seinen Menschen und seinen Plätzen der Star vieler TV-Produktionen war und es nicht zwangsläufig berühmte Schauspieler brauchte, um seinen Charme einzufangen.

Das Ruhrgebiet ist halt eine große Bühne mit zahlreichen Charakterköpfen, die das Theaterstück Ruhrpott jeden Tag neu choreografieren und lebendig halten. Egal ob man nun aus 45879 Gelsenkirchen oder Herne 2 kommt.

Weil die Zeche Carl Kultur pur ist

Kennen Sie die Zeche Carl in Essen? Na, ich hoffe doch, denn die ist eines der bedeutenden Kulturzentren im Ruhrgebiet. Wie der Name vielleicht erahnen lässt, wurde auf der Zeche Carl ursprünglich Kohle abgebaut. Das ist lange her und bei Hunderten Zechen im Ruhrpott auch gar nicht weiter erwähnenswert. Die Folgegeschichte der Zeche und des Hauptgebäudes hat es dagegen schon in sich.

Die Zeche Carl wurde nämlich nach ihrer Schließung im Jahre 1970 bereits 1979 zum sogenannten soziokulturellen Zentrum umgebaut und sollte den Menschen von nah und fern als Veranstaltungsort und Begegnungszentrum dienen. Was sich fortan hier etablierte, ist bis heute ein faszinierendes Stück Kulturgeschichte. Die Zeche Carl hat nämlich von Anfang an ein sehr vielfältiges Programm auf die Bühne und in die Hallen bekommen. Kleinkunst, Comedy, Lesungen und die ersten Schritte zahlreicher Bühnenkünstler von heute, wie Atze Schröder, haben dazu beigetragen, dass sich die Zeche Carl einen sehr guten Ruf in Künstlerkreisen erarbeitet hat. Ruhrpotturgestein Herbert Knebel hatte hier seinen ersten Auftritt und Rüdiger Hoffmann hat mir hier vor einem Auftritt bei einem Radiointerview in seiner Garderobe das Du angeboten. Rüdiger, weißte noch!

Die Zeche Carl war aber seit jeher auch was für abends. Ich erinnere mich noch sehr gut an zahlreiche und vor allem regelmäßige Partyreihen mit den Themen Achtziger, Singleabend oder Heavy Metal. Auch die »24 and more«-Partyreihe war legendär. Dass ich hier in der Vergangenheitsform schreiben muss, gefällt mir auch nicht, ist aber leider im Jahre 2008 bittere Realität geworden, als der Betreiberverein der Zeche Carl Insolvenz anmelden musste. Die Zeche Carl existiert zwar mit einem ähnlichen und ebenso umfangreichen Programm auch heute noch, aber der Duft von damals ist irgendwie verloren gegangen. Einen Besuch ist das Areal in und um die Zeche aber heute immer noch wert, denn auch zahlreiche Außenaktivitäten wie Kinderflohmärkte, Fünfzigerjahre-Märkte und eine sehr gemütliche Außengastronomie laden nach wie vor dazu ein, auf Zeche zu gehen.

Besonders schöne Erinnerungen habe ich auch noch an das alte Badehaus der Zeche. Ja, lustig, oder? Zechen hatten früher sogar Badehäuser. Hier wurde nach Schließung der Zeche nämlich der Offene Kanal Essen, OK43, einquartiert, jener Lokalfernsehsender, in dem Menschen wie ich irgendwie machen konnten, was sie wollten. Und das Schöne war, dass dies auch noch städtisch gefördert wurde und man es sich zur besten Sendezeit über Kabel abends im Fernsehen anschauen konnte. Zum Glück nur in Essen.

Die Zeche Carl war und ist für die Stadt Essen also auch immer ein Ort der Begegnung gewesen, der junge Leute zu kreativen Ergüssen ermutigen sollte. Heute steht das gesamte Gebäudeensemble unter Denkmalschutz, sodass trotz wechselnder Betreiber gesichert sein wird, dass die Zeche Carl als Quell der Erinnerung an zahlreiche oft hochprozentige Jugendsünden erhalten bleibt.

Weil man der Jahrhunderthalle ihr Alter nicht ansieht

Circa alle zwei bis drei Jahre findet in der Fußball-Bundesliga ein Jahrhundertspiel statt. Auch die Jahrhundertflut kehrt mit ihren Wassermassen in leider recht kurzen Zeitintervallen zurück und beschert uns Pressemeldungen, die den Gigantismus dieses Ereignisses irgendwie in Worte fassen soll.

Leute, ein Jahrhundertereignis ist etwas, was einem in 100 Jahren genau einmal und nicht 20-mal wiederfährt.

Der Ruhrpott hat auch so etwas Ähnliches, aber hier darf der Zusatz »Jahrhundert-« auch mit gutem Gewissen vorangestellt werden. Die Jahrhunderthalle in Bochum ist nämlich mittlerweile weit über 100 Jahre alt und bietet mit ihren Ausmaßen auch den nötigen Gigantismus. Nach mehreren Erweiterungen umfasst das gesamte Bauwerk nun 8900 Quadratmeter.

Die Jahrhunderthalle ist die ehemalige Gebläsehalle des dortigen Stahlwerks Bochumer Verein. Mit dem Bochumer Verein ist diesmal nicht der VfL Bochum gemeint, sondern eines der größten stahlproduzierenden Unternehmen seiner Zeit. Das Kuriose ist der Weg, den die Halle genommen hat, bis sie an ihrem jetzigen Standort eine Heimat gefunden hat, denn das ganze Gebäude wurde ursprünglich 1902 in Düsseldorf im Zuge einer Industrieausstellung errichtet. Anschließend muss der Bochumer Verein dann bei einem Umzugsunternehmen angerufen haben, um die Halle demontiert nach Bochum schaffen zu lassen, wo sie hier auf dem Stahlwerksgelände im Stadtteil Stahlhausen wieder aufgebaut werden sollte.

Dem Autor liegt eine originale Abschrift dieses Telefonats vor, die ich Ihnen nicht vorenthalten möchte:

Klingeling.

»Umzugsunternehmen Günni Schabulski, guten Tach.«

»Ja, guten Tach, hier ist der Bochum Verein, wir wollen gerne umziehen und suchen einen, der dat für uns macht.«

»Wat muss denn allet mit?«

»Och, nich viel. Nur 'ne 66 mal 20 Meter große Gebläsehalle.«

»Ja, dat is kein Problem. Müssen wa aber wohl zweimal fahren.«

Na ja, und so kam also die Jahrhunderthalle von Düsseldorf ins beschauliche Bochum-Stahlhausen, wo sie nun eleganter denn je inmitten des heutigen Westparks steht. Das Stahlwerk ist mittlerweile zu großen Teilen abgerissen, aber die Jahrhunderthalle wurde erhalten und aufwendig saniert beziehungsweise erweitert. Ein moderner Eingangsbereich aus viel Glas und, na klar: Stahl, lädt Besucher heute in das große Foyer ein.

Das ehemalige Stahlwerksgelände ist zu einem Hotspot für Fahrradfahrer und Fußgänger geworden, da zahlreiche Fahrradwege an der Jahrhunderthalle vorbeiführen und die Halle somit ein gern verabredeter Start- und Zielort für die Zweiradfanatiker geworden ist.

Als die Halle 2003 sozusagen revitalisiert wurde, bot es sich an, sie wegen ihrer Größe auch für entsprechende Veranstaltungen zu nutzen. Der größte mobile nostalgische Indoor-Jahrmarkt findet zum Beispiel regelmäßig in der Halle statt. Da die teils sehr alten Fahrgeschäfte nicht jedes Wetter vertragen, bietet sich den Schaustellern in der großen Halle eine ideale Möglichkeit zum Aufbau ihrer Karussells und Buden.

Auch die Ruhrtriennale, das internationale Fest der Künste, findet seit 2006 regelmäßig in der Halle statt. Besonders medienwirksame Veranstaltungen sind außerdem die Verleihung des Steiger Awards und die der 1Live Krone an die besten Musikacts.

Im Jahr 2009 stand die Halle sogar europaweit im Fokus der Aufmerksamkeit, als hier zum ersten Mal der Europäische Filmpreis verliehen wurde und in 44 Ländern über dieses Ereignis berichtet wurde. Ein echtes Jahrhundertereignis in der Bochumer Jahrhunderthalle.

Weil wir das Göttliche in dir grüßen

Namaste! Der Gruß der Hindus heißt wörtlich übersetzt: »Ich begrüße das Göttliche in dir!« Sehr nett, wie ich finde. Vor allem die Vorstellung, dass demnach jeder etwas Göttliches in sich trägt. Im Ruhrgebiet heißt die standardmäßige Begrüßung ja eher: »Tach, Vatta, wie isset!« Von göttlichem Gedankengut keine Spur.

Wie das nun zusammenpasst? Nun, am Rande des Ruhrgebiets, in Hamm, steht Europas zweitgrößter Hindutempel, der Sri-Kamadchi-Ampal-Tempel, der architektonisch weniger an die Zechensiedlungen nebenan erinnert, sondern vielmehr Ausdruck von Weltoffenheit ist.

Die Geschichte zu diesem außergewöhnlichen Bauwerk begann im Ruhrpott schon vor vielen Jahren. 1989 gründete nämlich ein tamilischer Priester und Bürgerkriegsflüchtling in Hamm im Keller seiner Mietwohnung einen ersten Tempel. Steigende Besucherzahlen sorgten bereits 1992 dafür, dass wohl die letzten Kartoffelsäcke und der Kellerplunder ausgeräumt und die Räumlichkeiten ausgebaut wurden, sodass auch alle Gläubigen dort Platz fanden.

Dass das alles nicht ganz ohne Reibereien mit den Nachbarn über die Bühne ging, war klar, denn einmal im Jahr feiern die Hindus auch ihr traditionelles Tempelfest, auf dem es dann so geschäftig zugeht wie auf der Cranger Kirmes. Zwar weniger mit Lebkuchen und Autoscooter, aber ebenso lebhaft und gut besucht. Während des Tempelfestes zogen dann viele Hindus um den Tempel, um der Göttin, die einmal im Jahr den Tempel verlässt, ganz nahe sein zu können. Die Nachbarn, die mit Göttinnen nicht jeden Tag zu tun hatten, gingen nun auf die Barrikaden. Eine Lösung musste her. Sie wurde in Form eines großen Industriegeländes gefunden, auf dem mit der Genehmigung der Stadt ein Tempel errichtet werden sollte.

Hier war die Parkplatzsituation besser und der Tempel konnte ohne große bauliche Einschränkungen geplant werden.

Der Tempel lockte mittlerweile mehrere Tausend Gläubige aus ganz Deutschland nach Hamm im Ruhrpott. Namaste war nun also im Industriegebiet angesagt und ging in die bauliche Endplanung. Durch Spendengelder konnte so mithilfe eines Architekten eine 1,5 Millionen Euro teure Tempelhalle im südindischen Stil realisiert werden. Neben der Arena AufSchalke und dem Stadion der Borussen in Dortmund ist mit dem Tempel also ein weiterer heiliger Boden im Ruhrpott entstanden. Jedes Jahr pilgern über 25.000 Menschen aus der gesamten Bundesrepublik zu besagtem Tempelfest und huldigen nicht nur ihrer Göttin, sondern segnen auch die Stadt, in der der Tempel steht.

Hamm die gut gemacht in Hamm!

2002 war dann die feierliche Eröffnung des gesamten Areals. Heilig war der Boden um den Tempel herum aber bereits, als dort noch Bagger und Mischmaschinen standen. Heute ist das Gelände ein offener Ort für alle, die sich für die Kultur und die Religion der Hindus interessieren. Es werden Führungen angeboten und jeder kann sich ein Bild davon machen, wie ein riesiger Hindutempel mitten im Ruhrgebiet wirkt. Sie sollten allerdings ohne Hund anreisen, da Hunde in der Religion der Hindus als unrein angesehen werden. Bei dem Gedanken an einen Bernhardiner nach einem Regenschauer halte ich diese Einstellung für nicht verkehrt.

Alle Zweibeiner sind aber herzlich willkommen, hier den Gruß der Hindu zu lernen. Namaste! Oder wie der Ruhri sagt: Schön, datte da bis!

Weil berühmte Komiker »von hier wech« sind

Boah, glaubse! Nach so vielen Seiten über Steine und Traditionen wird es nun mal wieder Zeit, etwas über die Typen im Ruhrgebiet zu schreiben. Und da fällt mir gerade auf, dass unglaublich viele Komiker, pardon Comedians, aus dem Ruhrpott wech sind. Wech im Sinne von abstammend, aber leider auch häufig im wahren Sinne wech, nämlich weg!

Die, die nicht nur räumlich bereits von uns gegangen sind, haben wohl den Grundstein dafür gelegt, dass sich das Ruhrgebiet heute mit gutem Gewissen als die Humorzentrale Deutschlands bezeichnen kann. Der »Godfather of Lach-mich-tot« ist im Ruhrgebiet mit großem Abstand der gute alte Jürgen von Manger, der vor vielen Jahren mit seiner Kunstfigur Adolf Tegtmeier die ganze Republik vor Lachen unter die Sitze schob. Googeln Sie doch mal seine Variante des bekannten Udo-Jürgens-Gassenhauers *Griechischer Wein* mit dem Titel *Bottroper Bier*.

Ebenfalls schon sehr lange aktiv ist Uwe Lyko alias Herbert Knebel, der mit seinem Affentheater seit nunmehr 25 Jahren die Bühnen des Ruhrpotts und drum herum bereist. Seine Darstellung eines waschechten Ruhrpottrentners spricht den Menschen wohl mehr aus der Seele als jeder echte Oppa von nebenan.

Bei so viel männlichem Charme wollten sich auch die Missfits nicht zurückhalten, die in Person von Gerburg Jahnke und Stephanie Überall dem Ruhrpottler die Beziehung zwischen Frau und Mann mal etwas spezieller erläuterten.

Viele Komiker, die fernab der klassischen Bühne auf diverse Arten zum Lachen einladen, stammen ebenfalls aus dem Ruhrgebiet. Der legendäre, leider bereits verstorbene Diether Krebs aus Essen gehörte ebenso zu dieser Riege Komiker wie der allseits bekannte Hape Kerkeling, der in Recklinghausen geboren wurde. Weiße Bescheid, Schätzelein!

Ja, der Ruhrpottler ist schon eine lustige Type. Er lacht nicht nur gerne, sondern vor allem auch über sich selbst.

Atze Schröder führt uns dabei immer wieder in seine Heimat Essen-Kray und Hans-Werner Olm lässt uns an den Exkursionen von Günni Schwagalla, dem King of Kreta, teilhaben.

Ebenfalls auf lokaler Ebene sehr bekannt ist ein Arzt, der nicht auf den Namen Hirschhausen hört, uns aber trotzdem regelmäßig an den medizinischen Wundern der Neuzeit teilhaben lässt. Ludger Stratmann tritt seit über zehn Jahren regelmäßig auf den Bühnen des Ruhrpotts auf und erklärt uns mit typischem Ruhrpottcharme, warum man häufig mal mit seinem Bein zum Arzt kommt.

Aber auch Namen wie Hennes Bender, Ingo Appelt, Piet Klocke, Jochen Malmsheimer und natürlich Helge Schneider sind ohne Wenn und Aber mit dem Ruhrpott verbunden.

Die Liste bekannter Komiker aus dem Ruhrgebiet, die die Lachmuskeln der Bundesbürger strapazieren, ließe sich hier unendlich fortsetzen und zeigt, wie produktiv die Region in dieser Hinsicht ist. Liegt es an der guten Luft? Liegt es an der Verzweiflung der Einwohner des Ruhrpotts, die diese Region nur humorvoll ertragen können? Man weiß es nicht.

Man möchte hoffen, dass dem Nachwuchs nicht die Puste ausgeht und wir auch in vielen Jahren noch mit Stolz betonen können, dass wir den Lachmuskel am rechten Fleck haben, und unseren Humor mit sympathischem Selbstbewusstsein in die Welt hinausposaunen.

Weil die deutschen Oscars in Marl verliehen werden

Die Ruhrgebietsstadt Marl hat vieles zu bieten. Anderes hat sie wiederum auch nicht zu bieten, aber in einer Angelegenheit bietet sie etwas Einmaliges in Deutschland, was jährlich Anlass dazu gibt, dass prominente Schauspieler, Filmemacher und Fernsehschaffende den Weg in die kleine Stadt im Norden des Ruhrgebiets auf sich nehmen.

Wenn einmal im Jahr dort der anerkannte Grimme-Preis verliehen wird, will natürlich jeder dabei sein und eine der begehrten Trophäen einsacken. Die mittlerweile ausufernde Flut an Fernsehpreisen, die jedes Jahr in Deutschland an alle möglichen Kreativen verliehen wird, hat dazu geführt, dass viele Auszeichnungen an Ansehen und Bedeutung verloren haben.

Umso wichtiger ist für die meisten Kreativschaffenden im Bereich Fernsehen daher der Grimme-Preis, der auch als deutscher Oscar bezeichnet wird. Häufig wird er als einziger Fernsehpreis erachtet, der tatsächlich noch für Qualität steht und unter strengen Auswahlkriterien verliehen wird. Die Nominierung des RTL-Dschungelcamps im Jahre 2013 möchte ich mal als Laune der Natur im Raum stehen lassen.

Verliehen wird der Preis vom ansässigen Grimme-Institut in Marl, welches in den Siebzigerjahren gegründet und mit der Organisation der Preisverleihung beauftragt wurde. Das Grimme-Institut, oder Adolf-Grimme-Institut, wie es früher einmal genannt wurde, beschäftigt sich als Forschungseinrichtung mit den Themen Medien und Kommunikation.

Überreicht werden die Metalltrümmer dann jährlich im Theater im beschaulichen Marl. Dass dieser Fernsehpreis nicht in Berlin, Köln, Hamburg oder München verliehen wird, sondern dort, wo auch das zuständige Institut beheimatet ist, macht diese Preisverleihung irgendwie sehr sympathisch. Marl, und basta! Die zu ehrenden Schauspieler, Produzenten und Regisseure finden sich vorher meist im benachbarten Rathaus der Stadt Marl ein, wo man bei einem großen Hallo unter Kollegen und Journalisten mit Sekt und Häppchen schon mal den Abend und auch den Bauch rund machen kann. Anschließend geht es dann im Autokorso zum Theater, wo meist eine große Anzahl Schaulustiger den Idolen sehr nahe sein kann.

Wenn Sie vielleicht den ganzen Tag damit beschäftigt waren, in Duisburg oder Dortmund ehemalige und aktive *Tatort*-Kommissare bei der Arbeit zu suchen, dann sparen Sie sich die Mühe und kommen Sie im Frühjahr doch mal nach Marl. Hier laufen diese Fernsehpolizisten mit Sicherheit über den roten Teppich und zeigen, dass wir im Ruhrgebiet unsere eigene Oscar-Verleihung haben. Vielleicht nicht ganz so pompös und weltstädtisch wie die in Hollywood, aber dafür mit viel Anerkennung, Charme und Gemütlichkeit. Traumfabrik Marl eben.

Weil der Florian gerne mal Flöhe bekommt

Es wird ja immer wieder gerne behauptet, dass es im Ruhrgebiet kaum Grünflächen gäbe und im Prinzip alles nur trist, schwarz und schmutzig sei. Wenn ich mir meine Garage von innen ansehe, mag das sicher stimmen. Aber auf das Ruhrgebiet trifft das schon lange nicht mehr zu, da sich im postindustriellen Zeitalter die Natur ihren Lebensraum längst zurückerobert hat, was zahlreiche Wälder, Grünflächen und Parks beweisen.

Parks haben im Ruhrgebiet aber eine Tradition, die auch noch weit in die Zeit von Kohle und qualmenden Schornsteinen zurückreicht, denn für den Ruhri war es immer wichtig, Rückzugsmöglichkeiten zu haben, um sich mit der ganzen Familie in der Natur austoben zu können.

Der Westfalenpark im Herzen Dortmunds ist so ein Beispiel, denn er ist nicht irgendein Stadtteilgarten, in dem die Hunde mal gerade was erledigen können, sondern eine gartenbauliche Glanzleistung, die liebevoll gepflegt wird und viele Gründe bietet, dem Park immer mal wieder einen Besuch abzustatten. Immerhin drei Bundesgartenschauen wurden schon auf dem knapp 70 Hektar großen Areal über die Bühne gebracht. Wenn man die Kassenhäuschen des Parks passiert, erwartet einen insbesondere im Frühjahr eine unglaublich liebevoll arrangierte, blühende Pflanzenpracht, die zeigt, wie viel Wert hier darauf gelegt wird, dass man sich für ein paar Stunden wie im Paradies fühlen kann.

Dieses grüne Paradies kann man auch mit dem entsprechenden Gefährt bereisen. Für Kinder gibt es einen Zug, der den Park durchfährt, nicht selten wird er aber auch von Erwachsenen und älteren Herrschaften als Rollatorersatz benutzt. Man ist diesbezüglich im Park flexibel.

Ausgangspunkt für Fahrten mit dem Zug ist der kleine Bahnhof am 220 Meter hohen Florianturm, der sich in der Parkmitte gen Himmel erstreckt. Der Aussichts- und Fernsehturm, der zeitweise das höchste Gebäude Deutschlands war, ist ein weithin sichtbares und bedeutendes Wahrzeichen der Stadt Dortmund, zumal er jedem Besucher der Stadt auch direkt den Weg zum nahe gelegenen Fußballstadion und den Westfalenhallen zeigte. »Mutti, wo muss ich lang? Fahr ma da in Richtung Turm. Wird schon passen!«

Der Florianturm, oder kurz Florian genannt, beheimatet in luftiger Höhe ein Ausflugsrestaurant, in dem man sich auch ohne Alkoholgenuss dreht, denn die Plattform bewegt sich im Kreis und bietet so eine 360-Grad-Ansicht der Umgebung. Eine darüber liegende Aussichtsplattform lädt dazu ein, die Ruhrgebietsluft in knapp 140 Meter Höhe zu schmecken.

Ein nettes Event im Westfalenpark und rund um den Florianturm ist der dort mehrmals jährlich stattfindende Trödelmarkt Flo(h)rian, der im schönen Grün der Parklandschaft eine einmalige Atmosphäre schafft. Der Flohmarkt, der etwa viermal im Jahr stattfindet, ist ein regelmäßiger Anlaufpunkt für Tausende Händler, Schnäppchenjäger und Kinderwagenschieber der ganzen Region und weit darüber hinaus.

Ich sollte also doch noch mal in meine schwarze, triste und unaufgeräumten Garage gehen und schauen, ob ich nicht mal den Trödelmarkt im Westfalenpark als Möglichkeit in Betracht ziehe, um meinen Krimskrams unters Volk zu bringen und gleichzeitig einen wunderschönen Tag in der bunt blühenden Parklandschaft des Westfalenparks zu genießen.

Ich sehe was, was du nicht siehst, und das ist grün! Das Ruhrgebiet!

Weil die Ruhr hier mittendurch muss

Das Ruhrgebiet – das Gebiet an der Ruhr. Dieser Fluss war ausschlaggebend dafür, dass sich hier überhaupt Zivilisation angesiedelt hat und der gute alte Ruhrpott zu dem geworden ist, was er ist. Schließlich gibt sich die Ruhr über eine sehr lange Distanz große Mühe, möglichst elegant ihre Kurven durch das Gebiet zu ziehen, und bietet den Menschen hier so einiges an Nutzen. Doch der Reihe nach:

Die Ruhr hat es ja schon von der Namensgebung her nicht einfach, da niemand gerne nach einer infektiösen Darmkrankheit benannt wird, die im Endeffekt auch immer Flüssiges nach sich zieht. Da die Ruhr aber ein sehr sauberer Fluss ist und die namensgleiche Krankheit so gut wie nicht mehr vorkommt, sieht man das Ganze etwas gelassener. Dass die Ruhr aber zu den Nebenflüssen des Rheins gezählt wird, treibt jedem waschechten Ruhri die Zornesröte ins Gesicht. Liebe Rheinländer, egal ob Helau oder Alaaf. Ihr dürft den Rhein ruhig euer Eigen nennen, aber die Ruhr ist unsere.

Die 219 Kilometer lange Ruhr entspringt schließlich im fernen Sauerland und sucht sich von dort aus den Weg in Richtung Rhein. Nach der Passage kleinerer Orten im Sauerland, wie Meschede oder Bestwig, findet die Ruhr sich schließlich an den offiziellen Grenzen des Ruhrgebiets ein und passiert schöne Fleckchen, wie Schwerte oder Herdecke. Beschaulich wird es für den großstadtgeplagten Ruhri dann ab Witten, wo man sehr schön entlang der Ruhr Rad fahren oder sich mit dem Picknickkorb in den Ruhrauen niederlassen kann. Mit dem Kemnader Stausee auf Bochumer Stadtgebiet erreicht die Ruhr dann einen von sechs Ruhrstauseen. Diese haben einen hohen Freizeitwert, dienen aber in erster Linie dazu, die Wassermenge der Ruhr zu kontrollieren. Zudem haben die

Stauseen auch wasserreinigende Wirkung, damit der Fluss nicht doch irgendwann an die Darmkrankheit erinnert. Folgt man der Ruhr dann weiter in Richtung Westen, so kommt man durch den altehrwürdigen Ort Hattingen, bevor es durch Essen hindurch in Richtung Mülheim geht.

Die Ruhr hat in diesen Städten einen sehr hohen Stellenwert. Zahlreiche Bootsvereine, Campingplätze oder zum Beispiel Beachvolleyballfelder geben mit der Ruhr als Kulisse das Gefühl, mitten in der Natur zu sein. Auch wenn die Ufer der Ruhr nicht sehr stark von Wohnbebauung geprägt sind, möchte jeder, der es sich leisten kann, mit Blick auf die Ruhr, wie zum Beispiel in Mülheim, wohnen.

Für die Schifffahrt ist die Ruhr mittlerweile größtenteils gesperrt. Zwar tuckern noch immer einige Ausflugsschiffe über die Stauseen, etwa über den Baldeneysee. Die klassische Ruhrschifffahrt, wie sie zum Industrieboom im 19. Jahrhundert stattfand, existiert aber zum Glück heute nicht mehr. Damals erinnerte die Ruhr nämlich mehr an den Nachlass einer praxisorientierten Chemiestunde.

Weit im Westen angekommen, hat dann auch irgendwann der schönste Fluss keinen Bock mehr, alleine zu fließen, und so mündet die Ruhr bei Duisburg in den Rhein, um als Niederrhein gemeinsam die Niederlande unsicher zu machen. Und spätestens seit Ährwin Weiss, dem großen Schlagerbarden des Ruhrpotts, wissen hier alle: »Ich bau mich mein Häusken nur anne Ruhr – holleradihi, holleradiho …«

Weil man hier unter Tage heiraten kann

Der schönste Tag im Leben. Na, woran denken Sie da? Abholung des Lottogewinns? A 40 ohne Stau? Grillabend mal ohne Regen? Falsch! Es geht natürlich ums Heiraten.

Das Thema Heiraten hat sich ja in Deutschland zu einem großen Wirtschaftszweig gemausert. Umso wichtiger ist es für das jeweilige Brautpaar natürlich, so individuell wie möglich den Bund fürs Leben zu schließen, damit man den Urenkeln in zig Jahren auch vorstrunzen kann, wie ausgefallen die Prozedur doch vonstattenging. Da wird unter Wasser geheiratet, im Heißluftballon, beim Wasserskifahren oder während eines Fallschirmsprungs.

Im Ruhrpott konzentriert sich die Auswahl der vorhandenen spektakulären Möglichkeiten dann eher auf die Kernbereiche Zeche, Zoo und Fortbewegungsmittel.

Eine sehr ausgefallene Möglichkeit, zu ehelichen, findet der Ruhrpottler beispielsweise im Deutschen Bergbau-Museum in Bochum. Hier kann man stilecht unter Tage heiraten. In der sogenannten Steigerstube finden im Anschauungsbergwerk knapp 16 Personen Platz. Wer unter Platzangst leidet, freut sich im Anschluss an die Zeremonie sicher auf den Umtrunk mit Grubenwasser (Sekt) in luftiger Höhe auf dem Förderturm des Museums.

Auch die Stadt Dortmund bietet Heiraten auf dem Pütt an. Zwar fährt man hier nicht mit dem Brautkleid unter Tage, aber die Zeche Zollern bietet auch über Tage das passende stilvolle Ambiente für eine Trauung der anderen Art. Das Jugendstilportal scheint dabei wie für Hochzeitsfotos gemacht zu sein. Das angrenzende Restaurant Pferdestall bietet anschließend viel Platz für die Hochzeitsbagage.

Apropos Tiere. Wer in Dortmund weniger auf kohlebefleckte Hochzeitskleider steht, der kann sich den schönsten Tag im Leben auch mit dem Duft von Nashorndung oder dem Aroma des Giraffenhauses versüßen. Der Zoo bietet ebenso wie der Duisburger Zoo zahlreiche Stellen auf dem Gelände an, an denen man nach vorheriger Anmeldung, häufig durch die Standesämter, den Bund fürs Leben schließen kann.

Wer während des Ringetauschs lieber unterwegs sein möchte, dem bieten sich im Ruhrgebiet so einige Möglichkeiten, für die Prozedur ein Fortbewegungsmittel zu besteigen. Sehr beliebt ist es in Duisburg, mit einem Schiff Ihrer Wahl in den Hafen der Ehe zu cruisen. Sie können hier wählen zwischen einer Luxusjacht, einem Museumsschiff oder einem echten Radschleppdampfer.

Gern genutzt wird auch die nostalgische Straßenbahn, die dann mit der gesamten Hochzeitsgesellschaft munter durch die Straßen des Ruhrgebiets kreuzt. Man munkelt, dass es gar nicht so einfach sei, Ringe zu tauschen, während man mit einer Hand in der Halteschlaufe steckt.

Im Ruhrpott können Verliebte, die sich schon einmal dafür entschieden haben, den Bund fürs Leben zu schließen, zudem ein zweites Mal heiraten. Alle, die nämlich ihr Herz und ihre Seele bereits an den FC Schalke 04 verloren haben, können das in der stadioneigenen Kapelle auch mit dem Partner der Träume noch einmal tun. Hier sind dann auch blau-weiße Brautkleider gern gesehen.

Weil James Bond in Wattenscheid geboren wurde

Die nun folgende Geschichte werden Sie mir wahrscheinlich gar
nicht glauben wollen, da sie so absurd klingt, dass sie eher in Bücher
der Gebrüder Grimm gehört als in dieses bescheidene Frühwerk. Der
größte Geheimagent der Welt, James Bond alias 007, wurde nämlich im beschaulichen Bochumer Stadtteil Wattenscheid geboren, der
damals noch eigenständig war. Und die Tatsache, dass es extrem viele
Autofreaks in Bochum gibt, die beim Straßenverkehrsamt gerne das
amtliche Kennzeichen BO-ND 7 bekommen hätten, hat damit nicht
das Geringste zu tun. Die Geschichte ist nämlich folgende:
Der Erfinder der Figur James Bond und der Buchreihe, Ian Fle-
ming, hielt sich von jeher sehr bedeckt, was James Bonds Herkunft
anbelangt, wie seine Kindheit verlief und was er sonst noch an bio-
grafischen Eigenheiten aufweist. Der Buchautor John Pearson, ein
langjähriger Assistent Flemings, wollte diese Lücke aber schließen
und entschied sich, eine Biografie über den größten Geheimagenten
aller Zeiten zu verfassen, für die er sich nun auch einen Geburtsort für den kleinen James ausdenken musste. Wie er dabei auf das
beschauliche Wattenscheid im damals sehr industriell geprägten
Ruhrgebiet kam, bleibt für immer sein Geheimnis. Wahrscheinlich schien es ihm am weitesten von der Eleganz der englischen
Krone entfernt und bot so die Möglichkeit, James Bond in ein Umfeld hineinzugebären, das nun wirklich kein Mensch als Erstes mit
dem weltgewandten Geheimagenten in Verbindung bringen würde.
Meine Aufgabe als Ruhrpottkenner ist es nun herauszufinden,
wie der kleine James zwischen all den Rotzblagen des Ruhrgebie-
tes wohl seine Kindheit verbracht haben könnte. Man stelle sich
nur mal vor, was passiert wäre, wenn seine Mutter durch die ganze
Siedlung gerufen hätte: »James! Getz tuste ma sofort bei die Mama

kommen! Sonst feiert dein Arsch aber Hochzeit!« So oder so ähnlich muss es ja abgelaufen sein. Es war gut, das der Kleine zu diesem Zeitpunkt noch keine Walther PPK am Leibe trug, die er sonst wahrscheinlich sofort auf die arme Frau gerichtet hätte mit den Worten: »Du! Mutta. Mein Name ist Bond, James Bond, und ich habe die Lizenz zum Töten.«

Pearson schreibt in seiner Biografie über James' Eltern, dass der Vater schottischer Ingenieur und die Mutter Schweizer Bergsteigerin gewesen sei. Ne, ist klar. Diese Berufe findet man ja auch extrem häufig im Ruhrpott des vergangenen Jahrhunderts. Dass der Vater Obersteiger war und die Mutter bei Aldi an der Kasse saß, hätte der Bond-Biograf selbst unter den härtesten Drogen wohl nicht zu Papier gebracht.

Doch zurück nach Wattenscheid. Laut Pearson soll Bond bereits als Kind ein sehr streitlustiger und rauer Zeitgenosse gewesen sein, der sich keine Klopperei in den Hinterhöfen Wattenscheids entgehen ließ. Hier lässt sich vielleicht herleiten, warum viele Kinder früher mit Beulen am Kopf nach Hause in ihr Zechenhäuschen in Wattenscheid kamen und sich unter Tränen bei der Mutter beschwerten: »Mama, der James hat mir widda wat vor die Fresse gehauen. Buäähhh!«

Und wenn James mal wieder die anderen Kinder mit der Schüppe auf den Kopf gehauen hatte und diese weinend der Mutter berichteten, dass sie geschüttelt worden waren, waren die anderen Eltern wahrscheinlich meist nicht gerührt.

James Bond, der Held of Wattenscheid.

Eine Straßenbahnlinie mit der Nummer 007 gibt es in Wattenscheid leider nicht, wäre aber mal eine schöne Idee. Schließlich kann nicht jeder Stadtteil von sich behaupten, der Geburtsort von einem der größten Filmhelden überhaupt zu sein.

»James! Getz komm weg da von dat Büdchen. Dat *Yps*-Heft mit den Agentenausweis hat dich die Omma doch letzte Woche schon mitgebracht.«

Weil die Folkwang-Hochschule Talente schmiedet

»Hollera dudödel di, holleri didödel du.« Nein, Sie können auf der altehrwürdigen Folkwang-Hochschule nicht die Prüfung für das Jodeldiplom ablegen. Auch nennt sich die Folkwang-Hochschule seit 2010 nicht mehr Folkwang-Hochschule, sondern Folkwang Universität der Künste.

Die Folkwang Universität der Künste in Essen ist unsere Talentschmiede im Ruhrgebiet. Sie hat sich in den Disziplinen Musik, Theater, Tanz, Gestaltung und Wissenschaft auch weit über die Grenzen der Region hinaus einen Namen gemacht. Die Folkwang-Hochschule wurde 1927 gegründet und fördert auf sehr beachtliche Art und Weise den künstlerischen Nachwuchs in derzeit 38 Studiengängen.

Zugegeben, man bringt das Ruhrgebiet eher mit den Begriffen »Maloche«, »Industrie« und »Zechen« in Verbindung. Begriffe also, bei denen man höchstens mal beim Chef *antanzt* und *gut schauspielert*, wenn es um einen Krankenschein geht.

Aber die kulturelle Arbeit der Folkwang Universität in Essen ist immens, die vier Kernfachbereiche formen aus jedem kulturell interessierten und vor allem begabten Studenten einen wahren Profi, der nach seinem Studienabschluss mit stolzer Brust für seine renommierte Uni werben darf.

Und zu dieser Riege der Exabsolventen, die eine steile Karriere gemacht haben, zählen so einige bekannte Namen. Diether Krebs, Anja Kruse, Michael Mendl, Jürgen Prochnow, Armin Rohde, Helge Schneider, Pina Bausch oder Thekla Carola Wied. Sie alle und viele, viele weitere bekannte Schauspieler und Musiker haben die Folkwang-Hochschule besucht und dort ihr Handwerk gelernt beziehungsweise sogar als Dozenten dort gelehrt.

Das Hauptgebäude der Universität ist das alte Kloster mitten im Ortskern des Essener Stadtteils Werden. In diesem Gebäudetrakt werden heute jedoch nur noch die musischen Fachbereiche unterrichtet. Neben der klassischen Ausbildung im Bereich Instrumentalmusik werden hier auch die Bereiche Gesang, Musiktheater, Tanz, Musical und zum Beispiel Jazz angeboten. Sogar die Musik des Mittelalters bildet hier einen eigenen Zweig.

In Bochum entstand im Jahr 2000 ein Ableger der Folkwang-Hochschule. Die ehemalige Westfälische Schauspielschule wurde hier zu einem Theaterzentrum umgebaut, in dem Bühnentalente nun zu wahren Schauspielgrößen reifen können.

Meine eigene Schauspielkunst war zwar bereits als Kind nie bühnenreif, reichte aber häufig dazu aus, glaubhaft zu begründen, warum man abends mal wieder zu spät nach Hause kam. Aber auch für den untalentiertesten Kulturfreund bietet die Universität über 300 öffentliche Veranstaltungen pro Jahr an, die sich über das ganze Ruhrgebiet verteilen und jede Bühne, jedes Museum, jede Galerie und sogar viele ehemalige Zechen kulturell mit Leben erfüllen.

Die Folkwang-Hochschule hat sich auf diese Weise in der gesamten Region einen erstklassigen Ruf ersungen, erspielt und erarbeitet. Besuchen Sie doch mal den Innenhof des alten Klosters in Essen-Werden und lauschen Sie im Sommer bei geöffneten Fenstern den Klängen zahlreicher Musikinstrumente während der Proben.

Weil in dieser Burg die Lichter nie ausgehen

Und zack! Das Ruhrgebiet hat noch einen Rekord zu bieten. Hier steht nämlich das immer noch größte Kino Deutschlands mit schlappen 1250 Plätzen. Und das Besondere an diesem Kino ist, dass es etwas ganz Besonderes ist. Es geht nämlich um die altehrwürdige Lichtburg in Essen, also das Kino, welches mehr Geschichten zu erzählen hat, als dort jemals über die Leinwand geflackert sind.

Die Essener Lichtburg ist kein Kino im herkömmlichen Sinne, in das Papa mit seinem achtjährigen Finn-Luca stapft, um sich *Ice Age 4* anzusehen. Nein, die Lichtburg hat seit Jahrzehnten eine unglaubliche Ausstrahlung und ist eines der beliebtesten Premierenkinos in ganz Deutschland. Zahlreiche namhafte Regisseure und Schauspielgrößen feierten hier die Erstaufführungen ihrer Filme und bescherten dem Saal den entsprechenden Glanz.

Die Lichtburg hat es jedoch nicht immer ganz einfach gehabt, denn im Zuge von Krieg, Kinosterben und Politikern mit implantierten Abrissgedanken wurde die Lichtburg immer wieder vor ernsthafte Probleme gestellt.

1928 fiel zunächst mal der Startschuss am heutigen Burgplatz mit damals noch gut 2000 Kinosesseln, die beim Hinsetzen der Kasse durch ein elektronisches Signal vermittelten, dass dieser Platz nun besetzt war. Hightech pur für die damalige Zeit. In den Wirren des Nationalsozialismus wurde das Kino leider häufig auch für Propaganda benutzt und die *Wochenschau* zog viele Essener in den großen Saal, in dem eigentlich leichte Kost und Unterhaltung auf der Tagesordnung stehen sollten.

Nachdem das Kino dann letztlich auch dem Bombardement zum Opfer fiel und nur die Außenfassade erhalten blieb, wurde es nach dem Zweiten Weltkrieg neu aufgebaut. Jetzt begann die wahre Stunde der Essener Lichtburg als Premierenkino in Deutschland. Den Essenern stand der Sinn nun nach Unterhaltung, Abwechslung und großer weiter (Show-)Welt, sodass die Filmbranche es leicht hatte, die Bevölkerung mit zahlreichen Geschichten und Romanzen in die Lichtspielhäuser der Republik zu lotsen.

Die Lichtburg hatte dabei aufgrund ihres guten Managements und ihrer Größe und Geschichte eine Vorreiterrolle, sodass zahlreiche Stars wie Romy Schneider, Zarah Leander, Heinz Rühmann oder Hans Albers sich ein Stelldichein gaben und die Lichtburg mit Glanz erfüllten.

Das Kinosterben der Sechziger- und Achtzigerjahre, bedingt durch den Siegeszug des Fernsehens beziehungsweise später den der Multiplexkinosäle, steckte die Lichtburg zwar nicht ohne Mühe weg, sie hielt sich aber tapfer in ihrer Position als größtes Premierenkino Deutschlands.

In den Sechzigern waren die damals sehr angesagten Karl-May-Filme mit Pierre Brice und, wie hieß der andere denn noch gleich, ein Highlight in der Geschichte des Kinos. Und auch in den Siebzigern bemühte man sich um die ganz großen Namen. Hätte ich damals schon laufen können, bei den Premieren mit Bud Spencer und Terence Hill in Essen wäre ich dabei gewesen.

In den späten Achtziger- und frühen Neunzigerjahren wurde es für die Essener Lichtburg aber immer enger, denn die Leute verlangten plötzlich nach mehr Technik und mehr amerikanischem Style, den die Lichtburg nun gar nicht symbolisierte. Was auch gut war, denn das Flair, das das Kino mit seinem Interieur und seiner Architektur noch heute ausstrahlt, ist unvergleichlich.

In den Neunzigerjahren kamen dann die üblichen Gedankenspiele der Stadtoberen, das Kino doch zu einer Einkaufsmeile zu verwursten und Bud Spencer nicht mehr live, sondern nur noch als T-Shirt anzubieten. Ein furchtbarer Gedanke, der zum Glück nicht realisiert wurde, da sich 1998 ein neuer Betreiber fand, der

Die Lichtburg in Essen.
Unsere 3D-Dolby-Digital-Cinemascope-Stereo-32-mm-Eventhalle.

die Lichtburg bis heute unterhält und durch eine Grundsanierung im Jahre 2002 zu neuem Leben erweckte.

Die Lichtburg ist heute, genauso wie vielleicht in den Fünfziger- oder Siebzigerjahren ein Anziehungspunkt für alle, die das Besondere und Schöne am Kino lieben und für die zu einem stilechten Kinobesuch auch ein gewisses Ambiente gehört. Wo sonst kann man heute noch ein Ticket für Loge/Balkon kaufen?

Jetzt fällt es mir wieder ein. Lex Barker hieß der alte Haudegen aus den Karl-May-Kloppern der Sechzigerjahre.

Na dann. Film ab.

Weil Essen-Werden manchmal extrem open air ist

Kennen Sie auch die berühmten »Umsonst & Draußen«-Festivals? Das bedeutet nicht, dass Sie Ihrem Grillabend auf dem Balkon nun einen stylishen Namen mit auf den Weg geben sollen, sondern es geht um die zahlreichen Veranstaltungen in ganz Deutschland, die Tausende Menschen anlocken, aber eben ohne Eintritt über die Bühne gehen.

In Essen, genauer gesagt im ruhrnahen Stadtteil Werden, findet jedes Jahr ein solches sehr beliebtes Open-Air-Festival statt. Das Pfingst Open Air Werden im sogenannten Löwental zieht bereits seit 1980 Musikinteressierte am Pfingstmontag vor die Bühnen an der Ruhr.

Wie so viele Festivals begann auch dieses in recht beschaulichen Ausmaßen. Gerade einmal zwei Lkw, auf deren Ladeflächen die Bands spielten, und knapp 600 Zuschauer waren vonnöten, um das Pfingst Open Air aus der Taufe zu heben.

Das Festival wuchs und so begann man 1983 damit, eine Bühne für die zahlreichen Bands aufzubauen und das Festival als feste kulturelle Größe in der Stadt zu etablieren. Der Auftrag war auch schnell formuliert, denn das Festival sollte der hiesigen Essener Musikszene die Möglichkeit geben, vor Publikum zu performen und live zu demonstrieren, was man so draufhat.

Mittlerweile erstreckt sich die Bandbreite der Musikstile von Rock über Indie bis zu elektronischer Musik. In den letzten Jahren ist deshalb die sogenannte Elektronische Wiese dazugekommen, die dieser speziellen Musikrichtung eine Plattform gibt und unter den mittlerweile knapp 13.000 regelmäßigen Besuchern sehr beliebt ist.

Es gibt zu den Konzerten aber auch ein umfangreiches Rahmenprogramm auf dem Festivalgelände. Neben den obligatorischen

Imbissbuden werden an diversen Ständen Textilien, Schallplatten oder anderer Krimskrams angeboten.

Das Pfingst Open Air in Essen-Werden hat sich seit seiner Gründung vor über 30 Jahren zu einem Treffpunkt für mehrere Generationen gemausert, da mitunter auch Eltern, die Festivalfreunde der ersten Stunde waren, nun mit ihrem Nachwuchs das Festivalgelände besuchen.

Die Örtlichkeit, das schmale Essener Löwental, ist sicher nicht der klassische Festivalort, an dem man eine solche mittlerweile recht große Veranstaltung erwarten würde, aber das Event ist hier mittlerweile Kult und wird trotz höherer Sicherheitsauflagen nach dem Loveparade-Desaster in Duisburg weiter hier stattfinden. Die Lage direkt an der schönen Ruhr lässt einfach keinen Zweifel daran.

Weil es an diesem Schloss rundgeht

In Bottrop, im beschaulichen Stadtteil Kirchhellen, gibt es eine sehr schöne Schlossanlage und einen bei Familien sehr beliebten Freizeitpark. Nein, stopp. Anders ausgedrückt. Es gibt in Bottrop einen Freizeitpark, der rund um ein Schloss errichtet wurde. Und hier beginnt die spannende Geschichte. Der Freizeitpark Schloss Beck behauptet sich nämlich nicht nur tapfer gegen seinen großen Nachbarn Movie Park Germany, sondern hat zudem auch viel mehr Historie zu bieten.

Das Schloss, um das der heutige Freizeitpark entstanden ist, wurde im 18. Jahrhundert für einen Adeligen namens Friedrich Florenz Raban von der Wenge gebaut. Nicht gerade der typische Ruhrpottname wie Pachulke oder Koslowski. Im Laufe der folgenden Jahrzehnte wechselte das Gebäude dann häufiger den Besitzer. Neben einem gewissen Herrn Metternich, der dort eine Schnapsfabrik gründete – Prost –, besaß eine Zeit lang auch ein großer Zechenbaron das Schloss, bevor es in den Besitz von Herrn Kuchenbäcker überging. Kuchenbäcker, ein Name, wie er gar nicht passender sein kann, um auf dem Schlossgelände einen Freizeitpark für Kinder zu errichten.

Zwar diente die Gründung des Parks in erster Linie der Refinanzierung der hohen Bau- und Instandhaltungskosten des Schlosses, aber die Kleinen störte das nicht, sodass sich nun seit den Sechzigerjahren der Freizeitpark Schloss Beck etabliert hat. Der Park bietet in erster Linie Programm für die ganz Kleinen an, da das Gelände vor allem ein überdimensionierter Spielplatz mit vielen Klettermöglichkeiten und zahlreichen Karussells ist. Auch eine Wasserrutsche, ein Riesenrad oder eine Familienachterbahn fehlen im Freizeitpark Schloss Beck nicht. Der Park kann zwar nicht mit den Megafahrgeschäften einer Cranger Kirmes oder eines Oktoberfestes verglichen werden, aber er hinterlässt sehr wohl Eindruck.

Auf dem ehemaligen Schlosssee kann man heute mit dem Tretboot fahren und ein Baumkronenpfad lädt zum Klettern ein. Das Innere des Schlosses kann besichtigt werden und auch hier finden sich ganz kindgerecht eine große Ausstellung mit Stofftieren sowie ein Gruselkeller im Untergeschoss.

Der Freizeitpark Schloss Beck liegt sehr idyllisch inmitten des schönen Stadtteils Kirchhellen. Er muss jedoch seit langer Zeit mit dem mächtigen Nachbarn um die Gunst der Kinder konkurrieren. Nachdem vor vielen Jahren der örtliche Traumlandpark geschlossen wurde, folgte der Movie Park Germany, der Themenpark eines großen amerikanischen Filmstudios, der viele Besucher ins beschauliche Kirchhellen lockt und als Mitstreiter nicht zu unterschätzen ist.

Der Vorteil und zugleich das Besondere am Freizeitpark Schloss Beck ist aber, dass Kinder hier viel freier herumtoben können. Die Eltern haben jederzeit einen guten Blick auf das Treiben der Kleinen und die Fahrgeschäfte sind irgendwie sympathischer und uriger als beim großen Nachbarn. Größere Kinder werden natürlich eher den adrenalinfördernden Movie Park bevorzugen, aber für Familien mit Kleinkindern ist der Freizeitpark eine schöne und günstige Alternative.

Weil der Kanal auch im Winter schön ist

Wir sehen eine Wasserstraße, die eisern in ein enges Korsett ge-
zwängt wurde. Kein Flussbett, keine verträumten Auen. Wir sehen
rostige Eisenbahnbrücken, über die schon lange keine Kohlezüge
mehr fahren, keine Steinviadukte, über die nostalgische Eisen-
bahnen dampfen, um ihren weißen Hauch von Romantik zu ver-
breiten.

Ja, wir sind am Rhein-Herne-Kanal im Ruhrgebiet angekommen
und das Einzige, was mir bei dieser auf den ersten Blick tristen
Szenerie einfällt, ist: Kack die Wand an, is dat schön hier!

Aber auch ein Landschaftsbild von van Gogh ist ja nicht fertig,
wenn die Wiese und der Himmel gepinselt sind, wenn Farben und
Licht stimmen. Nein, das Gesamtbild Rhein-Herne-Kanal ist erst
dann komplett, wenn man auch die entscheidenden Elemente sieht,
die zum Kanal unvermeidlich dazugehören. Die Oppas mit Moped,
Kiste Bier und Angel. Die versierteren Maler würden in diesem Gemälde noch Details ergänzen. Der Oppa muss eine Fluppe im Mund
haben, das Moped einen Anhänger für die besagte Kiste Bier und
die Angelausrüstung. Das ist Impressionismus pur.

Das Bild vom Rhein-Herne-Kanal gibt es in zwei verschiedenen
Ausführungen. Einmal ist es als Winterlandschaft und einmal
als Sommerlandschaft erhältlich. Zugegeben, auf dem Sommer-
bild sieht man auch noch zahlreiche Kiddies, die den Kanal bei
schönem Wetter bevölkern. Es wird geschwommen, gepaddelt
und gepullert. Der Kanal ist stromauf- und stromabwärts für jeden
jungen Menschen aus dem Ruhrgebiet ein Ort des Wohlbefindens.
Unter Umständen wird dieses Bild auch als Akt gehandelt, denn
zahlreiche Ruhris lassen es sich nicht nehmen, mehr oder weniger
bekleidet ins kühle Nass zu springen. Radler erobern die kilometer-

langen geschotterten Wege entlang dieser Idylle, und an den dicken Bäuchen der auf einer Parkbank am Wegesrand Gestrandeten hätte Picasso seine Freude gehabt. Kubismus pur.

Das Gemälde Rhein-Herne-Kanal ist wirklich ein museumsreifes Stück. Nun kommen die Schiffe ins Spiel. Jene großen, mit Erz und Sand gefüllten Spaßverderber inmitten des Paddelbootbetriebes Kanalmitte. Sie dominieren die Landschaft und lassen das Kunstwerk Rhein-Herne-Kanal elegant daherkommen. Und im Hinblick auf das nun fertige Gesamtkunstwerk dieser putzigen grünen Landschaft kann man eigentlich kunsthistorisch nur zum Ausdruck bringen: Ich glaub, mich holn se ab, dat is hier immer noch so schön als wie früher.

Auch das Motiv der Winterlandschaft des Rhein-Herne-Kanals ist ein Zeugnis zeitgenössischer Kunst. Die schneebedeckten Gipfel, also die des Schleusenturmes an einer der zahlreichen Schleusentore, geben einen Eindruck vom Ausdruck dieses schönen Ortes. Liebevoll eingeschneite Wege laden zu einem wohligen Winterspaziergang ein und erst hier wird anhand des feinen Pinselstriches des Winters eindeutig klar: Der Kanal is auch wat für im Winter.

Ich möchte meine Expertise zum Frühwerk Rhein-Herne-Kanal nun beenden und stelle fest, dass es sich bei dem vorliegenden Kunstwerk um ein hundertprozentiges Original handelt, welches dem Geist des Ruhrgebiets formvollendet Ausdruck verleiht. Sommer- und Winterlandschaft lassen keinen Zweifel daran, dass der Künstler eine große Liebe für sein Motiv aufbrachte und die Schönheit dieses hammergeilen Ortes mit großer Liebe abgebildet hat. Der Rhein-Herne-Kanal ist somit eines der wichtigsten Werke der Kunstreihe Ruhrpott. Das Museum Ruhrpott mit seinem Kunstwerk Rhein-Herne-Kanal hat übrigens immer geöffnet und der Eintritt ist jederzeit frei.

Weil der Ruhri gerne zeigt, woher er kommt

Der Ruhrgebietler ist sehr reiselustig. In fernen Ländern lernt der Ruhri andere Sitten und Gebräuche kennen. Er genießt das andere Klima und gibt sich meist auch alle Mühe, nicht besonders unangenehm aufzufallen. Ausnahmen bestätigen auch hier die Regel.

In Bezug auf seine Heimat, seine Herkunft oder einfach nur seine Zugehörigkeit legt der Ruhri großen Wert darauf, dass jeder schon auf den ersten Blick an seiner Bekleidung sieht: Der kommt ausm Pott.

Nicht nur die Fußballtrikots der heimischen Vereine tragen sehr stark dazu bei, dass man im verschlafensten spanischen Dorf sieht, dass der Typ da gegenüber BVB-Fan ist und zumindest eine Affinität zum Ruhrpott hat, auch wenn er vielleicht gar nicht aus Dortmund kommt. Nein, insbesondere die T-Shirts mit den etwas spezielleren Aufdrucken lassen im brasilianischen Regenwald schnell erahnen, dass die Typen in meiner Reisegruppe auch aus dem Ruhrpott stammen. T-Shirts mit der Aufschrift »Ruhrpottkind«, »Auf Kohle geboren« oder »Ruhrpott, da krisse die Meinung direkt in Gesicht« zeugen von großer Heimatverbundenheit – sogar im tiefsten Brasilien.

Dieser Wunsch, jedem zu zeigen, woher man eigentlich kommt, ist im Ruhrgebiet sehr stark ausgeprägt. Auch wenn man immer vom großen bundesdeutschen Ganzen spricht und viele im Ausland eher der Unsitte nachgehen, jeden Tag mit einem Trikot der deutschen Fußballnationalmannschaft über die Strandpromenade zu flanieren, so wirbt der Ruhrpottler dezenter, aber ebenso eindeutig für seine Region.

Für viele ist Bekleidung mit einem Hinweis auf die Heimatstadt oder -region auch nur tragbar, wenn man eben nicht in dieser

weilt und man so allen anderen zeigen kann, dass auch im Ruhrpott hübsche Menschen wohnen. Na ja, okay, nicht bei jedem besoffenen T-Shirt-Träger am Ballermann würde ich dafür die Hand
ins Feuer legen. Aber der Ruhri ist stolz auf Heimat und Herkunft.

Mit meiner Firma Industriekult habe ich dieses Verlangen auf-
gegriffen und biete solche Fanartikel seit vielen Jahren für Einheimische und Besucher der Region an. Neben den besagten
T-Shirts gibt es noch eine ganze Menge anderer Devotionalien, die
dem Ruhri etwas Heimatverbundenheit in die eigenen vier Wände
bringen und dem Kult huldigen.

Auch wenn man im Ruhrgebiet immer so selbstsicher von der
Ruhrregion spricht, gibt es aber auch hier das klassische Städte-
denken. Kommt man zum Beispiel aus Bochum, so hat man neben
dem Ruhrpottshirt noch ein Bochum-T-Shirt im Kleiderschrank
hängen. Die ganz Hartgesottenen packen unter Umständen noch ihr
Wattenscheid-Shirt auf den Bügel daneben, da Wattenscheid ja mal
eigenständig war und man so noch mehr zum Individuum wird, als
wenn man sich nur popelig als Bochumer betiteln würde. »Wattenscheid statt Bochum« steht somit gerne mal auf diversen Shirts.

Sehr beliebt sind Ruhrpott-Souvenirs auch in anderen Gegenden
Deutschlands, in die es ehemalige Ruhris beruflich oder privat ver-
schlagen hat. Der Heimwehfaktor ist bei vielen groß und ein kleines
Stück Heimat in Form eines Andenkens soll dazu beitragen, den
Schmerz schnell zu lindern.

Man erkennt an diesem Phänomen also, dass der Ruhrpott lebt,
in der ganzen Welt in irgendeiner Form präsent ist und sich kein
echtes Ruhrpottkind lumpen lässt, wenn es um die Präsentation der
eigenen Heimat geht.

Egal, ob Stadtteil Wanne-Eickel oder Fußballverein Schalke 04.
Eine echte Liebe trägt man hier nicht nur im Herzen, sondern oft
auch auf der Brust.

Weil hier das Schauspiel ein eigenes Haus hat

In München steht ja bekanntlich ein Hofbräuhaus. Toll! Da kann man dann japanischen Reisegruppen, die scheinbar das Fotografieren erfunden haben, zusehen, wie sie in bayerischer Tracht mit Maßkrügen anstoßen. Braucht im Ruhrpott kein Mensch. Daher heißt es hier: In Bochum steht ein Schauspielhaus. Ja, und was für eines.

Das Schauspielhaus Bochum ist nämlich eines der größten und renommiertesten Theater Deutschlands und weit über die Pottgrenzen bekannt. Zwar können auch hier japanische Touristen gerne in bayerischer Tracht mit Bier anstoßen, aber viel eher sieht man hier den kultur- und theaterinteressierten Ruhri, der sich Theaterstücke mit nicht selten sehr bekannten Gesichtern anschaut.

Das Schauspielhaus Bochum wurde 1915 als städtisches Theater errichtet und war schon damals das größte Schauspieltheater im gesamten Ruhrgebiet. In den Jahren vor dem Zweiten Weltkrieg machte sich das Haus insbesondere durch Shakespeare-Stücke und deutsche Klassiker einen guten Namen. In dieser Zeit wurden auch die Bochumer Symphoniker gegründet, die fortan Teil des städtischen Theaters waren. Bis heute besteht zudem eine enge Zusammenarbeit mit der Bochumer Schauspielschule, um Talente zu fördern und sie an die große Bühne heranzuführen. Zahlreiche Fernsehgesichter, die die Zuschauer über viele Jahre in Highlights wie *Derrick* oder *Tatort* kennen und lieben gelernt haben, haben ihre ersten Schritte im Schauspielhaus Bochum gemacht oder wurden später für Gastspiele engagiert.

Unvergessen bleiben Ruhrgebietsikonen wie Jürgen von Manger und Tana Schanzara, die mich sogar mal persönlich in das Schauspielhaus einlud. Ich lernte Tana anlässlich einer Filmproduktion in Gelsenkirchen kennen, in der sie wie immer die typische Ruhrpottomma mimte und ich mich als Kameraassistent durchschlug. Sie erzählte in den Drehpausen sehr gerne und meist sehr ausführlich über ihr Leben, aber auch ihre Verbundenheit zum Bochumer Schauspielhaus. Es war für sie wohl ihr zweites Wohnzimmer geworden, da sie ja seit 1956 fest zum Bochumer Ensemble gehörte.

Das Schauspielhaus besteht aus dem großen Haupthaus mit gut 800 Plätzen. Am Ende des Zweiten Weltkrieges war es durch Luftangriffe dem Boden gleichgemacht worden, in der Nachkriegszeit wurde es wieder aufgebaut. Dann entstand auch der kleinere Nebenbau, die sogenannten Kammerspiele, in dem über 400 Personen Platz finden. Das Theater unter Tage, unter dem Hauptzuschauerraum beheimatet, rundet das gesamte Gebäudekonstrukt ab und bietet dem Intendanten und den Schauspielern vielfältige Möglichkeiten der Choreografie.

Die Intendanten des Schauspielhauses haben im Laufe der Jahre immer mal wieder gewechselt. Es gab Intendanten, die 30 Jahre das Haus führten, und welche, die nur fünf Jahre an Bord waren. Wichtig war jedem neuen Leiter dabei wohl, frischen Wind in die Mauern zu bekommen, damit sich das Schauspielhaus immer wieder neu erfinden konnte und auf die Menschen einen ständigen Reiz ausübte, Vorstellungen des Hauses zu besuchen. Häufig wurden auch Verjüngungskuren angestrebt, um auch junges Publikum vor die Bühne zu locken. Bekannte Gesichter wie Harald Schmidt, Helge Schneider oder Armin Rohde sorgten dafür, dass das Haus ein kultureller Treffpunkt für verschiedene Altersgruppen wurde und die Stücke keinen Staub ansetzten.

Tana Schanzara starb 2008. Sie wird jedoch für immer und ewig ein Teil des Schauspielhauses bleiben. Der Platz gegenüber dem Schauspielhaus wurde nach ihr benannt und seit 2012 steht vor dem Haupteingang des Theaters ein Denkmal, das an sie erinnert und zeigt, dass das Schauspielhaus ohne sie ein ganzes Stück ärmer geworden ist. »The show must go on«, hätte sie wohl dazu gesagt.

Weil Bud Spencer hier Kohle geschlagen hat

Meine sehr verehrten Damen. Sie müssen jetzt tapfer sein. Es geht im folgenden Text um ein reines Jungenthema. Sie wissen schon: Grillanzünder, Taschenbillard, A-Team. Jungenthemen eben.

Die Rede ist von Banana Joe, nein, sie nannten ihn ja Mücke oder die rechte Hand des Teufels. Oder war es die linke? Es geht jedenfalls um Bud Spencer, jenen Haudegen aus den Italowestern der Siebzigerjahre, der zusammen mit Terence Hill die Kleinganoven das Fürchten lehrte.

Dieser Herr Spencer, der mit richtigem Namen Carlo Pedersoli heißt, war nämlich in den Fünfzigerjahren mal Gast in Gelsenkirchen. Die Karriere als Filmstar war zwar noch weit entfernt, aber Herr Pedersoli schlug sich bereits damals sehr erfolgreich – als Wettkampfschwimmer, der für Italien sogar an den Olympischen Spielen teilnahm. Ein Brecher war er schon damals, auch wenn die Leibesfülle noch etwas dezenter in Erscheinung trat. »Durchtrainierter junger Sportler« würde ihn besser beschreiben. Bud war Gast der Städtischen Schwimmwettkämpfe in der Schwimmhalle in Gelsenkirchen. Angereist mit dem Zug, stieg er 1951 mit seinen Teamkollegen von Lazio Rom aus dem selbigen und betrat gut gelaunt den Vorplatz des Gelsenkirchener Hauptbahnhofs. Der damals 21-jährige Carlo schwamm bei den Wettkämpfen die Disziplin 200 Meter Kraul und überzeugte zudem als Wasserballer. Man möchte sich gar nicht vorstellen, was der gegnerische Torwart durchmachte, wenn Bud alias Carlo zum Wurf ansetzte.

Da der Schwimmmannschaft um den gebürtigen Italiener auch abseits des Turnieres etwas Unterhaltung geboten werden sollte, lud man die Athleten zu einer schon damals sehr angesagten Grubenfahrt in eine Gelsenkirchener Zeche ein. Man wollte den Gästen aus

Italien natürlich ein bisschen Lokalkolorit mit auf den Weg nach Hause geben, und so kam es, dass Bud Spencer sich mit ledernem Grubenhelm und in Arbeitsmontur auf Seilfahrt begab.

Wie ihm dieser typische Eindruck des Ruhrpotts gefiel und ob er seinen berühmt-berüchtigten Dampfhammer schon damals unter Tage einsetzte, ist leider nicht überliefert, aber man kann festhalten, dass diese Geschichte eine schöne Anekdote für das Ruhrgebiet geworden ist.

Das Schwimmbad, in dem Bud Spencer seine Runden drehte, ist längst in Schutt und Asche gelegt, die Zeche, auf der die Grubenfahrt stattfand, geschlossen. Auch Bud Spencer ist nicht mehr der kernige Athlet von damals. Als draufgängerischer Eigenbrötler mit der großen Faust und dem noch größeren Herzen wird er aber allen Jungs für immer im Gedächtnis bleiben.

So, meine Damen. War doch gar nicht so schlimm, oder? Sollte George Clooney demnächst mal auf die Idee kommen, an den Hattinger Meisterschaften im Gummistiefel-Weitwurf teilzunehmen, verspreche ich Ihnen eine umfangreiche Geschichte inklusive Fotostrecke.

Weil Oberhausen sogar ein Schloss hat

Oberhausen wird gerne als die Wiege der Schwerindustrie betitelt und hat diesem Namen über Jahrzehnte hinweg auch alle Ehre gemacht, da die Stadt sehr stark von der Industrie geprägt war. Heute ist es eher der Wirtschaftsbereich Konsum, der Oberhausen zu einem Schwergewicht werden und vermuten lässt, dass die Stadt nicht viel zeitgenössische Architektur oder schöne Naturräume vorzuweisen hat.

Das Schloss Oberhausen widerlegt diese Annahme, denn es ist nicht nur ein klassizistisches Highlight, sondern immerhin mit schuld daran, dass Oberhausen Oberhausen heißt. Im Jahre 1847 wurde der Bahnhof nämlich nach dem Schloss benannt und später die ganze Stadt Oberhausen getauft.

Eine Vorgängeranlage des Schlosses, die in der Nähe erbaut wurde, ist mittlerweile vollkommen verschwunden und auch das heutige Schloss hat im Zweiten Weltkrieg so einiges einstecken müssen. Heute ist es jedoch wieder vollständig restauriert und lädt neben dem weitläufigen Schlossgarten, den die Oberhausener gerne für Spaziergänge und Ausflüge nutzen, zu einem Besuch der Räumlichkeiten ein.

Der Kaisergarten, wie der Schlosspark eigentlich genannt wird, beheimatet den größten Tierpark im Ruhrgebiet, für den kein Eintritt erhoben wird. Etwa 500 Tiere sind hier zu Hause und stellen sich den Besuchern unter schönen Namen wie Weiße ungehörnte Heidschnucke oder Sumatra-Kampfhuhn zur Schau.

Das Schloss beherbergt heute die sogenannte Ludwiggalerie, ein international renommiertes Kunstmuseum, das mit seinen zahlreichen hochwertigen Ausstellungen natürlich sehr gut zu dem pompösen Look des Schlosses passt.

Es ist wieder einmal erstaunlich zu sehen, wie viele alte, aber zum großen Teil perfekt restaurierte Schlösser das Ruhrgebiet immer noch beheimatet. Geprägt von der Industrialisierung, schufen mächtige Zechenbarone und andere Großindustrielle in der Region zwar herrschaftliche Anwesen für ihre Familien, aber der Ursprung der meisten Großbauten oder gar Schlösser reicht viel weiter zurück in eine Zeit, in der die Industrie noch gar nicht das vorherrschende Thema hier war.

Viele Bildbände fassen diese Schlösserlandschaft Ruhrgebiet mittlerweile optisch eindrucksvoll zusammen und geben einen Eindruck davon, was Beweggrund dafür war, ein Schloss zu errichten, und welche teils sehr bewegte Vergangenheit die riesigen Gebäude mittlerweile hinter sich gebracht haben.

Das Schloss Oberhausen zählt dabei sicher zu den bemerkenswertesten Bauten in dieser Riege und ist durch seine sehr gute Lage in der Nähe der Oberhausener Innenstadt, des Einkaufszentrums CentrO und der A 42 ein lohnenswertes Ausflugsziel.

Weil man hier mal so richtig abheben kann

Wenn Ihnen im Ruhrgebiet Menschen begegnen, die so richtig abgehoben sind, dann lässt sich das nicht immer am Pelzmantel und dem geleasten Lamborghini festmachen. Man kann im Ruhrpott nämlich auch abheben, ohne gleich die Bodenhaftung zu verlieren, beziehungsweise so abheben, dass man auch wieder sanft landet.

Möglich ist das in Bottrop, am Fuße des dortigen Alpincenters an der Halde Prosperstraße. Das gesamte Gelände beheimatet neben der Skihalle, einem Hochseilgarten und einer Sommerrodelbahn nämlich auch Deutschlands einziges Indoor-Skydiving-Center. Für alle älteren Leser, die jetzt nur Bahnhof verstehen – das heißt übersetzt Himmeltauchen für innen, oder so ähnlich.

Das Indoor-Skydiving-Center in Bottrop hat einen lustigen Ventilator, der in einem Windkanal so intensiv arbeitet, dass man ähnlich dem Fallschirmspringen wie auf einem Luftbett fliegen kann. Die etwas Geübteren demonstrieren hier akrobatische Kunststücke in der Luft, und Fallschirmsprung-Nationalmannschaften reisen sogar bis aus Skandinavien oder Tschechien nach Bottrop, um hier für ihre Luftperformance zu üben.

Das Besondere am weltweit modernsten Windkanal ist die gleichbleibende Luftgeschwindigkeit von bis zu 286 Stundenkilometern, die den perfekten Fallschirmsprung imitiert und den Profis somit die Möglichkeit gibt, auch bei schlechten Außenbedingungen ihre Sprünge zu trainieren.

Die Anlage ist aber was für jedermann und kann ohne großes Training nach kurzer Einweisung durch einen Trainer direkt benutzt werden. Die passende Kleidung inklusive Helm und Schutzbrille wird vom Team des Skydiving-Centers gestellt. Insgesamt 17 Meter hoch ist der Windtunnel. Unerfahrene fliegen jedoch meist nur knapp über dem Boden und sind zu Beginn froh, sich überhaupt halbwegs gerade in der Luft halten zu können, da eine ausbalancierte Lage in diesem Windungetüm gar nicht mal so einfach ist. Der gesamte Windtunnel ist verglast, sodass Mutti ganz bequem von außen beobachten kann, wie sich der alte Herr zum Volldeppen im freien Luftraum macht. Das Indoor-Skydiving-Center hat sich also nicht nur unter den Profifallschirmspringern einen guten Ruf erarbeitet, sondern bietet auch heimischen Adrenalinjunkies die Möglichkeit, ein bisschen Dampf abzulassen und abzuheben.

Jeder geplante Freiflug sollte aber vorher terminiert werden, da die Anlage sehr gut besucht ist und nur wenige gleichzeitig den Windtunnel benutzen können.

Hin und wieder bearbeitet das Skydiving-Center auch besondere Anfragen. So wurden im Windkanal schon Fotoshootings für Modekollektionen gemacht und Prominente gingen dort für einen guten Zweck in die Höhe. Da das Gebäude ja mehr oder weniger auf Zechengrund steht und direkt nebenan eine Kokerei und die Abraumhalde Prosperstraße an vergangene Zeiten erinnern, gab es sogar mal ein Shooting, bei dem Bergleute in voller Arbeitsmontur mit Helm und schwarzem Gesicht in den Windtunnel geschickt wurden. Die Fluglaien posierten für eine Postkartenserie und gaben sich alle Mühe, auch weit »über Tage« eine gute Figur abzugeben.

Auch ohne Pelzmantel und Sportwagen sind wir im Ruhrpott also ganz schön abgehoben.

Weil ihr 11 Freunde sein müsst

Den Ausspruch »11 Freunde müsst ihr sein« kennt wohl jeder, der irgendwas mit dem Thema Fußball am Hut hat. Und das sind im Ruhrgebiet ja bekanntlich so drei oder vier. Die Herkunft beziehungsweise die erste offizielle Nennung und auch der Urheber des Satzes sind nicht so richtig zu ermitteln, da es verschiedene Geschichten gibt. Der eine datiert den Ausspruch auf das Jahr 1919 und schreibt ihn einem Fußballtrainer zu, ein anderer meint, dass der Spruch bereits ab 1903 im damaligen Wanderpokal zur Deutschen Fußballmeisterschaft eingraviert gewesen sein soll. Ein Jugendbuch aus den Fünfzigerjahren sorgte jedenfalls dafür, dass der Spruch nicht in Vergessenheit geriet, sodass er heute eine Art Inbegriff für den Zusammenhalt und die Freundschaft in einer Fußballmannschaft ist.

Genau diesen Zusammenhalt und diesen Geist des Fußballs möchte ein Lokal namens 11 Freunde – Die Bar in Essen-Rüttenscheid bewahren, das mittlerweile deutschlandweit bekannt ist. Deutschlandweit, weil in den Räumen der Bar regelmäßig die legendären Fußballstammtische eines großen Sportsenders stattfinden, bei denen Fußballprominenz inmitten der Fans diverser Vereine, zumeist aus dem Ruhrpott, ihr gesundes Halbwissen über den Sport zum Besten geben. Dat Schönste am Fußball is eben dat Bierchen danach.

Im Jahr 2005 öffnete die Bar im kultigen Retrodesign der Siebzigerjahre, also dem Jahrzehnt, in dem Fußballer noch behaarte Oberkörper hatten und Frisuren wie Paul Breitner und nicht wie Cristiano Ronaldo trugen. Die Bar legt Wert darauf, nicht mit den klassischen Fankneipen an der Ecke oder, noch schlimmer, den amerikanischen Hochglanz-Sportsbars verwechselt zu werden. Die

11-Freunde-Bar sucht ihre Nische eher im Fankult und im Fangeist, der den eigentlichen Sport Fußball umgibt. Die Fußballzeit um die Siebzigerjahre herum wieder erlebbar zu machen ist das Ziel des Betreibers.

Natürlich wird in der Bar auch Fußball geschaut, denn nur aufgrund der Liveberichterstattungen von Bundesliga, WM und EM bietet sich der teils sehr illustren Besucherschar ja die Möglichkeit, über Gott und die Fußballwelt zu philosophieren. Daher treffen hier auch regelmäßig Fans aller Sortierungen und Heimatvereine aufeinander, was im Ruhrpott ja nicht überall gerne gesehen wird.

Die Technik, mit der die Livespiele dann geschaut werden können, ist mitunter auch das Einzige, was nicht mehr an die gute alte Zeit der Röhrenfernseher erinnert, sodass man hier Fußball in bester Bild- und Soundqualität genießen kann.

Zudem ist die 11-Freunde-Bar Deutschlands erste offizielle Tipp-Kick-Bar. Sie wissen schon, dieses Spiel mit wenigen Figuren, einem Fußball, einem grünen Stück Stoff und jeder Menge Spaß. Hier können dann nach jedem Spieltag die entscheidenden Spielszenen noch einmal aufbereitet und analysiert werden. Die Taktiker und Strategen unter Ihnen sind also gefragt.

Zum Speisenangebot in der Bar muss, glaube ich, nichts mehr gesagt werden, da wir uns immerhin in einer Fußballkneipe im Ruhrgebiet befinden, in der weder Sterneküche noch edler Schnickschnack auf den Tisch gehören. Hier geben die Frikadelle, die Currywurst und das leckere Bierchen den Ton an und erzeugen zusätzlich ein schönes Gefühl der Gemütlichkeit. Denn, mal ganz ehrlich. Schön ist Fußballgucken doch nur dann, wenn man sich wie im eigenen Wohnzimmer fühlt und trotzdem Dutzende mit einem mitfiebern.

Weil die in Hamm einen schönen Park hamm

Hamm im Ruhrgebiet! Ja, Hamm im Ruhrgebiet. Also, Hamm im Ruhrgebiet. Hamm ist so was von … Also, Hamm hat wirklich …

Fehlen mir etwa die Worte beim Stichwort »Hamm«? Nein, keineswegs, denn die hamm da wirklich was zu bieten. Nicht nur die Männer sind dort Hammer, sondern auch die Frauen.

So, genug des Wortwitzes mit dem Begriff »Hamm«, denn Hamm ist immerhin die flächenmäßig größte Stadt im Ruhrgebiet und so viel Fläche will ja auch gefüllt werden.

Die hamm da zum Beispiel einen sehr schönen, großen und sehr bekannten Park, der eigentlich die Anforderungen an einen klassischen Park längst übertroffen hat und neben der Möglichkeit, dort einfach nur spazieren zu gehen, ein großes Rahmenprogramm für alle Hammer und Nägel anbietet. Sie merken, ich komme von dem Wortwitz einfach nicht los.

Die Rede ist vom Maximilianpark oder auch kurz Maxipark genannt, der im Zuge der Landesgartenschau 1984 auf dem ehemaligen Gelände einer, na klar, Zeche angelegt wurde. Wenn Sie sich dem Parkgelände nähern, werden Sie früher oder später von einem 40 Meter hohen Glaselefanten begrüßt, der von innen begehbar ist und das Aushängeschild des Parks bildet.

Über 400.000 Besucher können sich hier jährlich von ziemlich viel Erlebnis begeistern lassen, denn der Park bietet regelmäßig sehr hochwertige Comedy-Events an. Vom Urgestein Herbert Knebel über Eckart von Hirschhausen bis hin zu Dieter Nuhr sind alle hin und wieder mal da. Die hamm dann da einen Auftritt.

Was die Hammer in diesem Park auch noch hamm, ist das größte tropische Schmetterlingshaus in Nordrhein-Westfalen. Neben zahlreichen Teich- und Sumpflandschaften im Außenbereich fühlt man sich hier mit so vielen exotischen Tierchen fast wie im südamerikanischen Regenwald. Das sogenannte Grüne Klassenzimmer bietet zudem ein umweltpädagogisches Programm für Kinder und Schulklassen an. Die hamm da wirklich an alles gedacht.

Der Maximilianpark ist einmal mehr ein Beweis dafür, dass es durchaus sinnvoll ist, ehemalige Industriebrachen in Naturraum umzustrukturieren und keine Kosten und Mühen zu scheuen, die kontaminierten Böden abzutragen und auf den Brachen Park- und Landschaftsflächen entstehen zu lassen, die den Freizeitwert einer Stadt enorm steigern und zudem noch einen pädagogischen Nutzen haben.

Hamm ist von jeher das Einfallstor ins Münsterland und daher in vielen Bereichen schon sehr ländlich geprägt. Trotzdem bietet sich mit dem Maximilianpark auch ein Zufluchtsort vor der Großstadt, die Hamm durchaus ebenso ist. Hamm hatte bis vor Kurzem eines der letzten aktiven Bergwerke im Ruhrgebiet und arbeitet nun weiterhin daran, den Absprung von der Industrialisierung hin zu einem naturreicheren Umfeld zu schaffen. Der Maxipark war in den Achtzigern also nicht nur ein Schritt in die richtige Richtung, sondern sollte auch Vorbild für andere Kommunen sein, den Bürgern mehr Lebensraum im Grünen zu bieten.

Auch ist der Maxipark ein familienfreundliches Umfeld, was sich im Programmangebot widerspiegelt. Denn für die Kleinen wird ebenso wie für die großen Hammer so einiges geboten. Neben einer Museumseisenbahn, einem Wasserspielplatz und vielen anderen abwechslungsreichen Angeboten gibt es, da bin ich mir sicher, im angrenzenden Restaurant auch einen anständigen Hammburger.

So, getz hamm wa genug auf dem Namen rumgekalauert und gehen mal schnell weiter zum nächsten Grund, warum wir den Ruhrpott so sehr lieb hamm.

Weil hier eine Wohnung museumsreif gemacht wurde

Guten Tag, meine sehr verehrten Damen und Herren. Als Hobby-makler möchte ich Ihnen nun eine ganz besondere Immobilie ans Herz legen. Ein Kleinod deutscher Gemütlichkeit. Ein Relikt längst vergangener Zeit und ein Zuhause, das an urtypischer Harmonie nicht mehr zu überbieten ist. Die Liegenschaft, die ich nun bewerben möchte, befindet sich wunderschön gelegen in der malerischen Stadt Lünen, im Nordosten des Ruhrgebiets, im Stadt-teil Brambauer.

Sie besticht durch ihre exponierte Lage in einer Ansammlung aus Zechenhäuschen der ehemaligen Zeche Minister Achenbach. Das Gebäude wurde im Zuge einer Grundsanierung der gesamten Zechensiedlung im Jahre 1994 komplett aufbereitet und auf den baulichen Stand von 1930 zurückgesetzt. Sämtliche bautechnischen Errungenschaften der heutigen Zeit, wie zum Beispiel Thermopen-Scheiben, Gasheizungen und automatisch spülende Toiletten-anlagen wurden selbstverständlich entfernt, sodass der perfekten Illusion einer originalen Bergarbeiterwohnung nichts mehr im Wege steht. Das Objekt verfügt zudem über eine antike Ausstattung, die ein hiesiger Trödelhändler durch die Bereitstellung zahlreicher Antiquitäten zu einem echten Hingucker werden ließ.

Ein Objekt dieser Art, mit Plumpsklo, Leitungen auf Putz und einem roten Dielenboden, ist im Ruhrgebiet so gut wie gar nicht mehr zu finden. Eine ganz besondere Immobilie also, die der-zeit vom Förderverein Bergarbeiter-Wohnmuseum e.V. betrieben wird und als Wohnungsmuseum im Ruhrgebiet einmalig ist. Die exklusive Immobilie wird komplett möbliert angeboten, da zahl-reiche Anwohner im Laufe der Jahre mit eigenen ausrangierten Utensilien und Alltagsgegenständen ausgeholfen haben, sodass die Wohnung das originale Flair der Jahre 1930 bis 1935 weiterentwickeln konnte.

Die Wohnung ist zwar sehr ruhig gelegen, es könnte jedoch hin und wieder vorkommen, dass Touristen diese Laune deutscher Architekturkunst besichtigen möchten, sodass mitunter mit Fremdbesuchern zu rechnen ist. Die Wohnung ist immerhin Bestandteil der Route der Industriekultur und lockt daher jährlich zahlreiche Interessierte von nah und fern an, die sich einmal einen Eindruck davon machen möchten, wie man im Ruhrpott in den Dreißigerjahren in einer echten Bergarbeiterwohnung lebte. Der Mietzins dieses Objektes wurde dementsprechend angepasst und so kann man die Wohnung täglich bereits ab 1,50 Euro Eintritt betreten. Die Nebenkosten für eine Führung betragen 0,50 Euro, sodass sich der gesamte Mietzins auf derzeit 2 Euro beläuft. Kalt natürlich, denn die benötigten Kohlen zum Heizen, die die anliegende Zeche über viele Jahre gefördert hat, stehen nun nicht mehr zur Verfügung. Das Objekt besitzt aber trotzdem einen alten Kohlekeller und einen himmlischen Garten, in dem Sie Sellerie und Petersilie anpflanzen können, um sich weite Wege in den Fachhandel Ihres Vertrauens zu ersparen. Die Wohnung wird renoviert übergeben und ein Stellplatz ist vor dem Haus vorhanden.

Ich möchte darauf hinweisen, dass es sich bei diesem Objekt um ein sogenanntes Museum handelt, das Sie nicht dauerhaft bewohnen können, aber mit Ihrer Familie jederzeit zu den angegebenen Öffnungszeiten besuchen können, um sich einen faszinierenden Eindruck davon zu machen, wie eine echte Bergarbeiterwohnung im Ruhrpott mal aussah. Das Bergarbeiter-Wohnmuseum in Lünen heißt Sie herzlich willkommen.

Weil hier alles SUPER ist

Sie kennen das sicher auch. Wenn die Tanknadel Ihres Ferraris mal wieder Richtung fünf nach halb sieben zeigt, dann wird es Zeit, eine der zahlreichen Tankstellen des Ruhrgebiets aufzusuchen. In der Regel steht man dort mit dem Auto erst einmal zehn Minuten Schlange, da sich der Spritpreis hier am selben Tag um sage und schreibe einen Cent nach unten korrigiert hat, während die Nachbartankstelle alle Zapfsäulen frei hat, aber auch einen Cent teurer ist.

Nachdem man sich nun die Finger mit Diesel beduftet und festgestellt hat, dass Luft aus der Pumpe mittlerweile einen Euro kostet, schlendert man Richtung Kassenhäuschen, pardon, Mini-Supermarkt. Hier fragt einen dann die zauberhafte Kassiererin, ob man denn auch schon die zwölf wichtigsten Kundenkarten besitze, die einem ab einhundertmal Tanken ein kostenloses Plastikschwimmbecken für die Kleinen garantieren. Verneint man dies, folgt meist ein böser Blick und das ultimative Angebot: »Wolln Se wenigstens ne Waschmarke dazu kaufen?«

In Essen gibt es eine Tankstelle, an der dieser ganze Zinnober nie praktiziert wurde. Es geht nicht um irgendeine Tankstelle, sondern um die mittlerweile älteste Tankstelle Deutschlands in der Gemarkenstraße. Hier kann man auf einem Hinterhof seinen Liebling auf vier Rädern noch mit echtem Rosshaar bürsten lassen und wenn man eine Latte to go bestellen würde, würde man wahrscheinlich höchstens schief angeguckt. Die Freude am Service ist ohnehin viel größer, denn der ist trotz eines leicht erhöhten Spritpreises seit 1924 vom Feinsten.

Es wird in Sachen Autopflege das ganz große Besteck aus der Schublade geholt, damit der Kunde den Service der alten Schule erhält. Vom Ölstandmessen über die Betankung des Autos bis hin zur Qualitätskontrolle von Reifen, Scheibenwischern und der eigenen Ehefrau. Hier wird Kundenservice noch großgeschrieben. Der Staubsauger nimmt selbstverständlich noch D-Mark-Stücke und der Kunde steht im Vordergrund, auch wenn die Tankstelle im Laufe der Jahrzehnte schon so manches Schätzchen auf vier Rädern gesehen hat. Angefahren werden die Zapfsäulen traditionell rückwärts und nicht wie heutzutage im Selbstbedienwunderland von der Seite. Steht das Fahrzeug erst einmal, ist es beim Chef in guten Händen. Scheiben waschen, Batterie prüfen und Smalltalk. Alles inklusive an Deutschlands ältester Tankstelle.

Das Gebäude, in dem die Tankstelle heute beheimatet ist, hat seine Wurzeln im 19. Jahrhundert. Damals wurden hier Pferdekutschen gebaut. Auch keine Branche, die heute noch zu den umsatzstärksten zählt. Charme hat die ganze Sache aber somit schon immer besessen.

Deutschlands älteste Tankstelle. Mit Bedienung.

Der derzeitige Inhaber der Tankstelle, der den Beruf des Tankwarts noch offiziell erlernt hat, wird wohl der letzte Chef seines eigenen kleinen Betriebes sein. Es ist nur schwer vorstellbar, dass sich jemand traut, dieses urige und kultige Stück Ruhrpott zu übernehmen und den zahlreichen Stammkunden damit ein Tankerlebnis der besonderen Art zu gewährleisten.

Auch wenn die charmante Tankstelle an der Gemarkenstraße den großen Konzernen nicht die Luft ablassen kann, an Deutschlands ältester Tankstelle ist sie immerhin noch kostenlos. Super, oder?

Weil man hier mal richtig durchatmen kann

Meine Omma war mit gut und gerne zwei Schachteln Lord Extra dem Altbundeskanzler Helmut Schmidt in Sachen Tabakkonsum dicht auf den Fersen. In einer Zeit, als in Kneipen die Luft noch mit dem Messer geschnitten werden konnte, im Ruhrpott die Schornsteine noch qualmten und ein Auto auf einem Kilometer mehr Dreck machte als ein Kleinkind beim Grünkohlessen, war das Thema Luftreinheit trotzdem schon im Ruhrgebiet angekommen. Aber nur wenige wussten es.

Die Kluterthöhle in Ennepetal zum Beispiel wurde bereits 1954 vom Deutschen Bäderverband als Luftkurort anerkannt. Mitten im Pott. Nicht schlecht, oder? Die Höhle ist durch ihre gute Luft und das dortige Rauchverbot auch recht alt geworden. Man nimmt an, dass sie sich bereits vor circa 370 Millionen Jahren geformt hat.

Heute ist die Kluterthöhle nicht nur für Asthmatiker ein Paradies auf Erden, da hier eine konstante Temperatur von zehn Grad herrscht, sondern auch für Abenteuerlustige ein gern besuchter Ort. Regelmäßig werden spezielle Abenteuertouren durch die Höhle angeboten, bei denen man sich dann mit festem Schuhwerk und Taschenlampe bewaffnet auf die Suche nach den Geheimnissen der Unterwelt machen kann. Mehr als 300 Gänge sind in diesem Höhlensystem mittlerweile erforscht und knapp 5,5 Kilometer misst die Gesamtlänge aller Pfade innen.

Da die Höhle im Zweiten Weltkrieg auch als Bunker benutzt wurde – es wurde damals sogar ein Karussell darin aufgebaut, um die Kinder abzulenken – und ihr im Laufe der Jahrzehnte weitere Tausende Besucher einen Besuch abgestattet haben, ist sie jedoch mittlerweile an vielen Stellen sehr entstellt. Tropfsteine sind daher nur noch an den eher unzugänglichen Orten des Höhlensystems auffindbar.

Die Kluterthöhle war lange Zeit die größte Höhle Deutschlands, bevor man in den Fünfzigerjahren noch eine größere Höhle entdeckte. Sie ist zudem sehr wasserreich, da sich zahlreiche Bäche und andere Wasserläufe durch sie hindurchwinden. Taucher fanden noch vor kurzer Zeit neue Höhlenabschnitte, die durch das Wasser zunächst versperrt gewesen waren und den Forschern ein Lächeln ins Gesicht zauberten.

Noch heute leben über 150 Tierarten in der Höhle, die eigentlich so gar nicht ins Ruhrgebiet passt, da man sich hier in der Region nur im Bergbaukontext mit engen Schächten und Höhlen auskennt.

Die Kluterthöhle in Ennepetal zeigt also, dass das Ruhrgebiet auch außergewöhnliche Naturphänomene beheimatet und ein Ausflug dorthin in jedem großen und kleinen Kind den Entdeckerdrang wiedererwecken kann.

Die Höhle, die meine Omma damals bewohnte, hatte zwar auch fließendes Wasser und eine Tierart namens Wellensittich beheimatet, aber an die gute Luft aus der Kluterthöhle kam ihr Wohnzimmer leider selten heran. Dafür war der Teergehalt dort so hoch, dass man den Teppichboden auch direkt zur Anliegerstraße hätte asphaltieren können.

Weil wir hier am See mit dem Zug fahren

Zugegeben, diese Bahnlinie ist nicht die längste, die in Deutschland verkehrt. Dementsprechend dauern die Fahrten auch nicht so lange, wie wenn Sie mit dem ICE von Bochum nach Dortmund fahren, denn da ist man mitunter schon mal Stunden unterwegs. Aber die Hespertalbahn im Essener Stadtteil Kupferdreh ist vollgestopft mit Charme und dampft eine ganze Menge Nostalgie aus. Sie ist sowohl was für Eisenbahnfreunde als auch für Wissbegierige, die mal am See vorbeifahren möchten. Die Bahnstrecke führt nämlich entlang des Baldeneysees und führt bis zum Haus Scheppen, das sich in etwa an der Mitte des Seeufers befindet.

Die Fahrt der Hespertalbahn startet am alten Bahnhof in Essen-Kupferdreh, genauer gesagt am Königlich Preußischen Bahnhof zu Kupferdreh, der 1898 eröffnet wurde. Heute ist dort zwar »nur« noch eine Gastronomie mit Biergarten, aber der Bahnhof steht unter Denkmalschutz und wurde aufwendig saniert. Und wenn der alte Dampfzug der Hespertalbahn an dem kleinen Bahnsteig einschwebt, ist Stimmung in der Bude, weil man vor lauter Dampf sein eigenes Weizenbier nicht mehr wiederfindet.

Die Museumseisenbahn setzt ihren Weg dann in Richtung Baldeneysee fort und dampft sich sage und schreibe 17 Minuten lang bis zur Endstation am Haus Scheppen. Aber diese 17 Minuten haben es in sich, denn neben dem Flair, in einer alten originalen Dampflok und den passenden Waggons zu sitzen, gibt es auch jede Menge Rahmenprogramm.

Die klassischen Dampffahrten laufen häufig unter dem Titel »Historisches Wochenende« und bieten neben der reinen Zugfahrt auch zahlreiche Events in den jeweiligen Bahnhöfen, von der Ausstellung alter Straßenfahrzeuge bis zum Kinderprogramm.

Auch das am Baldeneysee stattfindende Hafenfest ist regelmäßig Anlaufpunkt der Nostalgieeisenbahn. Die Besucher können dann vom kleinen Hafen am See direkt in die Weiße Flotte umsteigen und per Schiff eine Rundfahrt auf dem See unternehmen.

Der absolute Knaller sind aber die Fahrten rund um die Weihnachtszeit. Da gibt es zum einen die Nikolausfahrten, an denen dann der Nikolaus und, wie hieß der andere noch gleich, ach ja, Knecht Ruprecht die Waggons unsicher machen und jedem Kind etwas aus dem Sack zaubern. Die Nikolausfahrten sind so beliebt, dass man sich hierfür vorsorglich anmelden sollte. Da zur Adventszeit auch ein bisschen Pomp und Glanz gehören, werden die Waggons festlich geschmückt. Der Ausschank von Glühwein ist obligatorisch und so sind die Glühweinfahrten genauso beliebt wie die jährlich stattfindende Sonderfahrt an Heiligabend.

Selbstredend ist der gesamte Zug aber auch buchbar. Wenn Sie also im Zuge einer Bierlaune Ihre gesamte Belegschaft samt Familien eingeladen haben, dann garantiert die Hespertalbahn Zuglaune mit Bier. Für bis zu 230 Personen bietet der Veranstalter neben der eigentlichen Fahrt nämlich auf Wunsch auch ein ausführliches Rahmenprogramm an, das Sie mitunter wieder in den Biergarten am Kupferdreher Bahnhof führen kann.

Und wenn Sie dann genug Zug bekommen haben, können Sie bei einem Spaziergang am schönen Baldeneysee feststellen, wie charmant doch so eine Zugfahrt am See entlang sein kann.

Weil Tegtmeiers Erben hier aktiv sind

Hömma, Pätaa, du kenns doch noch den Adolf Teeechtmeier, nä?
Also äääährlich! Ja sicha kenn ich den noch. Dat is doch den Ruhr-
pott sein Urgestein in Sachen Komik. Wat is denn mit den?
Der sucht schon länger Erben. Also keine, die den seine Kohle
überwiesen bekommen, sondern welche, die quasi genauso in den
seine Art lustig sind. Tegtmeiers Erben heißt dat Ding.
Getz in echt? Und wat hab ich mir darunter getz vorzuverstehen?
Na, Pätaa, dat is halt son Wettbewerb, wo so alle, die so richtig
Spaß inne Backen haben, auffe Bühne gehen und dat Volk bespaßen. Dat gibbet schon seit 1997 und hat sich hier im Ruhrpott
zu ne richtig renemierte, renovierte, remittierte, na ja, zu ne sehr
angesehene Veranstaltung entwickelt.
Tu ma mehr erzählen!
Na, die wollen da halt einen finden, der so inne Art und von den
sein Sprachwitz so is wie den guten alten Teeechtmeier. Dat Ganze
findet erst ma als so ne Art Tournee statt, wo die ganzen Teilnehmer
komplett durch den Pott reisen und auffe Bühne zeigen, wat se können.
Ja, un dann?
Ja, der Gewinner, der die Jüüüry dann an meisten vonne Socken
gehauen hat, der gewinnt dat Ding und kricht als Preis den Teeechtmeier seine originale typische Mütze. Dazu gibbet auch nochn
Ährnpreis, der an nen bundesweit bekannten Komiker verliehen
wird. Dat Finale is immer in Herne, weil da ja auch den Tegtmeier
herkam.
Und dat Töfte daran is, dat et auch einen Publikumspreis gibt.
Dat heißt, dat in Prinzip auch wir abstimmen können, wer dat an
besten gemacht hat.

Ja, hömma, aber da kann ich mich doch au ma bewerben. Die Gisela sacht mir doch auch jeden Tach, dat ich n bissken komisch bin.

Na, dann tu dich da ma bewerben. Den Wettbewerb findet nämlich nur alle zwei Jahre statt und in 2013 isset ma widda so weit. Die ham da auf dich sicha nur gewartet.

Weil es hier knirsch knacks
ein Radio- knacks knirsch -museum gibt

Jeder, der dieses Buch bis hierhin tapfer gelesen hat, wird festgestellt haben, dass immer mal wieder von Omma und Oppa die Rede war. Nun, auch in diesem Text geht es mal wieder um unser Omma und unsern Oppa. Im Ruhrgebiet sind die herkömmlichen Begriffe »Großmutter« und »Großvater« oder »Oma« und »Opa« zwar bekannt, aber sie werden absolut selten benutzt. Ein echter Ruhri hat oder hatte eben eine Omma und einen Oppa. Ja, Leute, und manchmal tun wir der Omma auch winken! Ruhrpottsprache eben.

Unser Omma beispielsweise bestach innenarchitektonisch nicht nur durch ihren Schrank im Design des Gelsenkirchener Barock, sondern stellte ihr ein Meter breites Sideboard auch mit einem riesigen Trumm namens Radio zu (Omma sagte immer Siiiedebort).

Das Radio war nicht nur Teil, sondern König des Wohnzimmers und thronte auf dem Sideboard wie ein Buddha im Schneidersitz. Klar, samstags lief hier die Bundesliga-Übertragung und den Rest der Woche, wenn ich meine Omma mal wieder besuchte, empfing mich WDR 4 vom Allergemeinsten.

Omma erzählte mir hin und wieder, dass ja alles mit den Volksempfängern angefangen hatte. Also mit Geräten, die eigentlich nicht das Volk im Wohnzimmer begrüßten, sondern meistens dazu dienten, nur einen Einzigen zu empfangen, der das Volk über dieses schöne Medium Radio zu führen versuchte. Die Musik steckte auch noch irgendwie in den Kinderschuhen, aber jeder hatte von nun an ein Radio in seinen vier Wänden.

Und wenn ich mir heute meinen winzigen MP3-Player so anschaue, dann ist es auch nicht weiter verwunderlich, dass im Ruhrgebiet irgendwann mal jemand auf die Idee kam, dem Radio ein

Museum zu widmen. In Duisburg gibt es ein solches Museum, das Radiomuseum, das sich mit der Geschichte des Rundfunkempfängers auseinandersetzt und unzählige, teils sehr alte Exemplare ausstellt. Nicht nur die Geräte als Hingucker stehen dort im Vordergrund, auch die Geschichte der Radiotechnik wird in lehrreichen Filmen erzählt.

Radiosammler, die das Museum im Jahr 1994 als Privatinitiative gründeten, sind derzeit mit vollem Enthusiasmus dabei, es zu unterhalten, zu erweitern und dem interessierten Besucher eindrucksvoll zu vermitteln, warum früher jede Omma ein solches Radio besaß und wie das Radio seinen Siegeszug antrat. Interessant ist dabei zu sehen, dass sich die Bauweise vieler Radios nicht nur den Vorlieben des Kunden anpasste, sondern das Radio auch einen großen Einfluss auf die Zuhörer hatte. So wandelten sich die Geräte von eigenständigen klobigen Einrichtungsgegenständen zu Funkempfängern, die man überallhin mitnehmen konnte. Die Radios wurden nicht nur kleiner, sondern veränderten immer mal wieder ihr ganzes Erscheinungsbild. Diesen Wandel fängt das Radiomuseum Duisburg in einer sehr schönen Ausstellung ein. Auf über 250 Quadratmetern werden die Geräte derzeit gezeigt. Zudem gibt es regelmäßig auch Sonderschauen sowie Fachvorträge und auch Tauschbörsen gehören zum Programm.

Das Radio, welches meine Omma damals permanent dudeln ließ, existiert leider nicht mehr, aber auch ich ertappe mich hin und wieder mal dabei, dass mir auf dem einen oder anderen Trödelmarkt so ein alter Kasten ins Auge sticht. Schweren Herzens lass ich dann aber doch die Finger vom Kauf eines solchen Trumms, da es ja nur wirken würde, wenn es auf dem passenden Siiiiiedebort stehen könnte.

Weil hier einige lustig rumturnen

Das Ruhrgebiet ist, wie bereits erwähnt, eine der Regionen mit der höchsten Theaterdichte auf der ganzen Welt und muss sich neben Weltmetropolen wie New York diesbezüglich gar nicht verstecken. Eine sehr besondere etwas kleinere Form des Theaters ist im Ruhrgebiet auch beheimatet, nämlich die des Varietés. Das Varieté, also die mosaikartig zusammengesetzte Mischung aus verschiedenen künstlerischen Darbietungsformen, gibt es in Deutschland schon sehr lange.

Zwei Institutionen haben sich in den letzten Jahren im Ruhrgebiet einen sehr guten Ruf erarbeitet. Das GOP Varieté-Theater lockt bereits seit Anfang der Neunzigerjahre Besucher in die Essener Innenstadt, während auf Bochumer Stadtgebiet das Varieté et cetera auf dem Gelände eines alten Straßenbahndepots für Furore sorgt.

Beide Theater bieten die beliebte Mischung aus artistischen Kunststücken und humorvoller Abendunterhaltung an. Sei es durch den guten alten Bauchredner, Imitatoren oder Dragqueens, die hier durch den Abend führen. Das Programm ist bei beiden Veranstaltern sehr hochwertig und wechselt fast monatlich. Die Spielstätten sind dagegen sehr verschieden. Während es sich das GOP-Theater in einem ehemaligen Kinosaal gemütlich gemacht hat, finden die Darbietungen des Varietés et cetera in einem großen eigens dafür errichteten Zelt statt. Da das Gelände wie schon erwähnt zu einem alten Straßenbahndepot gehört, ist das Kassenhäuschen ganz stilecht eine alte Straßenbahn.

Beiden gemeinsam ist die gemütliche Atmosphäre im Zuschauerraum, die im typischen Varietéstil aus kleinen Tischen mit einzelner Bestuhlung besteht, sodass man sich neben dem Unterhaltungsprogramm auf der Bühne auch direkt am Tisch mit einem leckeren Abendessen verwöhnen lassen kann. Somit werden die Veranstaltungen auch gerne von größeren Gruppen besucht.

Das GOP hat alte Wurzeln, denn der Name leitet sich vom Hannoveraner Georgspalast her, also dem Stammhaus des GOP, das bereits Anfang des 20. Jahrhunderts seine Pforten in der Landeshauptstadt Niedersachsens geöffnet hat. Neben dem 1996 aus der Taufe gehobenen Haus in Essen gibt es noch weitere Ableger im gesamten Bundesgebiet.

Das Varieté et cetera war ursprünglich eher ein Wanderbetrieb, der mit seinem Programm durch die ganze Republik tourte und sich erst im Jahr 1999 dafür entschied, die Zelte in Bochum nicht mehr abzubrechen.

Hochkarätige Artisten und Live-Comedy vom Feinsten sind die wichtigsten Säulen eines jeden Varieté-Theaters. Aber auch die angeschlossene Gastronomie, sowohl beim GOP als auch beim et cetera, zeugen vom hohen Anspruch der Veranstalter. Im GOP in Essen ist neben einem Restaurant im Untergeschoss auch noch eine sehr große Diskothek beheimatet, der man nach dem Theater auch noch einen Besuch abstatten kann.

Dass beide Betriebe schon so lange präsent sind, zeigt, dass die Idee des Varietés auch im Ruhrgebiet gut ankommt und man mit wechselndem Programm viele Menschen für die etwas speziellere Form des Theaters begeistern kann.

Die harten Zeiten, als sich Varieté-Theater massiv gegen die Konkurrenz durch das Medium Fernsehen zur Wehr setzen mussten, sind dank des aktuellen Fernsehniveaus zum Glück vorbei, und so bleibt zu hoffen, dass den Menschen im Ruhrgebiet dieses schöne Stück Alltagsflucht noch lange erhalten bleibt.

Weil wir manchmal Heimspiel haben

Gewisse Rituale hegen und pflegen die Menschen im Ruhrgebiet seit vielen Jahrzehnten.

Insbesondere für einen Samstag gibt es Gewohnheiten, die ihnen sehr ans Herz gewachsen sind und auf die sie unter keinen Umständen verzichten möchten. Ein herkömmlicher Samstag läuft bei vielen Ruhris daher so ab:

7.00 Uhr: Aufstehen. Cockpitspray, Felgenreiniger und Poliermaschine aus dem Keller holen.

7.15 Uhr: Schnell zur Bude, eine *BILD*-Zeitung für die Ehefrau holen, damit die nicht meckert, wenn sie schon alleine frühstücken muss.

7.30 Uhr: Ab zur Autowaschstraße. Mist, noch zu. Wieder zur Bude. *RevierSport* vergessen. Zurück nach Hause.

8.00 Uhr: Rasen mähen, so wie alle Deutschen samstags. Frau glücklich. Alle Nachbarn durch den alten Benzinmäher nun wach.

8.30 Uhr: Frau nervt mit Wocheneinkauf im Supermarkt. Keine Zeit, da Waschstraße gleich aufmacht.

9.00 Uhr: Zweite Fahrt zur Waschstraße. Unterwegs Charlie in blau-weißer Kutte getroffen. Heimspiel! Erste Vorbereitungen und meine Karre ist immer noch dreckig.

9.30 Uhr: Erste Infos zur heutigen Mannschaftsaufstellung mit Charlie besprochen. Schalke will mit Doppelspitze stürmen. Könnte ein guter Tag werden.

10.00 Uhr: Auto endlich sauber, Frau ruft auf Handy an, ob ich nicht auch beim Schwiegervater im Schrebergarten eben mähen könnte.

11 Uhr:	Rasen vom Schwiegervater wurde von mir von zehn auf neun Millimeter gekürzt, da ich ja erst vorgestern dort gemäht habe.
11.30 Uhr:	Habe vergessen, wie es weitergeht.
11.31 Uhr:	Richtig, wollte das Auto polieren.
11.40 Uhr:	Charlie fragt, wann wir zum Stadion aufbrechen.
13.00 Uhr:	Auto strahlt, Frau weniger. Ist stinksauer, weil sie die Getränkekisten aus dem Supermarkt alleine hochschleppen musste. Meine Güte, es ist Heimspiel! Das muss eine Frau doch tolerieren.
13.30 Uhr:	Kutte sitzt. Aufbruch zu Fuß zum Bahnhof. Charlie nimmt das mit der Doppelspitze zurück, da angeblich altmodischer Fußballstil.
14.00 Uhr:	Erstes Bier hat die Speiseröhre passiert. Zu früh dafür? Na ja, irgendwo ist doch immer Abend. Außerdem ist doch heute – Heimspiel!
14.30 Uhr:	Nach zwei weiteren Bierchen Abfahrt in der überfüllten Straßenbahn Richtung Stadion. Mein Gott, können Menschen riechen.
14.50 Uhr:	Einlasskontrolle, Charlie steht zum Abtasten wie immer bei einem weiblichen Ordner. Alter Gag. Find ihn langsam langweilig.
15.30 Uhr:	Anstoß. Stürmt da heute überhaupt jemand?
17.26 Uhr:	Abpfiff. Wenig Sturm im Stadion. Schalke verliert 0:3. Viel Sturm vor dem Stadion. Sturzregen.
18.00 Uhr:	Erste Analysen zum Spiel. Anruf der Ehefrau. Die Äpfel aus dem Supermarkt haben Schimmel. Ob ich nicht noch welche mitbringen könnte. Klar, kein Problem. Äpfel haben die am Stadion ja an jedem Baum.
18.30 Uhr:	Zehntes Bierchen drin. Meine Abwehr zeigt sich stabiler als die beim Spiel vorhin. Scheiß Heimspiel!
20.00 Uhr:	Eines der 17 Bierchen war wohl auch schimmelig. Werde meiner Frau daher lieber ein frisches Bier mitbrin-

gen als blöde Äpfel. Lege mich mit einem Fan an, der die Doppelspitze gar nicht mag.

20.30 Uhr: Level »Rotzbesoffen« erreicht. Der Fan mit der Abneigung gegen die Doppelspitze hat seinen Standpunkt durchgesetzt und ich dadurch Nasenbluten. Handy klingelt. Meine Frau. Gehe gar nicht mehr dran.

21.30 Uhr: *Das aktuelle Sportstudio*? Könnte knapp werden. Bestelle mir noch ein Herrengedeck. Charlie liegt mir zu Füßen und singt: »Blau und Weiß, wie lieb ich dich …«

22.00 Uhr: Ich klaue der Wirtin zwei Plastikäpfel aus der Obstschale und torkele zur Straßenbahn. Ob mein Auto noch schön glänzt?

22.30 Uhr: Ankunft zu Hause. 30 Minuten Ehekrach sind im grünen Bereich. Lege mich ins Bett.

22.40 Uhr: Meine Tochter teilt mir noch schnell mit, dass man Blutflecken mit Salz rausbekommt.

23.00 Uhr: Schnarch.

KAPITEL 7

WENN SIE AUCH DAS DRUMHERUM INTERESSIERT

Weil die Flucht in die Niederlande so zügig gelingt

Wenn man den Ruhrpott und seine Menschen vollends begreifen möchte, dann muss man auch sehen, dass es Tage gibt, an denen der Ruhri hier einfach nur raus will. Irgendwohin, wo es ganz anders aussieht als am Stahlwerk um die Ecke.

In Richtung Westen bietet sich da eine gute Möglichkeit, da man dort über die A 40 in gut einer Autostunde die niederländische Grenze erreicht. Hier kann der Ruhri also nicht weit von seiner Heimat Dinge erleben, die ihn in eine fremde Welt eintauchen lassen und einen Tagesausflug rechtfertigen. Die Niederländer haben nämlich vieles zu bieten, was der Ruhrgebietler vermisst, und so setzen sich regelmäßig zahlreiche Ruhrpottfamilien ins Auto gen Westen. Dosen ohne Pfand, schlechter Fußball, günstiger Kaffee und Bitterballen sind Errungenschaften, die es dem Ruhri angetan haben und nichts mehr mit seiner Heimat zu tun haben.

Es gibt sogar Veranstalter von Busreisen, die Tagestouren vom Ruhrgebiet ins benachbarte Venlo, direkt hinter der Grenze, anbieten, wo man sich in den Supermärkten mit allerlei Lebensmitteln eindecken kann. Zugegeben, zu Zeiten des niederländischen Gulden war für den Besucher aus dem Ruhrgebiet der Erwerb von Zigaretten, Kaffee und Frikandel spezial finanziell noch lukrativer. Aber auch heute nutzen viele Ruhris die Möglichkeit des Auslandseinkaufs.

Besonders beliebt sind die grenznahen Orte, wenn in Deutschland ein Feiertag ist und man gleichzeitig in den Niederlanden nach Herzenslust einkaufen kann, da dort die Geschäfte geöffnet haben.

Ja, der Niederländer und der Ruhrpottler, das ist schon eine spannende Verbindung. Schließlich lässt es sich auch der Niederländer nicht nehmen, mal ins Ruhrgebiet zu pilgern, um zu sehen, dass man auch hier mit Euro bezahlt und sich mittlerweile auch das Warenangebot an das niederländische angepasst hat. Das Oberhausener Einkaufszentrum CentrO und die örtlichen Weihnachtsmärkte im Revier haben es den Besuchern aus den Niederlanden ganz besonders angetan. Auch die Skihalle in Bottrop bietet Möglichkeiten, die sie kurz hinter der Grenze nicht haben.

Von Viersen aus kann man auch sehr schön eine Fahrradtour gen Niederlande unternehmen. Erst einmal auf niederländischem Grund und Boden angekommen, erkennt man sehr schnell, dass hier das Land der Fahrräder ist und man grenznah schöne Tagestouren unternehmen kann.

Die andere Seite der Medaille sind die dicken Tüten. Nicht die, die die Frauen dort aus den Boutiquen tragen, sondern die Tüten, welche die Zeitgenossen im Ruhrgebiet auch gerne mal zur Entspannung rauchen. Liebe Kiffer! Wenn ihr schon etwas Pflanzliches aus den Niederlanden mitbringen möchtet, dann geht doch mal auf die zahlreichen Blumenmärkte direkt hinter der Grenze. Auch deswegen fahren nämlich sehr viele Ruhris regelmäßig ins Land der Tulpenzwiebeln und beladen ihre Fahrzeuge mit Unmengen an Grünpflanzen für den heimischen Balkon und Garten.

Die Niederlande sind für den Ruhrgebietler also in vielerlei Hinsicht ein attraktives Tagesausflugsziel und bieten die Möglichkeit, mal vor die Tore des Potts zu kommen. Und nicht vergessen, hinter der Grenze günstig vollzutanken.

Weil der Karneval vor der Tür steht

Nachdem nun schon ausgiebig von der Fluchtmöglichkeit des Ruhris in Richtung Westen, also in die Niederlande, gesprochen wurde, möchte ich Ihnen nun auch noch den Süden ans Herz legen. Mindestens einmal im Jahr zieht es den Ruhrpottler nämlich in diese Richtung, um den Karneval zu zelebrieren. Und da ja zu jedem guten Baumarkt auch ein Parkplatz gehört, möchte ich nun auch auf das benachbarte Rheinland eingehen, wo wir Ruhris gerne mal unser Auto parken.

Insbesondere die Stadt Düsseldorf hat sich zu einem Ausflugsziel gemausert, da sie einige Komponenten vereint, die man hier im Ruhrgebiet weit und breit nicht finden kann. Zum einen wäre da die sogenannte längste Theke der Welt, also die Möglichkeit, in der Düsseldorfer Altstadt von einer Kneipe in die nächste zu kippen. Zwar sind wir im Ruhrpott mit dem Kneipenviertel Bermuda3Eck in Bochum ausgestattet, aber eine solche Kneipenfülle wie in Düsseldorf haben wir dann doch nicht zu bieten, es ist quasi die Light-Variante. Zum anderen hat die weltmännische Eleganz vor allem in Sachen Mode und Shopping in Düsseldorf beim Ruhri mächtig Eindruck hinterlassen. Da man Pelztiere hier im Pott nur im Zoo und nicht am Hals runzeliger Unternehmergattinnen bewundern kann, fahren viele Ruhrpottler zum Sehen und Gesehenwerden gerne mal in die benachbarte Landeshauptstadt.

Mit einer Sache tun wir uns im Ruhrpott aber traditionell sehr schwer. Und zwar mit dem Feiern des Karnevals. Hier führt uns der Rheinländer Jahr für Jahr vor, wie das mit dem Saufen und dem Lustigsein auf Kommando richtig funktioniert. Dort können sie diesen Megazirkus als Brauchtum tarnen, im Ruhrpott bleibt es ein gigantischer Kindergeburtstag.

Zwar demonstrieren zahlreiche Karnevalsumzüge in den Städten des Ruhrgebiets immer wieder, dass wir uns durchaus Mühe geben, aber spätestens wenn einem steinharte Toffeedrops vom vorletzten Jahr an die Birne geschleudert werden, weiß man: Hier wurde der Karneval nicht gerade erfunden.

Auch die jährlich stattfindende Rheinkirmes und der Japan-Tag mit seinem gigantischen Feuerwerk locken jedes Jahr den Ruhri an den Rhein. Düsseldorf mit seinen zahlreichen Veranstaltungen bietet also vor den Toren des Ruhrpotts eine gute Möglichkeit, die heimatlichen Gefilde zeitweise zu verlassen, um ein Bier zu trinken, das so heißt, wie es im Ruhrgebiet oft schmeckt: Alt.

Wer es noch etwas weltstädtischer und unbekümmerter mag, der fährt auch gerne mal eine Autostunde nach Köln, um sich zu amüsieren. Der rheinische Frohsinn scheint eine Grundzutat des hiesigen Bieres zu sein. Anders lässt es sich nicht erklären, warum der Ruhrpottler in Köln gerne mal kölsche Lieder mitbrummelt, die er schlussendlich aber weder übersetzen noch deuten kann.

Den Rheinländer ins Ruhrgebiet zu locken und ihn auch noch adäquat zu bespaßen ist da schon wesentlich schwieriger. Das ist eine Tatsache, um die wir uns aber nicht scheren, da der Ruhri ja weiß, was ihn vom Rheinländer unterscheidet. Ich sage nur 1. Bundesliga, liebe FC-Fans. Auch die ewige Diskussion um das Thema Bier wird in Bezug auf das Rheinland nicht geführt, da dem Ruhri sein Pilsken bekanntlich heilig ist und man gelassen akzeptieren kann, dass der Rheinländer sein Bier lieber Alt oder aus Stangen mag.

Der Ruhrpottler und der Rheinländer sind also eine Kombination, die sich nicht so wirklich verbinden lässt. Und doch treffen beide Volksstämme regelmäßig auf- und pflegen ihre Brauchtümer miteinander. Kölle Helau kann man da nur sagen.

Weil die Bergwelt direkt nebenan ist

Das Sauerland. Ja, es gehört in irgendeiner Form zum Ruhrpott mit dazu. Keine Sorge, liebe Sauerländer, ich meine natürlich, nur in den Köpfen der Ruhris gehört es irgendwie zum Alltag mit dazu. Das Sauerland ist selbstverständlich in keinster Weise mit dem Ruhrpott vergleichbar. Zwar gibt es hier auch eine sehr hübsche Brauereitradition wie einst in Dortmund und drum herum, aber mit seiner doch recht einladenden Landschaft ist das Sauerland schon einmalig und daher häufiger Grund, das Ruhrgebiet ab und zu mal zu verlassen. Nur wenige Kilometer hinter Unna beginnt es ja schon, sodass für viele Ruhris der Marsch ins Land der Kühe und Skilifte nicht allzu lang ist.

Viele Familien aus dem Ruhrgebiet schätzen die Naherholungs- und Sportmöglichkeiten, die sich im Sauerland in üppiger Natur ergeben. Auch unsere beliebten Nachbarn aus den Niederlanden nutzen eine Restmenge an Benzin im Tank gerne mal dazu, nicht am Alpincenter in Bottrop zu halten, sondern gleich weiter bis zum Kahlen Asten zu fahren, um hier die Skipisten unsicher zu machen. Die Möglichkeiten, die sich den Skibegeisterten aufgrund zahlreicher gut präparierter Abfahrten im Sauerland bieten, sind mit nichts in der Umgebung vergleichbar. Sogar zum Rodeln kommen im Winter viele Familien aus dem Ruhrgebiet ins Sauerland und düsen dort die Abfahrt hinunter. Die Sauerländer haben in den Wintersport viel investiert, da gerade im Hochsauerlandbereich der Tourismus die größte Einnahmequelle ist. Eine große Wintersportarena soll zudem auch Profisportler anlocken.

Hier lassen sich viele Gästezimmer, Pensionen oder sogar ganze Ferienwohnungsparks finden, sodass man gleich für mehrere Tage im Sauerland verweilen kann. Der Ruhri mag solche Rückzugsmöglichkeiten, das Sauerland ist für ihn eine Art Urlaub vor der Haustür, um sowohl im Sommer als eben auch in den Wintermonaten dem Stadttrubel zu entkommen. Viele Ruhris haben daher mittlerweile sogar eine eigene Ferienwohnung hier.

Das Sauerland, Land der tausend Berge, und daher auch ein beliebter Ort für Wanderungen und Fahrten mit dem Fahrrad.

Weil es hier weniger Trekker
als im Münsterland gibt

Guten Tach! Mein Name tut hier nix zur Sache. Ich will mal besser anonym bleiben. Ich bin ein Landwirt aus dem schönen Münsterland und möchte mich mal ein bisschen über das Ruhrgebiet aufregen.

Im Zuge einer Trekkerausstellung reiste ich neulich in das benachbarte Ruhrgebiet. Vom Münsterland aus ist das ja nur einen Hühnersprung entfernt. Aber Herrschaften, was ist denn da los? Schlimme Ecke, ganz schlimme Ecke.

Wir haben im Münsterland ja so einiges an Grünflächen. Sehr idyllisch, da es hier natürlich auch immer noch viel Landwirtschaft gibt. Die Herrschaften im Ruhrgebiet haben so etwas ja gar nicht mehr, oder? Das ist wahrscheinlich auch der Grund, warum so viele Menschen aus dem Ruhrgebiet gerne zu uns ins nahe Münsterland kommen. Hier ist die Luft nämlich noch voll von Land. Nicht nur mein Hof duftet irgendwie anders als diese Großstädte im Ruhrgebiet.

Nun gut, Städte haben wir auch. Wir leben ja nicht nur auf der Kuhweide, aber so katastrophal wie im Ruhrgebiet sieht das da nicht aus. In Münster beispielsweise kann man sehr schön mit dem Fahrrad fahren. Münster und das Fahrrad, das ist so wie Venedig und Gondel.

Das Landleben, das die da im Ruhrgebiet so vermissen, können die hier doch voll und ganz ausleben. Und dann diese großen Städte im Ruhrgebiet, die alle aneinanderkleben, als würde es kein Morgen geben. In meinem beschaulichen Münsterland ist das alles viel parkähnlicher angelegt. Wir haben auch noch zahlreiche schöne Wasserburgen und nicht überall diese plumpen Fördertürme, an denen sich ja nicht mal mehr die Räder drehen. Und dann diese herzhaft offene Art der Menschen im Ruhrgebiet. Richtig bedrohlich wirkt das auf mich. Da guckt man einmal nicht hin und schon wird man von einem Wildfremden zum Kaffee eingeladen.

Wir Münsterländer haben da so unsere eigene Art und sind da auch stolz drauf. Nun gut, da kommt nicht jeder mit klar, aber trotzdem stehen wir offen dazu, dass wir manchmal etwas verschlossener sind.

Die Ruhrgebietler scheinen uns aber zu mögen. Anders lässt es sich nicht erklären, dass so viele von ihnen jährlich das Münsterland besuchen. Vielleicht liegt es aber auch daran, dass bei uns wesentlich mehr Trekkerausstellungen stattfinden.

Ich muss da nicht mehr hin. Das Ruhrgebiet kann mir gestohlen bleiben. Mein Münsterland ist da viel idyllischer. Man muss nicht jeden Tag diese Currywürstchen essen und an der Bude über Schrebergärten reden. Nein, wir haben unsere eigenen Klischees und die wurden von mir in diesem Text auch gründlich abgearbeitet.

Einer von 111 Gründen, den Ruhrpott zu lieben, ist wohl, dass man auch mal schnell ins benachbarte und sehr idyllische Münsterland fahren kann. Zum Beispiel mit dem Trekker.

BONUSGRUND

Weil wir gerne Danke sagen

Sich von Herzen für etwas bedanken heißt auch meist zugleich, dass man sich über etwas sehr gefreut hat. Die Menschen im Ruhrgebiet sagen täglich tausendfach Danke. Danke für die Mühe, danke für die Hilfe, danke für die Unterstützung. Auch ich möchte diesen Bonusgrund, den Ruhrpott zu lieben, dazu nutzen, Danke zu sagen.

Als man vor einigen Monaten an mich herantrat und fragte, ob ich nicht Lust dazu hätte, dieses Buch zu schreiben, also ein Buch über meine Heimat, das Ruhrgebiet, da kam in mir ehrlich gesagt ein wenig das Gefühl von Berufung auf. Ich war zu diesem Zeitpunkt nicht nur seit gut 36 Jahren, also seit meiner Geburt, hier beheimatet, sondern ich hatte mich auch über viele Jahre lang immer wieder mit dem Ruhrgebiet und seinen Eigenheiten beschäftigt.

Sowohl privat als auch beruflich stolperte ich immer wieder über das Ruhrgebiet und das Ruhrgebiet über mich. Ich war von Anfang an fasziniert von seiner industriell geprägten Historie. Es waren wohl zu Beginn meines Daseins meine Eltern, die mir zeigten, dass es hier ungemein viel für Kinder zu entdecken gibt. Unter anderem sonntägliche Pilgerfahrten in sämtliche Parks und Zoos des Ruhrgebiets sorgten dafür, dass ich merkte, dass man hier eine sehr schöne Kindheit verbringen konnte. Mein erster Dank richtet sich also an meine Eltern, die mich nicht nur in den Ruhrpott hineingeboren haben, sondern ihn für mich von Beginn an auch erlebbar gemacht haben.

Die Kuriositäten, die Menschen und vor allem die verwunschenen Orte, die das Ruhrgebiet zu bieten hat, lernte ich erst später in meiner Jugend kennen. Fernsehhelden wie Horst Schimanski sorgten zum Beispiel dafür, dass wir das Ruhrgebiet plötzlich alle als total cool empfanden. Das Schmuddelimage wurde Programm und ich entwickelte einen gewissen Stolz auf diese Region. Schließlich kam das Image ja von der Industrie, von harter, ehrlicher Arbeit und den Menschen, die diese Region wirtschaftlich zum Erfolg geführt hatten.

Ein zweites Danke also an die Menschen im Ruhrpott, die mich gnadenlos dazu inspiriert haben, diese Region als lebens- und liebenswert zu sehen. Viele meiner damaligen Schulfreunde brachten diese Verbundenheit nicht auf und verabschiedeten sich zeitig in andere Teile Deutschlands, um dem Pott zu entfliehen.

Zur Zeit meines Studiums in Bochum begann ich, das Ruhrgebiet filmisch und fotografisch zu bereisen. Ich hatte damals den festen Wunsch, an einer deutschen Filmhochschule aufgenommen zu werden, und so entstanden in den Neunzigerjahren zahlreiche Bewerbungsfilme, Kurzfilme und Amateurproduktionen, die alle in der typischen Kulisse des Ruhrpotts spielten und die Menschen in den Vordergrund rückten, ohne sie aber jemals vorzuführen. Mir war sehr wohl bewusst, dass das Ruhrgebiet in seiner Außendarstellung nicht besonders gut wegkam, was diese Arbeiten korrigieren sollten.

Nachdem sich das Thema Filmhochschule irgendwann erfolglos erledigt hatte und ich mich in Sachen Studium eher dem Kaufmännischen hingegeben hatte, kam mir die Idee, doch Produkte zu produzieren, die die Verbundenheit des Ruhris zu seiner Region ausdrücken. Mit Hilfe einiger Freunde war die Firma Industriekult geboren, mit der ich bis heute Fanartikel für das Ruhrgebiet produziere. Ein weiteres Dankeschön also an meine Frau und meinen Freundeskreis, der mich bei all meinen teils verrückten Ideen und Gedankenblitzen immer sehr eifrig unterstützte und auch bei diesem Buchprojekt keine unbedeutende Rolle spielte.

Dieses Buch war für mich eine Herzensangelegenheit, da von Anfang an klar war, dass es nicht als langatmiger Reiseführer veröffentlicht werden sollte, sondern als Lesebuch über die Menschen, die Orte und die Kuriositäten des Ruhrpotts. Es ist eine Liebeserklärung an eine Region geworden, die zu den schönsten der Welt gehört. Und zwar in den Augen eines jeden Betrachters, der das Ruhrgebiet kennengelernt hat. Da ich viele Ereignisse in diesem Buch aus eigener Erfahrung beschrieben habe, ist es auch eine sehr persönliche Lesereise »von mich an Ihnen« geworden.

Vielen Dank daher auch an den Schwarzkopf & Schwarzkopf Verlag, der mir nach meinem Erstling *Schantall, tu ma die Omma winken!* nun erneut die Chance gab, mich schriftlich auf meine ganz spezielle Art und Weise auszutoben.

Ich freue mich, wenn Sie mir wieder aktiv Ihre Meinung zu diesem Buch mitteilen und mir fleißig mailen. Berichten Sie mir doch auch Ihre eigenen Anekdoten aus dem Ruhrpott und schreiben Sie mir Geschichten, die nur das Leben im Ruhrgebiet erzählen kann:

kai@twilfer.de

Vielen Dank an alle Leserinnen und Leser!

Ihr Kai Twilfer

Der Autor sagt: Tanke schön!

TREFFEN SIE
KAI TWILFER
LIVE!

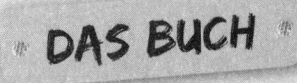

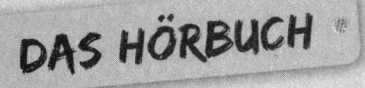

KAI TWILFER, 1976 in Gelsenkirchen geboren, studierte Wirtschaftswissenschaften in Bochum. Noch während des Studiums gründete er eine Produktionsfirma für Werbefilme und arbeitete unter anderem beim WDR-Fernsehen. 2002 gründete er »Industriekult«, einen Großhandel für Regionalia, mit dem er im Ruhrgebiet selbstständig ist. Kai Twilfer ist verheiratet und widmet einen Großteil seiner Zeit der Beobachtung und Analyse skurriler Alltagsphänomene.

Kai Twilfer
111 GRÜNDE, DEN RUHRPOTT ZU LIEBEN
Eine Liebeserklärung an die großartigste Region der Welt

© Schwarzkopf & Schwarzkopf Verlag GmbH, Berlin 2013
Erste Auflage September 2013 | ISBN 978-3-89602-973-7

KATALOG
Wir senden Ihnen gern kostenlos unseren Katalog.
Schwarzkopf & Schwarzkopf Verlag GmbH
Kastanienallee 32, 10435 Berlin
Telefon: 030 – 44 33 63 00
Fax: 030 – 44 33 63 044

INTERNET | E-MAIL
www.schwarzkopf-schwarzkopf.de
info@schwarzkopf-schwarzkopf.de